问"溪"那得清如许 为有源头活水来

"青溪源"三型教师培养探索与实践

薛晨红 编著

上海三联书店

图书在版编目(CIP)数据

问"溪"那得清如许 为有源头活水来:"青溪源"三型教师培养探索与实践/薛晨红编著.—上海:上海三联书店,2021.8
ISBN 978-7-5426-7509-5

Ⅰ.①问… Ⅱ.①薛… Ⅲ.①中学教师-师资培养-文集
Ⅳ.①G635.12-53

中国版本图书馆 CIP 数据核字(2021)第 158919 号

问"溪"那得清如许 为有源头活水来
——"青溪源"三型教师培养探索与实践

编 著 / 薛晨红

责任编辑 / 方 舟
装帧设计 / 一本好书
监 制 / 姚 军
责任校对 / 张大伟 王凌霄

出版发行 / 上海三联书店
　　　　　(200030)中国上海市漕溪北路 331 号 A 座 6 楼
邮购电话 / 021-22895540
印 刷 / 上海惠敦印务科技有限公司

版 次 / 2021 年 8 月第 1 版
印 次 / 2021 年 8 月第 1 次印刷
开 本 / 787mm×1092mm 1/16
字 数 / 350 千字
印 张 / 16.25
书 号 / ISBN 978-7-5426-7509-5/G·1611
定 价 / 68.00 元

敬启读者,如发现本书有印装质量问题,请与印刷厂联系 021-63779028

序
青溪教师的"一诺千金"

　　2019年9月,在我们奉贤有一部本土话剧《一诺千金》很火,话剧的原型就是奉贤区青溪中学优秀青年教师包蓓姹。2006年,包蓓姹从复旦大学毕业,当时她放弃了市中心"金领"待遇,跟随着"三支一扶"的队伍来到我区一所农村薄弱学校。眼看着两年的支教就要结束了,她却被孩子们团团围住,被要求留下来继续担任他们的任课老师。看着孩子们忐忑又期待的眼神,包蓓姹深深体会到了作为一名教师的幸福与责任,于是,她决定留下来,这一留,就是十五年。期间她在农村薄弱学校工作过、也在政府部门挂职过、目前在青溪中学工作。十五年来,她先后被评为"上海市教书育人楷模"、"全国模范教师",她守住了这份承诺——对奉贤的学生、对教师这份职业、对奉贤这片土地。这是包蓓姹老师的"一诺千金",更是体现了青溪中学所有教师对教育事业的"一诺千金"。

　　如果说包蓓姹老师专业上的成熟、稳健发展及她的敬业、奉献让我感动,那么,青溪中学另一位特色型的教师——侯敏的专业和智慧则让我敬佩。

　　从奉贤区语文学科新秀到教学新星,从区级名教师到市级教学能手,这么多年来,她始终怀揣着对语文教学的敬畏与热爱。进入青溪中学后,她的身份又发生了转变,除了继续自己的专业发展,她还要肩负起培养学校教师队伍的重任,而她也在管理与教学之间做到了很好的平衡。她参加上海市首届基础教育爱岗敬业比赛,成了唯一一个荣获一等奖的郊区教师,她成了青溪中学教师专业发展实实在在的榜样,为学校的优质发展添上了浓墨重彩的一笔,她是学校特色型教师的典范。

　　更让我欣慰的是,在这些"前浪"的引领下,青溪中学的"后浪"也奔涌而来。1992年出生的数学青年教师朱瑛洁,教龄刚满五年,却已经取得了多项市、区级的教育教学奖项。2020年疫情期间,她又成了上海市首批参与录制"空中课堂"队伍中年龄最小的一员,深夜备课、修改讲稿、上镜录课、班级管理、在线互动……那段时间,据说她每天只睡3、4个小时,这样的毅力与活力正是青溪中学青年教师最真实的写照。由于学校创办才8年,学校里最多的就是像朱瑛洁这样的适应型教师,但他们初生牛犊不怕虎,用自己的满腔热情创造着一个又一个青溪教育的奇迹。

　　八年来,青溪中学4名教师参加国家级教学评比获一等奖,1名教师获首届上海市中青年教师教学技能评比一等奖,5名教师获市学科教学评比一等奖,8名教师的课获教育部和上海市"一师一优课",数学组和英语组分别录制了11节和8节市级"空中课堂"示范课。学校有 1 人获全国模范教师,1 人获上海市五一劳动奖章,1 人获上海市教书育人楷模,1 人获上海市教学能手;办学至今从青溪走出了 3 名校长、提拔了 3 名副校长。学校荣获上海市优秀教师专业发展校称号。

成熟型教师在学校的激励下,努力追求着新目标、新生长、新突破;特色型教师已然从青溪走向了区域乃至市域,正朝着更高的职业目标迈进着。如果说"一滴水可以折射出太阳的光辉",那么,青溪中学"三型教师"的成长,就是奉贤教育活力育人硕果累累的缩影。奉贤区教育局出台的"五不准"的师德底线,弘扬的"五表率"的榜样引领,让全区教师们和学校更加坚定了坚持"立德树人"的使命与培育"四有"教师的方向;"3233"培养体系、"双金字塔"培训项目、卓越教师培养工程、乡镇教师支持计划,让教师培养更加专业、更有方向、更具底气、更显实效。教师全员岗位聘任制的推行、在同一义务教育学校连续工作十年及以上的专任教师纳入区内流动计划的推行,增强教师岗位责任意识、激发教师主动发展活力,促进教师配置更科学,让合适的人在合适的岗位上,让优秀的人教育出更优秀的人,为学校发展注入新的血液、新的活力。

新时代,新成长。我们奉贤教育人定会不负职业使命,不负家长期待,不负时代韶华,不负家国重托。这,是我们全体奉贤教育人的心之所向,更是我们对这片热土最深情的"一诺千金"。

(作者系奉贤区教育局局长   施文龙)

目 录

第一章　培育：借力区域资源夯实基础

第二章　共育：教育集团(联盟体)及区域共成长

第三章　自育：勇于担当在做中促发展

第四章　浸育：机制创新激发成长活力

第五章 成长：小荷露尖角，绽放会有时

第六章 成效：向家门口的好学校滨近

绪论
"三型"教师发展理论阐述

教育是国之大计、党之大计,教师是立教之本、兴教之源。

2018 年 1 月 20 日,中共中央、国务院颁布了《关于全面深化新时代教师队伍建设改革的意见》(以下简称《意见》),即中央 4 号文件,该文件为新中国成立以来党中央出台的第一个专门面向教师队伍建设的里程碑式政策文件。《意见》以习近平新时代中国特色社会主义思想为指引,准确对标新时代要求,紧扣教育发展和教师队伍建设的主要矛盾,描绘了新时代教师队伍建设的宏伟画卷,指明了新时代教师队伍建设改革的方向,从师德建设、培养培训、管理改革、教师待遇、保障措施等方面提出了一系列建设高素质教师队伍的政策举措。

《意见》突出强调了加强教师队伍建设的四个重点任务。一是更加重视师德建设。师德是教师队伍建设的灵魂。《意见》要求把提高教师思想政治素质和职业道德水平摆在首要位置。强调全员全方位全过程师德养成,广大教师必须成为先进思想文化的传播者、党执政的坚定支持者、学生健康成长的指导者。二是更加重视提高质量。质量是教师队伍建设的根本。《意见》要求推进教师培养供给侧结构性改革,为义务教育学校侧重培养素质全面、业务见长的本科层次教师,为高中阶段教育学校侧重培养专业突出、底蕴深厚的研究生层次教师。三是更加重视增强活力。活力是教师队伍建设的归宿。《意见》要求完善学校收入分配激励机制,有效体现教师工作量和工作绩效,激发教师的工作活力;建立完善教师退出机制,完善中小学校长优胜劣汰机制,营造教育家脱颖而出的制度环境等。四是更加重视薄弱环节。《意见》特别强调要加强乡村教师、幼儿教师、特殊教育教师、职业学校教师队伍的建设等。这是保障教育公平、建设教育强国的迫切要求。

为贯彻《中共中央、国务院关于全面深化新时代教师队伍建设改革的意见》,建设党和人民满意的高素质专业化创新型教师队伍,培养德智体美全面发展的社会主义建设者和接班人,更好地服务国家发展战略,为上海加快建设"五个中心"、卓越的全球城市和具有世界影响力的社会主义现代化国际大都市奠定坚实基础,中共上海市委,上海市人民政府《关于全面深化新时代教师队伍建设改革的实施意见》(以下简称《实施意见》)于 2018 年 7 月 30 日印发。《实施意见》明确了本市新时代教师队伍建设改革的主要目标,到 2022 年,教师队伍规模、结构和质量基本适应教育现代化要求,初步建成一支理想信念坚定、师德师风高尚、专业水平高超、终身发展能力强、具有核心竞争力的高素质专业化教师队伍。

到 2035 年,教师专业水平、信息素养、国际视野、创新能力和综合素质达到国际一流水平,实现教师队伍治理体系和治理能力现代化,上海教育系统成为世界一流人才集聚地和全球高峰人才成长地。

在"十三五"收官之年与"十四五"谋划之年交汇之际,奉贤教育深入贯彻习近平新时代中国特色社会主义思想,党的十九大、十九届二中、三中、四中、五中全会和全国教育大会精神,牢牢把握部市战略合作推进上海新一轮教育综合改革的机遇,紧紧围绕全面建设"自然、活力、和润"南上海品质教育区、建立现代教育体系、打响南上海教育品牌的战略目标,聚焦新成长教育的创新推进。以教师发展为本,强化新时代师德师风长效机制建设,完善教师招聘机制,深化全员岗位聘任,深化"双金字塔型"师干训工作。做实"学分银行"培训、见习教师规范化培训、2—4 年期教师塑形培训等系列基础性全员培训。创新推进 5 年期教师教育教学素养"回炉提升"研修、6—10 年期骨干教师学科团队建设等骨干教师培训。积极推进卓越教师培养工程,以名特校长、名特教师工作室为抓手,加强研究、指导与管理,打造一批学科骨干和管理人才。坚持好教师要有敬业精神、专业智慧、乐业情怀的教师观,为建设一支数量充足、结构合理、德能双强、充满活力的"贤师"队伍提供保障。

作为一所地处奉贤新城的公办初中,青溪中学建校八年来,以"青溪源"教师工作室为平台,在教师队伍建设方面的探索与实践推动学校品质发展。处在新时代的历史方位,学校也面临更多的挑战。中考新政改革指向全面发展,社会及家庭对学校教育期望值越来越高,教师务必不断转变理念,增强课程意识,努力提高教育教学水平。学校新教师比例依旧较大,新时代,学校的发展急需涌现大批优秀的班级导师、有一技之长的学科教师和一个在区域内有影响力的卓越教师团队,队伍建设任重道远。

2018 年,基于教育部、上海市教委、区域教育局及学校新一轮三年规划在教师队伍建设方面的新要求,"青溪源"教师工作室成立"适应型、成熟型、特色型"即"三型"教师培养项目组,以分层推进式校本培训模式搭建教师成长阶梯,助力教师专业发展。

"适应型"教师一般指五年内职初教师,他们刚刚从学生转变成老师,正在适应教师这个职业角色。"成熟型"教师一般指五年教龄以上的教师,他们大部分已经评完中级职称,已有一定的教育理念和固定的教学模式。"特色型"教师一般指评完高级职称的教师,他们具有丰富的教育教学经验,在教师团队中有一定的辐射引领作用。"三型"教师培养项目旨在加快各阶段教师向更高阶段转型的速度,助力教师自身专业发展,形成"青溪源"教师培养模式,打造"专业、敬业、乐业"的卓越教师团队。

一、夯实根基,搭建平台,助力"适应型"教师稳步起跑

(一)多导师制,促进全面发展。除本校的师傅带教外,学校为每位新教师聘请校外专家作为带教师傅。制定并不断完善《青溪中学师徒带教制度》,逐年规范并精细过程化管理。每年度举行"N 对 N 多维导师制"师徒带教拜师签约仪式,加强对师徒互相听课的检查力度,落实于常规工作中。成果展示有:师徒备课本的展示,师徒同课异构课的课堂

展示,以及每学年的"青溪源"新教师综合能力现场展示活动。

(二)学识测试,提升专业素养。每学年学校都会组织各种形式的新教师学识水平测试,如各学科中考题的基础能力素质考试、综合卷命题能力考核、对课程标准掌握的专题测试等。旨在更好地引导青年教师准确把握任教学科的主干知识体系,全面熟悉任教学科课程标准,有效提升学科专业素养。此外,新教师的成长也并不仅仅局限于教育教学能力的成长,更在于其综合能力的发展。青年教师三笔字大赛,青年教师朗诵演讲比赛,新教师的才艺比赛,0—3年新教师座谈会等,激发教师的职业归属感和幸福感,2016学年至今,每年出版《倾听成长的声音》。

(三)聚焦课堂,快速历练成长。每学年工作室都会举行"新教师"亮相课、比武课和汇报课,并不断在市、区两级层面上给新教师搭建多种锻炼并展示自我的舞台。学校近三年内的新教师已经在市、区域层面开设公开课20余节,集团、跨省市交流等其他层面50余节,在每学年的见习期教师考核中,均有教师荣获优秀奖。2019年12月,教龄仅为5年的数学组青年教师朱瑛洁代表上海市参加全国青年教师教学评比大赛,2020学年,新教师沈林获上海市见习教师基本功大赛(综合类)二等奖,(课堂教学类)三等奖,充分彰显了我校新教师培养的成效。

(四)科研引领,推进专业入门。巩固校长领衔的市级课题《"新城教育联盟体"学校新教师成长的实践与研究》的经验成果,立足于专业学科,学校各级子课题立项,更有针对性的对新教师成长进行研究与实践。2020年10月《依托学习共同体,促进2—5年期职初教师成长的实践研究》立项为上海市师资培训中心青年教师(2—5年)专业发展实践项目,探索同伴专业互助学习共同体建设与实施。新教师们也勤于思考,乐于反思,发表的文章发布于校园网灯下漫笔,建校至今已经出版了多本《清思集》。

二、内外合力,扎实研修,促进"成熟型"教师全面发展

(一)借助外力,立足课堂。借助外力进行集中培训、在岗自学、区域内跨校交流、跟踪指导等方式。比如积极委派教研组长参加市区级层面的培训,STEM课程培训。此外,学校也输送一些骨干教师赴闸北八中、进才北校、卢湾初级中学、风华初级中学等兄弟校跟岗培训,选派语文组、数学组、体育组等骨干教师参加扬州、深圳、成都等地举行的全国大型学术研讨活动,培训归来,他们会通过师徒结对、骨干教师展示等活动,发挥更为广泛的辐射作用。

(二)研训一体,形成特色。每学期初,各教研组都会以学校教学部工作计划为指导,积极进行组内研讨,针对日常教学中的困惑确立本学期的校本研训主题,并进行全校范围内的交流展示,以便各教研组互相学习,切磋共进。每两周一次的主题教研活动、每月一次的市级学科专家的指导为固定的校本研训时间。各教研组也在实践中进行着创新,如语文教研组的文本细读、英语教研组的听评课模式、数学教研组的"五步法"研讨模式等等。基于常规的研训活动针对教师的教学实际,是助推教师专业发展的最有效力量。

（三）科研领航，系统发展。进一步提升青年教师教研和科研的能力，以此引领我校的教研和科研工作跨上一个新的台阶。各组的教研活动由青年教师主导，确立教研主题，明确教研目标，通过研训活动达成每个教师的成长。并通过每一次的小主题，引领课题立项，在骨干教师的带领下，进行课题的研究。每个教研组都有一至两个由骨干教师负责的校级或区级课题。近三年已有13个区级课题立项。此外，由薛晨红主编，彰显学校新教师培养效能的两本专著中发表了教师论文六十余篇。

三、课程建设，智慧引领，寻求"特色型"教师专业突破

（一）课程建设，校本实施。发挥骨干教师的引领和示范作用，使学校推进的各项有特色的课改计划能落到实处并取得突破。学校在骨干教师引领下，分别在语、数、英学科抓住"三维目标"和教材的整合运用，进行国家基础型课程校本化实施的探索。如英语组各年级段的教案课件集，数学组的周周练，语文组的品读资源库建设。

（二）专题讲座，校本培训。结合本校师资特点，挖掘教师潜能，学校卓越教师团队利用教职工大会、教研活动时间，为各个层级的教师开展各类专题式培训。如名校长薛晨红的《中学英语教龄2—5年教师课堂教学技能培训》、名教师杨心美的《中学体育教师课堂教学能力培训》，区优秀青年教师、优秀班主任王萍丽开设班主任工作坊，区家校中心组成员邹丽娜的心理工作室。

（三）打破边界，重建课程。顺应时代潮流，落实中考新政，为聚焦综合能力的培养，学校重新系统规划和架构了学校课程方案，围绕"立德树人"培养全面发展又具有个性的"五有"学子，将学校课程分为"基本素养融合课程"、"个性绽放融合课程"两个纵向维度及分别指向德智体美劳的五个横向维度的"养德、启智、健体、尚美、崇劳"五大课程群。骨干教师作为课程开发的中坚力量，立足于五大课程群尝试开发并建设种子课程。目前，《上海之鱼探查课程》、《劳动教育课程》和《融合地域贤文化的初中美术创意课程》已初步成形。

教育是提高人民综合素质、促进人的全面发展的重要途径，是人民振兴、社会进步的重要基石，是对中华民族伟大复兴具有决定性意义的事业。作为新时代的人民教师，责任在肩。习近平总书记对教师先后提出"三个牢固树立"、"四有好老师"、"四个引路人"、"四个相统一"的殷切希望，要求各级党委和政府把加强教师队伍建设作为基础工作来抓。这些重要论述，为深化新时代教师队伍建设改革指明了方向，全体青溪人也必将以此为目标，不忘初心、根植教育，积极进取、无私奉献，努力在平凡的岗位上成就一番不平凡的事业，造就一支党和人民满意的教师队伍。

第一章　培育：借力区域资源夯实基础

教师是学校发展的主力军,5年内的适应型教师又是学校的希望所在。这个教龄段的教师要从身份角色上进行转变,学会教育教学,适应教育教学的各项工作的规范要求。他们的快速成长承载着学校快速稳定发展的希望,因此,青溪中学在区教育局、教育学院培养"适应型"教师的有关要求和具体实施的基础上,结合本校适应型教师的心理特点、成长规律以及教师培养的可操作性、可持续化等相关要求,通过借力区域资源,开展校本培训,力求夯实基础,使培养对象在教育观念、理想信念、职业道德、专业知识、教育教学能力以及教育科研能力等方面都能得到快速成长,向成熟型教师顺利过渡,形成青溪特色的培养体系。

第一节　借力区域培育，提升基础素养

　　奉贤区教育局、教育学院在"适应型"教师培养方面的举措重点是按照1到5年期教师培养的需求实施不同的措施。目前，区域主要针对一年期见习教师和五年期青年教师开展专项培训，培训规范化、持续化、可操作性强。

　　新教师离开大学校园，踏上教育工作岗位，身份已经由学生转变为教育工作者。一年期的见习教师朝气勃勃，好学上进，对教育工作充满了好奇与期望，期待将自己在学校学习到的教育理论运用到教育工作中，教育出一批批优秀的学生。然而，见习教师在课堂教学、班级管理、学生教育等方面缺乏实战经历，难免会遇到一些问题。上海市教委在《中小学(幼儿园)见习教师规范化培训指导意见(试行)》中提出，对见习期内的教师，要进行为期一年、统一内容、统一标准的规范化培训，帮助他们强化教育教学实践能力，形成良好的行为规范，尽快胜任工作。

　　为使一年期见习教师尽快适应教育教学岗位要求，根据上海市教委《进一步推进上海市中小学(幼儿园)见习教师规范化培训工作的意见》总体要求，结合奉贤区教育局的总体安排，我校采用以区域规范化培训为主，以校内培训为辅的方式，积极安排新入职的教师参与区域为期一年的见习教师规范化培训，并依托区域的管理办法对一年期教师进行培训与考核，力求提高见习教师的教育教学技能，加快见习教师成长步伐。

【附例：奉贤区见习教师规范化培训方案】

一、指导思想

　　以科学发展观为指导，全面贯彻落实市、区教育工作会议精神，以系统提升见习教师的专业能力为目标，贯穿"按需施教、学用结合"原则，优化培训环境，拓宽培训渠道，完善培训机制，使见习教师在树立职业理想、掌握教学常规和技能、提升班主任工作能力等方面有明显的进步，为区域教育优质均衡发展夯实教师资源基础。

二、培训目标

　　加强师德修养，体验教师责任。通过师德培训，促进见习教师以积极和负责的态度认同自己的教师身份和使命，以更加自觉和主动的方式改善现有的教育实践生活，提升职业道德修养，激发专业发展动力。

锤炼教学基本功，提升教学技能。通过备课、上课、评课教学基本功培训和在岗实践，提高见习教师有效设计教学、实施教学、课堂观察与实践反思的能力，使见习教师具备将新课标理念与要求全面落实到教育教学之中的能力。

掌握管理方法，学会班级管理。通过教学管理与学生管理应知应会培训，帮助见习教师了解学生心理品质结构、发展特点，提高教育教学工作的科学性、针对性和实效性，提升见习教师日常教育教学管理能力，解决见习教师在教育教学管理中遇到的困惑和问题。

三、培训对象

各校新招聘的中小学幼儿园教师。

四、培训形式

采用区级集中培训、基地学校浸润式培训与聘用学校跟岗培训相结合的方式进行。

区级集中培训，由区教育学院教育培训管理中心负责，开展师德、学科通识等共性内容的培训，主要在每学年的暑期和第一学期进行。

基地学校浸润式培训，基地学校根据区见习教师规范化培训工作的部署，对见习教师开展的以教育教学常规为重点的培训，为期一个学期。期间，见习教师完全浸润在基地学校，学习与实践相结合。

学科基地培训是基地培训的重要组成部分。区教育局在区域学校范围内，对部分小学科教学实力强、教学成绩突出的学校进行评审，选出部分学校，作为特定学科的培训基地，参与到基地培训中。学科基地依据见习教师规范化培训的统一要求，实施培训。

聘用学校跟岗培训，由聘用学校根据区教育主管部门的安排，对完成基地培训的见习教师实施的以实践为主的跟岗培训，时间为一个学期。

五、培训内容

(一) 区级培训

前置培训。围绕课堂教学常规开设主题讲座、观摩课堂教学，在教育教学实践中正确认识与适应教师角色，初步掌握教育教学基本知识与技能。

暑期培训。注重理论与实践相结合，分阶段地设计培训主题活动，促使见习教师树立较高的职业理想，熟悉教育教学常规，提高教育教学的技能。培训一般为一周左右。分为通识培训、军训、拓展培训三个部分：

通识培训围绕区域教育发展状况、师德修养、心理健康、教师基本素养、教师专业发展规划等内容，以专题讲座形式展开；军训的主要内容是队列操练、停止间转法练习、步法练习、学习擒敌拳、中长跑训练等；户外拓展培训训练新教师的团队合作意识，使学员们增强建立互信、挑战自我、团队沟通和集体协作的能力。

学科培训。组织学科通识培训，以课堂教学五环节为主要内容，对教材进行系统的梳理和解析，对课堂教学常规和方法进行归纳和分析，共 28 课时。

(二) 基地学校培训

培训内容分为职业感悟与师德修养、课堂经历与教学实践、班级工作与育德体验、教学研究与专业发展四个模块、18 个要点。以专题讲座、文本阅读、听课、上课、教学研讨等形式开展培训，其中，带教是基地学校开展见习教师规范化培训的重要抓手。

各基地学校选择师德高尚、业务精湛、敬业爱生的优秀教师作为见习教师的学科指导教师，指导见习教师学习学科课程标准、听课、评课、备课、上课、课后反思、作业批改、质量分析等内容。同时还安排政教主任或优秀班主任作为班主任工作指导教师，帮助见习教师学习班集体建设、主题班会、学生谈心、家长会召开等，使见习教师在实践与反思中提高对班主任工作的感悟与能力。

(三) 聘用学校培训

聘用学校的培训重点是岗位练兵，实践成长。聘用学校按照区见习教师规范化培训的要求，为见习教师指定带教教师，给见习教师安排一定的工作，促使其在教学实践中逐步掌握教学常规，规范教学行为。

六、培训时间

区级集中培训：3～6 月；区级前置培训：8 月份，1 周左右暑期培训；下半年安排学科通识培训。

基地学校培训：分两批进行，3～6 月的前置培训；9 月至第二年 1 月的培训；见习教师选择其一全程参与。

聘用学校培训：一学年。

七、培训考核

(一) 考核内容

履行岗位职责方面：认真履行教师职业道德，敬业、奉献、爱生、为人师表；工作勤奋、踏实，服从组织安排；认真履行职责，做好教学及班主任等各项工作。

学习、培训方面：认真参加见习教师培训，做好学习笔记，达到规定的培训学时；虚心好学，主动听课；认真学习教育教学理论，有摘录教育、教学信息资料笔记。

业务能力方面：积极参加校内外教研活动，全年开好 2 节以上见习教师汇报课，撰写 1 篇以上教育教学论文或教学总结；能独立完成备课、上课、作业设计、命题、辅导学生、班主任工作等，实际效果良好。

（二）考核形式

基地培训学校考核：基地学校根据《上海市见习教师规范化培训试点区（奉贤）基地培训考核表（讨论稿）》的相关要求，制定明确的培训考核计划，根据见习教师培训期间的听课、评课、教研、专题讲座、上课、写作教后感、教案编制等活动的参与情况，进行量化考核，并出具详细的培训鉴定。

聘用学校考核：见习教师聘用学校根据《上海市见习教师规范化培训试点区（奉贤）聘用学校考核表（讨论稿）》的考核要求，制定考核计划，明确考核指标，对见习教师进行岗位履职、学习培训及课堂教学等综合考核，如实记录考核结果并上报到区教育学院。

区级考核：在基地学校和聘用学校完成培训任务的基础上开展区级考核，由教育培训管理中心负责组织实施。考核内容为课堂教学能力、班级管理、展示基本功三大模块，共教案设计、模拟课堂教学、教育案例分析、教育智慧呈现、"三笔字"、演讲、信息技术应用七个具体环节。全体见习教师按任教学段分为高中、初中、小学、幼儿园四个组，以组为考核单位，聘请专家组成评审委员会，逐步实施考核。根据考核成绩，评定考核等级，具体方法如下：

1. 课堂教学能力

教案设计：现场抽选题目撰写教案，包括题目、教学目标、教材分析、学情分析、教学过程、作业等。

模拟课堂教学：根据展示教师报名时申报的 4 节课教案，现场抽选其中一节，进行模拟课堂教学。

2. 班级管理能力

案例分析：现场抽选班级管理中的典型案例，自选角度撰写案例评析，表达教育观点。

教育智慧呈现：现场抽选校园教育案例，陈述处理意见并模拟当事人处理事件。

3. 专业技能

"三笔字"：当场抄写材料，展示钢笔、毛笔、粉笔的书写能力，其中钢笔字必选，毛笔、粉笔展示任选一项。

演讲：现场抽选主题，口头表达见习教师规范化培训的收获、体会、感悟等。

信息技术应用：现场挑选题目，展示教师对多媒体展示软件、数据采集与分析、移动互联网等信息技术的应用能力。

(三) 考核成绩

考核总分值的计算:以上各方的考核均以满分 100 分计分,60 分以下不合格,60~74 分为合格,75~84 分为良好,85 分及以上为优秀。教育培训管理中心汇总聘任学校、基地学校、见习教师培训部门等各方考核结果,确定见习教师的最终考核成绩。

只有各方考核结果均为合格及以上的,最终考核成绩才能达到合格及以上;各方考核除了"优秀"等第控制在 15% 以内,其他各方考核结果的等第均没有比例限定。只有各方考核结果均为优秀,最终考核成绩才能被评定为优秀,优秀率不超过 15%。

考核结果运用:对培训期满、考核合格及以上等级者颁发市教委统一印制的《上海市见习教师规范化培训合格证书》,并作为该见习教师资格注册、是否续聘和今后晋升专业技术职务的重要依据之一。

八、管理保障

为确保见习教师规范化培训的顺利开展,强化过程管理,保证培训质效,做好以下保障:

(一) 组织领导

建立见习教师规范化培训领导小组,由区教育局局长担任组长,分管局长、教育学院院长担任副组长,负责规范化培训的统一部署和领导。

(二) 组织管理

建立由局组织人事科、教育学院相关部门负责人组成的见习教师规范化培训项目工作小组,负责组织与协调基地学校、聘用学校、教育学院,共同完成规范化培训各阶段的实施、管理与考核工作。

项目工作组下设办公室,办公地点设在区教育学院培训管理中心,负责培训的规划、组织、实施、监督和考核,与基地学校和聘用学校协调沟通,及时调整培训策略,确保每一项措施落实到实处,确保培训取得实效。

(三) 过程管理

为确保基地学校的培训质量和效益,由项目工作小组加强对基地学校培训的过程管理。

1. 坚持工作例会制度,每月定期召开基地学校工作例会,掌握基地培训的实际进度和动态,及时发现问题,商讨对策,进行区级层面的适时调整。

2. 审核基地学校培训计划,论证其培训内容和实施策略的可行性,给出详细的审核意见。

3. 严把指导教师的准入资格,对推出的指导教师进行逐一审核,对不合乎要求的指导教师,要求基地学校重新推选。

4. 数据信息动态调整,按照资源联盟结对的原则,分学期分配见习教师到基地学校实习。同时对全体见习教师的数据信息进行统计,并根据实际情况做适当的调整。

5. 加强培训过程资料积累,培训结束后,及时整理培训资料,总结提炼培训工作中的经验,开展交流,发挥基地校示范辐射的功能。

第二节 加强顶层设计，开展校本研修

除了1年期和5年期教师在区域中有专门的培训安排外，其他2、3、4年教龄的教师成长的主阵地是学校，区域培育和学校培训需要同步开展，双管齐下，才能缩短青年教师的适应期，实现快速成长。为此，我区为深入推进校本研修工作，建立区级推动、以校为本的校本研修体系，引导各基层学校更好的开展校本研修，根据《上海市"十三五"中小学、幼儿园教师培训工作实施意见（征求意见稿）》及《奉贤区创新推进教育队伍建设工作三年行动计划》，制定了中小学、幼儿园校本研修实施意见，要求各学校根据教师发展的规律和不同需求，有效开展校本研修。

"青溪源"教师工作室三年发展规划
（2018.9—2021.8）

一、指导思想

为贯彻落实《教育部关于大力加强中小学教师培训工作的意见》，《上海市中长期教育改革和发展规划纲要（2010—2020年）》和上海市教育大会精神，促进教师专业发展，逐步完善教师培训体系建设，依据《青溪中学三年发展规划》，始终把"引领教师专业化发展"作为学校教师队伍建设的第一要务，构建教师"以校为本"的培训机制，通过教育科研、校本教研和校本培训的针对性和有效性，完善"以教师的发展为本"的教师管理、评价制度和激励机制，建设"适应型、成熟型、特色型"梯队，积极探索现代教师成长机制，建设一支师德高尚、学生热爱、业务过硬、数量充足、结构合理、能适应教育教学改革与发展要求且有思想、有作为的研究型复合型的教师队伍，有效地带动学校的各方面工作，促进学校的内涵发展与可持续发展。

二、研修目标

1. 从教师个人层面：根据教师不同学历、资历和发展性评价的结果，分成"适应型、成熟型、特色型"三个培养层次，安排具有针对性培训方法，实行分层培养。

2. 从教研组层面：把建立"学习型组织"作为学校管理的第一目标，创造不断学习的机会,促进探讨和对话,鼓励共同合作和团队学习,建立学习共享系统,把教研组建设成实现共同愿景并不断鼓励个人愿景的、师生员工都能获得自我超越的"学习型组织",实现学校的持续不断的创新发展。

3. 从学校的层面:把"引领教师专业化发展"作为学校教师队伍建设的第一要务,通过校本教研和校本培训来打造一支师德高尚、素质精良、业务精湛的在教育教学改革中有思想、有作为的骨干教师队伍,有效地带动学校的各方面工作,促进学校的内涵发展与可持续发展。

三、主要举措

(一) 持续开展师德教育,提高教师的职业修养

坚持开展师德教育,宣传学习教师职业道德规范,依照学校教工行为规范和师德规范准则,不断完善师德规范,做好师德考评。学校要经常组织教师听报告,学先进事迹,进行有针对性的师德教育。同时,通过"青溪最美老师"、师德标兵、优秀班主任、优秀党员、优秀青年教师的评选等树立典型,发扬先进,真正落实好校本研修的条件性知识。

(二) 构建校本培训和教研机制,为教师的专业发展奠定基石

1. 夯实常规工作

(1) 抓好抓实常规培训。抓好"十三五"培训的扫尾工作、举行以"做智慧教师,享职业幸福"为主题的教师校本培训等,以"学中做"的方式提高培训效率和实际应用价值,发挥培训的最大效能,为教师的专业发展服务。鼓励教师进行高一层次的学历进修,支持教师在职攻读教育硕士或其他相关硕士学位,提高学校研究生学历教师的比例。学校在这方面制定了相关政策,鼓励教师继续学习,为教师提高学历层次创造方便条件,将校本研修的发展性知识和研究性知识落到实处。

(2) 认真抓好教研组、备课组建设。根据校本研修的本体性知识和实践性知识的要求,各教研组、备课组以"信息技术与学科整合"、"小组合作学习"、"提高课堂教学的有效性"和"校本课程开发"为主题,研究如何在课堂教学中"减负增效",保证学生的个性发展。校本研修活动要有计划、有主题、有研究、有行动、有反思、有碰撞,不流于散漫、流于形式。备课组强化集体备课制度的落实,充分发挥集体的智慧和团队的力量,"备大纲、备教材、备学生、备教法、备学法、备作业"。认真开展有主题、有反馈、有研讨、有评价的教研组、备课组组内听课活动,使教学研究活动落在实处,取得实效。课程教学处要加强对教研组、备课组工作的指导和检查,进一步完善以校为本、以教师的专业发展为本的教学研究制度。继续做好优秀教研组、优秀备课组评比工作,采取职能部门与主管部门相结合,平时检查与专项抽查相结合,自评与他评相结合的办法,通过对教研组、备课组的考评,引导团队协作。

（3）继续加强校本课程建设。经历就是财富,让每位教师都经历课程设计和开发的过程,让教师在课程的开发实践中思考并研究如何有效地发掘和利用校外的课程资源,如何设计拓展型和探究型课程等问题,从而在实践中培训自己、提升自己。

（4）以课题研究引领教师专业成长。以教研组活动为形式,以各级各类公开课为载体,突出公开课中"改进点"和"研究点"。让教师在反思、研讨的过程中转变教育观念,更新教学行为,从而改进课堂教学,提升教师的教学水平,提高教学质量和学生的学习实效。加强备课、上课、作业、辅导和评价等环节的管理和研究,使教学各环节达到规范、有效,具有针对性。加强优秀的课例、案例交流,提高教师案例撰写水平。让有一定数量教师的论文、案例在国家、上海市、区相关刊物上发表。目前,我们已经完成市级课题《新城联盟体新教师成长的实践与研究》结题工作,同时,推动区级支点项目《寻根.放眼活动体验课程》实施工作,理清"三级"梯队教师的内涵指向及其建设标准,探索各梯队教师的成长规律;建立学校适应教育发展新形势下促进教师培育的新模式。

2. 落实创新工作:

（1）升格培养:教师的升格培养学科面扩大至 6 个:语、数、外、理、化、地理,聘请上海市知名的学科专家进行指导,让这批青年教师快速成长起来,成为教育教学的中坚力量。

（2）智慧教室的培训和实验:为进一步推进课堂教学改革,深化信息技术与课堂教学整合,培养教师运用教育技术提高教学效率的能力,学校引进"智慧教室"设备,成立 1 个智慧教室,确立了预备和初一年级中 4 个班级作为实验班,有 15 位教师参与这个项目,尝试运用这套先进的技术手段互助教学,以学生"学"为核心,为学生营造积极的学习情感氛围,实现课堂教学及时反馈、即时评量、即时诊断。同时,学生全员参与教学,课堂上师生、生生高效互动,使学习更主动、更专注;在"一对多"的课堂教学模式下,最大限度地实现"一对一"教学效果,让学生发挥最大的学习潜能。

（3）区域星光项目"青溪源"教师工作室"项目的启动,由市特级教师孙宗良等一批专家担任指导老师,通过教育集团的几年来共同进行的"青年教师的培养"实践,总结出一套教师专业成长的路径范式新模型。

四、校本培训课程

课程板块	时间安排	形式	参与对象
师德修养	每学期 2 次	专家讲座 读书心得	全体教师
暑期校本培训	每学年 1 次	校长报告 专家讲座 教研组长、备课组长培训 班主任培训 教研组、年级组活动	全体教师

（续表）

课程板块	时间安排	形式	参与对象
校本研修	每月1次	专家讲座 教师间的学习交流 校本大教研 教育技术培训 教师沙龙	全体教师
适应型教师培养	每周1次	教学规范落实 观课评课 反思交流改进 上汇报课	适应型教师与校内带教导师
成熟型教师培养	每月一次	理论学习 课堂教学指导 反思、改进交流 论文、案例撰写	成熟型教师小组成员
特色型教师培养	不定期	公开展示研讨课 主持或积极参与校内大教研活动 参与学校课题项目研究 参加区市高一层次培训 带教见习教师、校内青年教师 开设区级共享课程	区优秀教师 区名教师

五、管理措施：

校本培训是一项长期而艰巨的工作。要使这项工作逐步走向科学化、规范化、系列化就必须在实践中逐步探索，积累经验，不断调整，充实内容，逐步建立校本培训的体系，构建校本培训机制。为此，拟做好以下几项工作。

（一）成立教师校本培训领导小组

教师专业发展领导小组由薛晨红校长担任，侯敏、包蓓姹任副组长，成员由徐冲、王芸、杨心美、严悦组成，以确保教师校本工作领导得力，指导到位。主要职责：

1. 制订《"青溪源"教师工作室校本培训计划》，对各项培训统筹安排，统一协调，列出培训对象、内容、时间、形式，及早公布，使培训明确有序，进展顺利。

2. 指导教师积极参与学习，不断提高自己的专业素养。培训后要上交活动记录、培训心得，以提高培训的有效性。

3. 建立考核与奖惩制度，以调动教师的积极性，实行过程监控，结果考核。考核结果纳入教师绩效考核内容，为校本培训工作提供有力保障。

上海市奉贤区青溪中学
2018年9月

第三节　开展学校培育，实现自我成长

我校在区域规范化培育的基础上，针对适应型教师的成长需求和成长规律，制定学校培育方案，开展学校多元化培训。首先，我们利用师徒带教给教师创设常规学习的机会，然后借助名师指导给教师带来教育理论、课题实践和教育科研方面的优秀资源，最后，结合培训和科研层面开展多元化校本培训，力求快速提升"适应型"教师教育教学和教育科研能力，尽快适应教育教学工作。

一、师徒带教

为了促进"适应型"教师专业化成长，进一步打造优质教师团队，全面提高教育教学质量，我校在开展"适应型"教师学校培育中，充分借助了各学科市、区域优秀教师的力量，同时发挥学校"成熟型"、"特色型"教师的资源和示范、引领作用，开展各学科的师徒带教工作，争取让"适应型"教师在模仿中感悟，在感悟中成长。

（一）指导思想

以教育科学理论为指导，以新课改精神为指引，结合我校教育改革发展的需求，全心全意为"适应型"教师服务，将带教教师多年积累的教育教学经验和科研方法无私地奉献给被带教教师，使被带教教师在带教实施中不断修正自己，完善自己，不断提高教师综合素质。

（二）带教对象：五年期内"适应型"教师

（三）带教目标

1. 通过师徒结对带教活动提高对方师德素养。
2. 通过师徒结对带教活动提高对方理论水平。
3. 通过师徒结对带教活动提高对方教学水平。
4. 通过师徒结对带教活动提高对方科研能力。

（四）带教原则

坚持按教学、研究相结合的原则，突出科学性、针对性、实效性和示范性。遵循教师成长规律,强化实践环节指导,重点培养"科研型"教师。

(五) 具体措施

1. 认真上好示范课。认真备好课,科学设定教学目标、教学流程,合理设计教学活动的方法,讲究教学策略的运用,有关的问题及时与徒弟沟通、交流,从而更好地帮助其提高课堂教学能力。

2. 负责对待汇报课。要求对方课前认真准备好教学方案与教具,课后及时和师傅沟通,对于师傅指出的问题要及时改正,主动反思自己的教学活动并对学生的学习状况做出及时准确的评价,对自身的教育教学行为做出改进,找出改进教学效果的方法和提高教学技能的对策。

3. 积极传授教学经验。每节课堂上都会发生不同的事情,出现不同的问题。如何有效地处理,如何将"错误"转为"正确",如何引导学生有效地解决问题,对于许多教师来说,都是一个不小的挑战。他们缺乏这方面的专业能力,有些时候即使知道方法但也不能巧妙运用语言或是用行动来解决。这些方面就需要用心传授有效的教育策略。通过结对,使其具有较高的教学业务水平和说课、评课能力以及课堂教学设计能力,逐步形成个性特征,在教学改革中发挥带头作用。在其不断的领悟、实践中,培养有效的教育能力,提高其教育教学能力。

二、名师指导

"适应型"教师是学校的未来与希望,他们的整体素质如何,将决定学校发展的前途和命运。他们的成长需要有专业人士来引路,在教育工作中用自身的成长经验来指明方向,制定有效地培养方案,可以使他们少走弯路,跟着名教师的步伐快速成长。为着眼学校的未来,实现学校总体目标,学校对每个学科都寻找上海市优秀学科带头人或学科教研员来校开展定时、定点的指导。

(一) 指导思想

配合学校努力创造有利于教师队伍建设的体制与环境,形成一支相对稳定、结构合理、素质优良的教师队伍,为学校教师队伍的发展壮大贡献自己的力量。

(二) 工作思路

名师根据青年教师的特点,确立"教育引导,加强管理,悉心培养,鼓励冒尖"的原则,积极配合年级组、教研组、备课组带教,以老带新,新老挂钩的师徒结对形式,积极参加对青年教师的培养工作。

（三）工作目标、对象

培养与提高的总体目标：一年入门，二年过关，三年达标，五年适应，用最短的时间使青年教师成为教育教学骨干。

培养对象：五年期内"适应型"教师。

（四）工作内容

1. 目标：

辅导"适应型"教师依据总体目标"一年入门"，过好常规关和教材关，能按常规和一般模式组织教学，全面进入教师"角色"，做到教书育人结合，教学效果原则上不低于同年级同学科平均水平，并熟悉班主任的常规工作，搞好班级管理。

2. 措施

1）名师与教学部配合，与新教师结对，发挥名师的帮教作用；开学第一个月行政名师组织听"适应型"教师上"见面课"，进行常规帮教。

2）名师积极辅导青年教师过好常规关，练好基本功，坚持岗位练功，练好粉笔字，口头表述能力，板书设计等。

3）采用"同步移植法"缩短他们的适应周期：同步——要求同年级同学科与师傅的教学进度同步，考试辅导同步；移植——通过上课教案、教法移植。

4）每学年开展二次教学技能专项辅导：第一学期进行粉笔字、板书设计辅导。第二学期进行口头表述能力辅导。

5）期中名师为青年教师上一次"辅导示范课"。

6）名师配合教学部处、教研组定期、不定期加强对"适应型"教师的教学常规检查。对他们进行定期、不定期听课。

7）辅导"适应型"教师搞好班级常规工作，开展好各种活动，并不断总结反思、积累经验。

三、多元培训

我校针对"适应型"教师的特点，结合培训和科研层面，开展对青年教师的文本解读能力和解读学生能力的培训。通过培训，我们力求寻找到有效的抓手，利用项目化的形式对教学、科研开展持续、有效地培训。

（一）项目研究提升"适应型"教师解读课标教材、明确教学重点的能力

为了解决"适应型"教师把握教材的困难，我校开展思维导图解读文本的教师培训。从学校具体情况考虑，先由教学部做好顶层设计，做好培训方案，寻找有效的教研内容，以项目"学科思维导图"的研究为抓手，从学校培训开始动员，并由"成熟型"教师带头引领，

各教研组组织五年内青年教师定期开展每个课时的思维导图解读文本活动。教师们在进行思维导图解读文本的过程中,可以再一次研究教材和课标,找出核心内容,明确了教学重点,并确定知识学习过程中对应学生需要达到的能力要求,提升教师对课标和教材的解读能力和学情分析能力,同时在教学中还可以利用思维导图中解读出的重点知识进行教学活动的设计,提升对教学重点的把握。

思维导图的研究还帮助"适应型"教师诊断学生的问题,分析学生问题可能出在什么知识点,并研究有效的教学措施,从而提高教学效益。我校"适应型"教师在对课程的理解、对知识的梳理、对学科核心能力的研究中,结合本校学生的基础和学习特点,在编制思维导图的过程中将知识能力要求和对应的教学策略进行思考,快速提升教学能力,并利用思维导图诊断学生在学习中出现的问题,并制定针对性的措施进行辅导,提升教学效益,实现培育目标。

(二) 项目研究提升"适应型"教师教学实践、反思、总结的能力

1. 确立主题、研究先行,实现教师的自我发展

通过编制思维导图解读文本,对核心知识进行梳理、对核心能力进行研究,提升了"适应型"教师的文本解读、诊断学生问题的能力。然而课堂教学才是根本,"适应型"教师们教学实践性能力也亟待提高,因此他们结合思维导图开展了课堂教学的研究。教研活动先确立"基于课程标准,关注学科核心能力"的教研主题,教研组在开展课堂教学研究时,要求"适应型"教师结合导图进行课堂教学实践和研讨。通过教研组的集体力量,利用教研活动时间进行"研讨—磨课—上课",并通过现代技术的运用,将课堂教学的过程拍摄记录,做成课例,进行再研究再改进,并将教研过程和成果在青溪教育集团内成员学校展示,辐射经验,实现从单一的现场教研转变为现场教研与网络教研相结合的多场地教研、从输入式的听课评课转变为输出式的课例研究,有效帮助"适应型"教师深入理解课程目标、把握课堂教学规律,实现教师的自我发展。

2. 项目研究转变了教研路径、实现研训一体,利用系列教研提升教师课堂教学设计和教学科研能力

传统的教研活动以"自上而下"式的教师培训为主要形式,教师参与的主动性不强、收益甚微。我校这几年针对"适应型"教师培养采用了"始端分析—课堂教学—教学改进—寻找研究点—专家指引—撰写教学论文"的系列教研模式,实现了培训、科研以及教学三位一体的教研,进而实现以"自上而下与自下而上相结合"式的教师反思性实践为主的教研方式,不断促进"适应型"教师自觉地面对教学中的真实问题,习惯性地去思考如何基于课程标准,改进自己的课堂教学方法,并不断反思、研究、提炼,总结形成教学成果,有效地提高了他们的专业精神和专业能力的发展。

学校从校本培训层面每两周开展一次全校层面的集体大教研活动,第一次由各教研组根据组内学科的特点,选择教材中的一节课进行始端分析,解读核心知识、分析学情及设计活动支架,然后进行教研组交流改进,最后由各组代表进行全校层面的交流。在接下来的两周时间中,各教研组开展常规教研,针对选定的这节课进行"备课—研讨—试教—改进—上课"的常规教研活动,并由上课教师撰写教研和教学案例;第二次的学校大教研活动则是由各教研组上课教师交流教研案例以及教学改进中的反思和收获,并且寻找课堂教学和教研过程中的研究点,搭建论文框架。在接下来的两周中,利用教研组常规教研时间,集体研讨各自寻找到的研究点以及自己对接下来撰写论文的构思,由组内教学和科研骨干教师进行指导和引领,并集合全组力量对教师们的论文构思提出修改建议,教师们完成各自的论文初稿;第三次的学校大教研活动则是分组在组内进行交流论文构想和初稿,并由学校科研专家教师通过讲座的形式给教师们进行教科研理论的学习,在接下来的两周,教师们各自完成论文的修改工作,并上交,学校组织科研骨干教师对教师们的论文进行打分,评选等级奖,并将优秀论文推荐各类教学刊物。经过这几年的坚持,我校的教师们的学习动力和能力都有了很大的提高,教研组的氛围更加的和谐、教研活动更加的常态、教师们也更加的自信,并且教师们的课堂教学和科研能力也都有了较大的进步,成了区各学科的骨干教师,并在各类教学杂志上发表论文以及在各类教学评比上获奖。

(三) 项目延伸研究,提升教师课程项目的研究力

思维导图项目的研究,在提升教师整体把握学科内容、明确课堂教学重点、及时诊断学生学习问题的能力上做出了有效的尝试,同时增强了学生的课堂学习时效性,保障了减负增效的落实。此项研究也是结合学校实际,对国家课程校本化的有效实践。同时,信息时代快速发展,对于学生的要求也越来越高,如果只是对国家课程进行学习,学生的知识和能力将跟不上时代的脚步。因此,在国家课程的基础上,我校结合学生的兴趣爱好和国家课程学习中的困难和薄弱点,开展了一系列课程和项目研究,并且由"适应型"教师担任项目研究的主力军。例如理科综合组针对学生在大科学(地理、化学、生命科学等)学科中的薄弱内容,分析原因,开发《上海之鱼探查课程》,给学生创设生活化、情境化的场景,并融合数学、工程、信息技术等多学科知识,强化补缺,提升学生的综合素养,延伸了思维导图项目的研究。

"适应型"教师们在课程探索过程中已经将研究和学习变成了常态,教研组长带领组内教师们开展每周一次固定时间的课程或项目的开发研究,进行课程纲要的编写,课程内容的确定,教案编写修改,课程实施的讨论改进,课程评价的确定、校本教材的编制和修改等一系列研究过程,教研组的研究活动已经变成了一种常态化的活动,"适应型"教师们的研究也变成了自发的行为,学习力和研究力也得到了很大的提高。并且在此过程中,教研组长的指导力、管理能力都得到了很大的提升,促进教研组整体研究力的提升。

第二章　共育：教育集团（联盟体）及区域共成长

第一节　基本情况

2017年3月,青溪·明德教育集团正式挂牌成立。由青溪中学担任理事长,明德外国语小学担任副理事长,集团内有4所初中学校与2所小学,分别是青溪中学、尚同中学、四团中学、塘外中学、明德外国语小学和四团小学;2020年9月,青溪教育集团改组为7所纯初中学校的教育集团,分别是青溪中学、尚同中学、四团中学、塘外中学、洪庙中学、青村中学和待问中学。我们身为理事长学校深感责任和压力之重大。

青溪教育集团注重教师队伍发展研究,特别对"三型"教师中"成熟型"教师与"特色型"教师的培养倾注更多关注,搭建平台。成熟型教师一般指教龄五年以上的教师,他们大部分已经评上中级职称,已有一定的教育理念和固定的教学模式。特色型教师一般指评完高级职称的教师,他们具有丰富的教育教学经验,在教师团队中具有较高的引领辐射作用。

青溪教育集团现有教师共318人,"成熟型"教师占比50%,"特色型"教师占比12.6%;集团内各校"成熟型"、"特色型"教师比例正逐年上升,以青溪中学为例,学校目前有"成熟型"教师38人,占比46.9%。特色型教师11人,占比13.6%,他们中有区名校长1名,区名教师3名,区骨干教师1名,区优秀青年教师5名,区学科中心组成员5人,1人获全国模范教师称号,1人获上海市五一劳动奖章,1人获上海市教育楷模称号,1人获上海市"教学能手"称号、2人获上海市园丁奖,9节课获教育部、上海市"一师一优课、一课一名师"优秀课例奖。由薛晨红校长领衔的市级课题《"新城教育联盟体"学校新教师成长的实践与研究》2018年成功结题。《集团化办学背景下学校中层干部选拔培养机制的实践研究》2019年立项为区级重点课题并于2021年3月成功结题。结合各学校师资特点,挖掘教师潜能,青溪教育集团充分运用集团内区域卓越教师成员,在理事长学校的统筹协调下,利用各学校教职工大会、教研活动时间,为各个层级的教师开展各类专题式培训。如名校长薛晨红的《中学英语教龄2—5年教师课堂教学技能培训》、名教师杨心美的《中学体育教师课堂教学能力培训》,区特级教师王春燕物理名师工作室、区优秀青年教师、优秀班主任王萍丽开设班主任工作坊,区家校中心组成员邹丽娜的心理工作室等。

作为一所年轻的学校,我们要如何去带动整个集团抱团发展、求得进步?如何充分发挥集团学校的优势,各显所长、求得突破?如何在寻求集团办学质量发展的前提下找寻教师专业发展的最佳途径?这是我们不断在思考的问题。

在不断的思考与探索中,青溪教育集团从顶层入手,建立了集团组织领导机构,成立了集团办学工作小组。各项管理制度齐全、规范,制定了《青溪教育集团三年规划》,在奉贤区教育局及教育学院指导下,明确了责任主体与责任人,各成员学校也根据职责分工制定了各校集团工作落实小组,确保了集团各项工作的扎实推进。在制定了集团办学规划与管理办法的基础上,制定了《青溪教育集团工作小组例会制度》,根据集团不同阶段的工作计划和行政会议的决定,在例会上布置阶段性和日常性工作任务,研究完成任务的方法和途径与要求,交流、检查工作完成情况,使各成员校各项工作稳步有序地按计划进行。在教师队伍培养方面,我们先后制定了《青溪教育集团成员学校管理者跟岗制度》《青溪教育集团成员学校工作落实小组工作制度》《青溪教育集团管理例会制度》《青溪教育集团市域优质资源考核管理的意见》等一系列制度,保障队伍建设工作有效开展。

集团内的大部分学校(青溪中学、尚同中学、四团中学、洪庙中学、待问中学)接受过或者正在接受上海市城乡义务教育精准委托管理;两所学校(青村中学和四团中学)是这一轮的上海市"强校工程"学校;理事长青溪中学多年来与上海市进才北校、卢湾初级中学等名校结盟,依托区教研中心各学科专家力量,同时长期聘请上海市各学科专家来校指导等,集团内外部资源丰富。各项资源及各路专家的引领确保了集团研修的思维深度,拓宽了眼界的宽度,提升了操作的精度,确保了实际的效度。在专家的引领下,集团内各大教研组逐渐探索出了一套适合青溪教育集团的教研组研修模式和课程建设模式。如英语学科大教研组的听评课模式,数学大教研组的"五步法"研讨模式等等。以数学组研讨模式为例:每周四第1节执教者说课、集体研讨;第2节各自上课、执教者反思整改、专家随机听课;第3节执教者上课、全体听课;第4节集体再研讨、执教者再反思。在这样的一种研修模式下,我们集团内"成熟型""特色型"教师的专业成长脚步飞快。如在2018年11月第23届教学节青溪•明德教育集团小初衔接现场会、2019年5月让智慧激发智慧——奉贤区教育信息化"智慧课堂"(中学学段)现场交流分享活动、2019年10月上海市中小学幼儿园公共安全教育现场展示等活动中"成熟型""特色型"教师为区域层面呈现了多节优质课。

在"成熟型""特色型"教师培训方面,我们集团各学校注重机会与挑战并存。给予培训的机会,但更注重后续的跟进,推动学习的转化与再创造。如要求"成熟型""特色型"教师在跟岗培训后,将培训后的收获总结提炼,在全校教师前进行专题讲座,让全校教师见证他们的再成长。此外,对于"成熟型""特色型"教师,我们通过跟岗制度和扁平化管理模式进行纵向储备,让这两类教师中有更多教师参与到学校的基层和中层管理中,让他们具备学校管理的基本素质。通过意愿调查,群众推荐,选出优秀的后备人才进入四大部门进行跟岗学习,各教研组选拔出优秀的"成熟型""特色型"教师进行教研组长的跟岗学习。注重权利的下移,以具体的实践让基层领导者逐步提升领导力。如每个教研组长承担学校的"每月一节"活动,每个年级组长承担年级组质量分析、家长会等活动,从出方案、具体的任务安排、主持、统筹协调等都由组长全权负责。

学校发展、教师发展和学生发展是三位一体的关系,三者是彼此促进、互相融合的,教师和学生的发展是学校发展的核心内容和根本任务。集团内各学校发展也依托于教师和学生的发展并为其发展提供各方面的保障。集团内各学校"一校一品"的办学特质突显,各校的办学水平逐年提高,各校的办学差异也逐步在缩小。从校长到中层管理者的工作能力、管理水平都得到了明显提高。在这4年的时间里,每一次的学科视导活动,让"成熟型"与"特色型"教师唱主角,他们的专业能力与专业知识等水平得到稳步提升,各校学生们在一次次的活动中不仅收获了学科知识,更使自身的品德与行规有了明显进步。集团内各成员学校在理事长学校的带领下,学校、教师、学生三位一体有序发展,使整个集团的办学水平得到了稳步提升。

在不断探索"三型"教师培养与发展的道路上,我们取得了丰厚的成果,2019年青溪中学被评为上海市优秀教师专业发展学校,青村中学、洪庙中学、四团中学被评为奉贤区教师专业发展优秀学校。

第二节　培训管理机制

青溪教育集团一直以来都十分重视"成熟型"、"特色型"教师的培训，集团从完善"成熟型"与"特色型"教师培训的顶层设计入手，探索集中培训先行、浸润与实战式相结合的培训方式，建设集团、学校两级培训课程，建立综合评价机制，摸索出了具有青溪教育集团特色和实践成效的一系列规章制度、运行机制和实施策略。

通过设立集中培训、师徒结对、组织观摩、教师自学、统一考核评价等方式，有效提升了"成熟型"与"特色型"教师的综合素养，为进一步的教育教学工作打下了坚实基础。但这种大规模、广范围的培训仍只能满足"成熟型"与"特色型"教师的共性需求，对于教师的个性发展、各学校的实际情况关注不够，也无法真正为"成熟型"与"特色型"教师提供更多的教学实践机会。同时，由于面广、人多等客观因素的限制，在监控、管理等方面还存在一些弊端。

因此，以"教育集团"为单位，以学习共同体的模式，为"成熟型"与"特色型"教师提供多形式、多渠道学习机会，为教师成长搭建更多、更广阔的成长平台，从而促进各学校优质均衡发展。

青溪教育集团"成熟型"教师与"特色型"教师教育教学
基础素养提升培训管理办法
（征求意见稿）

为加强上海市奉贤区青溪教育集团"成熟型"与"特色型"教师教育素养提升研修培训的管理，营造良好的学习氛围，促使教师专心学习，特制订本办法：

一、班务管理

1. 每期培训班推选班长、学习委员、生活委员、宣传委员等组成班委会，协助管理研修班日常学习、生活等事务。

班长主要配合带队教师负责班级事务的总体管理协调，如点名、出勤情况统计、活动组织、简报与数字故事的编辑等；

学习委员负责每次培训活动的签到，在学习上起表率作用，协助教师完成学习任务；

生活委员要了解学员的生活需求，统计午餐的人数等情况；

宣传委员负责文字撰写，及时把通讯稿、培训简报等传给各校负责教师；

2. 学习期间推选组长,主持分组讨论,随时关注本组学员的学习、生活情况,及时与班长、生活委员、各校负责教师保持密切的沟通等。

3. 安排学员专门负责日常培训的拍摄工作,为简讯与数字故事的制作提供素材。

二、学习要求

1. 培训听课期间,严格遵守作息时间,做好签到。不迟到、不早退、不擅离课堂,自觉维护课堂秩序。

2. 听课过程中手机保持关机或静音。

3. 加强学风建设,课上认真听讲,勤于思考,积极互动,认真做好笔记,课后及时巩固消化所学内容,按时高效优质完成研修任务。

4. 课外任务:

除了上课教师布置的学习任务之外,全体学员共同合作,在班长等班干部的带领下,完成以下任务:一个数字故事、二期简报的制作;开展二次分组讨论;组内自行组织一次主题活动,时间、地点由组长确定,并告知各校负责教师,每次分组讨论均由组长主持,并做好记录。

三、考勤管理

1. 做好日常学习签到工作,学员每次上课前十五分钟赶到教室,进行书面签到,否则作迟到处理。

2. 建立请假制度,培训期间,原则上学员不能请假,如确有特殊问题,可以向各校负责老师书面请假,并由各校负责老师告知所在学校的领导。

四、考核评价

1. 加强过程评价与考核,培训结束将依据平时学习和考核情况,评定学员成绩。经培训考核合格,且无下列情况者颁发结业证书:

(1) 请假累计达面授总学时四分之一;

(2) 其他违纪违法行为。

2. 评选优秀学员:

根据学员在学习、生活中的表现,以及对研修班的参与度等,按照民主推选和教师推荐的方式,评选出 20% 左右的优秀学员,颁发优秀学员证书。

奉贤区青溪教育集团

2020 年 9 月

青溪教育集团"成熟型"与"特色型"
教师培养办法

为加速集团内"成熟型"与"特色型"教师成长，鼓励骨干教师潜心教育教学实践探索和理论研究，建设学科教学高地，创新优秀教师发展模式，推进集团教育可持续发展，构建"双金字塔型"师干训工作体系，特制定本实施方案。

一、培养目标与任务

通过学科开展教育教学研究与课程教学改革实践，强化集团"成熟型"与"特色型"教师立足第一线开展教育教学实践和研究的意识，激发教师实践创新活力，通过在学科研究、教学设计、课堂实践、作业辅导、教学评价等领域的培养，提升其在教育教学领域特别是学科教学中的话语权和知名度，助推其提高自身业务素质的发展动力，通过培养成为学科业务骨干。

二、培养方式与时间

"成熟型"与"特色型"教师培养由相关学段的集团学科中心组成员担任班主任，负责方案设计和组织实施等工作。同时聘请奉贤区名优教师培育项目导师、区内相关学科特级教师及奉贤区名优教师培育项目学员组成导师团，对相关培训学员进行带教指导和培养。

以两年为一个培养周期。

三、培养对象与条件

1. 培养对象：
首批培养对象为集团初中的语文、数学、英语教师。每一学科培养学员 15 人左右。后续其他学科逐步跟进。

2. 选拔条件：
（1）具有一级教师及以上职务，教龄为 6 至 10 年（特殊情况可适当放宽），具备大学本科及以上学历。

（2）忠诚人民教育事业，具有崇高的职业道德，为人师表，深受学生爱戴。

（3）对所教学科具有一定的理论基础和教育教学经验，能自觉更新教育教学观念，及时把握与本学科相关的现代科学知识的发展动态，积极探索素质教育规律。

（4）教育教学成绩较好，有基础教育课程改革和科研意识，有发展潜力，有创新精神。

3. 选拔方式

采取学校推荐、专家举荐相结合的方式进行申报,最终由集团领导小组审核确认。

四、培养内容与课时安排

1. 培养内容:

(1)师德人文素养:包括教师职业道德教育、特级教师成长历程、人文素养等内容。

(2)教育理论:包括教育教学理论、教育科研理论、教育心理学等内容。

(3)教学实践:包括教学设计、课堂教学实践、作业辅导等内容。

(4)学科研究:包括学科专业知识、命题研究、教学评价等内容。

(5)课程建设:包括课程开发的知识、校本课程开发能力等内容。

(6)自主研修:包括研读专著、撰写论文、课题研究等。

2. 课时安排:每位学员两年内需修满208课时,具体安排如下:

工作日:每学期安排4个半天培训活动,两年共计16个半天(64课时);

双休日:每学期安排3个半天培训活动,两年共计12个半天(48课时);

暑　期:每个暑期安排4个半天培训活动,两年共计8个半天(32课时);

每位学员利用业余时间进行自主研修,每学期需修习16课时,两年共计64课时。

五、考核管理与保障

1. 集团成立领导小组,成员由集团领导班子成员、集团相关科室组成,负责审核学员人选和考核管理等。

2. 建立培训班班主任和联络员制度。

各培训班由相关学科的中心组成员为班主任,班主任负责设计培养方案及组织实施培训等工作,负责培养活动的组织协调、过程管理及收集资料等工作。

3. 每年组织一次考核,考核工作由集团人事和师干训负责人具体负责。考核时上交学员培养手册,并附相应佐证材料。

4. 培养结束,由领导小组组织对培养对象的师德表现、业务能力、教学业绩、科研成果和社会影响等方面进行全面综合考评。

5. 建立项目培养专项资金。学员培养期间的交通费、食宿费等由学员所在单位承担。

奉贤区青溪教育集团

2020 年 9 月

第三节 培训运作机制

为完善青溪教育集团"成熟型"、"特色型"教师培训制度,进一步激发教师参训动力,促进教师终身学习,不断提升教师能力素质,针对当前教师培训中不同程度地存在的重项目设计、轻整体规划,重统一培训、轻教师选学,重短期学习、轻持续提升,重学时认定、轻结果应用等问题,青溪教育集团大力推行教师培训以百分制量化考核评分管理为抓手,着力构建培训学分标准体系,科学规划培训课程,积极推行教师培训选学,完善培训学分审核认定制度,建立健全培训学分转换与应用机制,深化教师培训管理改革,进一步提升培训质量。

集团依据国家制定的教师专业标准、教师教育课程标准和教师培训课程标准等相关规定,结合集团各校教育教学实际需要和教师专业发展需求,分层、分类、分科建立教师培训课程体系,合理设置必修课程与选修课程,对不同层次与类型的培训课程赋予相应学分。培训课程分层以教师发展阶段为基础,以能力诊断为依据,根据教师年度发展和周期性发展需求,进行递进式设计,推动教师持续成长。集团制定教师培训规划、培训机构研发培训项目与课程、教师规划职业发展和进行培训选学要将培训学分标准作为基本依据。

青溪教育集团"成熟型"教师与"特色型"教师教育教学基础素养培训方案

一、培训目标

为帮助"成熟型"、"特色型"教师重构教育学(教育基本理念、教育发展前沿、教育发展趋势、教育热点问题等)、心理学(儿童发展心理、儿童学习心理、教师心理等)知识体系,更好地解决在教学过程中产生的教育、心理等方面的困惑与问题,加强教师领导执行力和教师伦理道德与人文修养,促进教师教学科研能力和水平的提升,推进集团"成熟型"、"特色型"教师专业迅速成长。

二、培训对象

集团"成熟型"、"特色型"教师

三、培训时间

每年下半年

四、培训地点

青溪教育集团各校

五、培训内容

围绕教育学与心理学新体验；教师专业发展与教育科研；教师领导力与德育发展；实践体验与自主研修等四个模块设置课程：

(一) 新理念引领模块：侧重教育基本理论(包括教育学和心理学)提升与再认识

1. 教育学和心理学专题(结合学员问题)；
2. 学习理论新进展与学习方式的转变；
3. 信息化环境下的教师发展与教学创新；
4. 学生心理问题早期识别和辅导；
5. 教师心理问题与疏导；

(二) 教师领导力与师德人文素质模块：

1. 班主任工作；
2. 教师职业伦理与道德；
3. 中国传统文化与修养；
4. 教师语言艺术与礼仪修养；

(三) 教育科研与专业发展模块

1. 小课题研究的理论与实践；
2. 教育论文与案例写作；
3. 课程评价；
4. 校本科研与教师专业成长；
5. 关注学生主动建构　讲究课堂教学艺术；

(四) 研修交流模块

1. 头脑风暴与自主学习；

2. 教育教学案例研讨与交流；

3. 学校考察与交流

六、课程安排

第一周

	周一	周二	周三	周四	周五	周六	周日
上午	教育学专题1："学生是谁?"：重新发现当代儿童青少年(儿童观、学生观)	教育学专题3："怎么教?"：省思信息化环境下的学科教学创新(教学观)	教育学专题4:"教育究竟为什么?"：反思基础教育的功能与目标(教育观、基础教育观)	教育学专题5：关注学生主动建构讲究课堂教学艺术	教育学专题6："我是谁?"：重塑教师专业形象(教师职业观、专业发展观)	结合专题分组讨论	学员自主学习与完成作业
下午	教育学专题2："教什么?"：审思我国基础教育课程改革(知识观、课程观)	师德人文素质专题1：教师职业伦理与道德	师德人文素质专题2:中国民族戏剧传统及文化意义	师德人文素质专题3:中国传统文化与修养	研讨1:交流与研讨	结合专题分组讨论	学员自主学习与完成作业

第二周

	周一	周二	周三	周四	周五	周六	周日
上午	心理学专题1：学习理论新进展与学习方式的转变	心理学专题3：儿童发展理论与教育	心理学专题5：教师心理问题与疏导	师德人文素质专题4：唐宋文化与唐诗宋词	师德人文素质专题5：教师语言艺术与礼仪修养	结合专题分组讨论	学员自主学习与完成作业
下午	心理学专题2：中小学生学习动机的激发与培养	心理学专题4：学生心理问题早期识别和辅导	心理学专题6：名师成长的心理分析	学校考察与交流	研讨2:交流与研讨	结合专题分组讨论	学员自主学习与完成作业

七、管理与考核

组建培训领导小组、项目管理团队。

项目管理团队：团队具体负责项目的组织实施与过程管理。

培训期间需要学员独立完成若干篇教育论文或案例,再开展研讨活动。

加强过程评价与结业考核,培训结束将依据平时学习和考核情况,评定学员成绩。经培训考核合格,颁发结业证书:

根据学员在学习、生活中的表现,以及对班级工作的参与度等,按照民主推选和教师推荐的方式,评选出 20% 左右的优秀学员,颁发优秀学员证书。

奉贤区青溪教育集团

2020 年 9 月

青溪教育集团"成熟型"教师与"特色型"教师培育方案

为进一步加大集团名优教师的培育力度,造就一批学科高端人才和领军人物,推进集团教师队伍建设,制定本实施方案。

一、指导思想

以国家和上海市教育改革发展纲要为指导,以构建"双金字塔型"师干训工作体系为导向,依托高校和市知名专家的专业支持,重点培育一批师德高尚、业务精湛、集团内有影响的学科人才和领军人物,引领集团教育向更高层次发展,提升集团教育品质。

二、培育目标与任务

选拔一批师德优良、发展潜力大、创新能力强、教育教学业绩突出,在集团内外有一定知名度的"成熟型"、"特色型"教师,进行重点培育。通过培训、培养,使他们具有高尚师德修养、先进教育理念、厚实专业素养,在教育教学中勇于改革创新,破解难题,有较深刻的学术思想、独到的教育教学策略、独特的教学风格,具备主持和指导教育科研的能力,成为专家型、研究型的名优教师,并以此带动区域教师队伍整体水平的提高。

三、培育方式与时间

聘请上海市有较高知名度的学科教师担任导师,采用跟踪式带教模式,原则上一名导师带教两至三名同学段同学科的培育对象。

以两年为一个培育周期。

四、培育对象与条件

1. 培育对象：学科优秀教师，语文、数学和英语学科培育学员各为 4—6 人；其他学科培育学员各为 2—3 人。

2. 选拔条件：

（1）具有一级教师及以上职务，具备大学本科及以上学历，原则上为集团内名师。

（2）忠诚人民教育事业，具有崇高的职业道德，为人师表，在教师中享有较高威望，深受学生爱戴。

（3）对所教学科具有较系统的理论知识和较丰富的教育、教学经验，能自觉更新教育教学观念，及时把握与本学科相关的现代科学知识的发展动态，积极探索素质教育规律。

（4）教育教学成绩突出，积极开展教育教学科研工作，在区域实施素质教育、创新教育和基础教育课程改革等方面发挥较大作用，有发展潜力，有创新精神，有引领示范作用。

3. 选拔方式

采取学校推荐、专家举荐相结合的方式进行申报，最终由集团领导小组审核确认。

五、培育内容与形式

1. 制定计划。导师对培育对象进行专业发展诊断，制订个性化培育方案，指导开展教育教学研究与实践活动。

2. 跟岗学习。安排培育对象到导师身边跟岗学习研修，学习导师的先进教育理念、教育教学经验和方法，提升教育教学能力。

3. 实践提高。导师定期来集团开展一次指导活动，指导内容包括学科研究、课程建设、教学设计、课堂实践、作业辅导、命题研究、教学评价等。每位培育对象每学期至少开设一次集团及以上的教学公开课，每次公开课必须有导师在场进行点评。通过实践提高自身能力，发挥学科示范引领作用，为区域学科团队建设提供服务。

4. 教育研究。每位培育对象在导师指导下，围绕素质教育和基础教育课程改革的重点、难点和热点问题，积极进行教育研究和教改探索，并及时总结提炼成果，培育期间每年至少完成一篇有质量的教育教学论文交给导师评阅，其中，一篇在市级及以上刊物发表，另一篇培育结束后上交。

5. 自主研修。每位培育对象积极学习先进的教育理念和教育教学方法，培育期间，在导师指导下研读 2—3 本教育理论专著，并有 1 万字以上有一定质量的读书笔记或读书随笔，努力提高自身的教育理论水平。

6. 带教指导：每位培育对象应成为同学科培训班学员的导师，有责任和义务承担带教指导工作、开设讲座等任务。

六、考核管理与保障

1. 集团成立领导小组,成员由集团领导班子成员、集团相关科室组成,负责审核学员人选和考核管理等。

2. 每年组织一次考核,考核工作由局组织人事科和教育学院教育培训管理中心具体负责。考核时上交学员培育手册,并附相应佐证材料。

3. 培育结束,由领导小组组织对培育对象的师德表现、业务能力、教学业绩、科研成果和社会影响等方面进行全面综合考评。

4. 建立项目培育专项资金。学员培育期间的交通费、食宿费等由学员所在单位承担。

奉贤区青溪教育集团

2020 年 9 月

第四节 培训考评机制

建立一支高素质的"成熟型"、"特色型"教师队伍，离不开对教师的考评工作，考评是对教师德、能、勤、绩的全面了解和评价。教师的资格和任用、培训和奖励，都离不开对"成熟型"、"特色型"教师的全面了解和评价。只有通过对培训过程的全面考评，才能更好地使集团有目标、有计划地培训和帮助教师，以利于提高"成熟型"、"特色型"教师的思想和业务水平。

通过对"成熟型"、"特色型"教师在培训过程中的考评，对培训成果做出实事求是的评价，把对"成熟型"、"特色型"教师的考评结果和切身利益密切联系起来，是调动"成熟型"、"特色型"教师工作积极性的有效手段，在考评过程中，"成熟型"、"特色型"教师通过总结经验教训，听取他人评定意见，做到肯定成绩、找出差距，明确努力的方向，可以激发自己发奋向上，努力工作的潜能。考评能起到"成熟型"、"特色型"教师之间鼓励先进、鞭策后进的作用。

要提高教育质量和办学效益，必须对教师培训进行科学管理，其中最重要的一点就是"知人善用"。每个教师的专业有特长，水平有高低，在培训的过程中，通过考评，可以对教师有客观的了解和评价，既有利于工作，又有利于教师才能的发挥。同时还可以检查出对教师的培训计划、培训质量、培训效益是否理想，验证出师资队伍整体结构是否优化，评定出教师培训成果是否优良等。只有这样，才能不断地改进管理方法，提高管理水平，优化管理机制，从而达到培养教师、优化队伍、提高学校教育水平和办学效益的目的。

青溪教育集团"成熟型"教师与"特色型"教师教育
教学基础素养培训优秀学员评选方案
（征求意见稿）

为鼓励青溪教育集团成"成熟型"、"特色型"教师教育素养提升的学习热情，激发学员在培训学习期间认真学习，乐于助人，在学习生活各个方面起到模范带头作用，开展培训班的优秀学员评选工作，制定本方案。

一、评选对象

集团培训班的所有学员。

二、评选标准

1. 模范遵守培训纪律，严格执行作息时间，行为举止体现优良的师德形象。

2. 学习态度端正，上课积极思考，踊跃发言，能与老师积极互动，并配合老师调动课堂学习氛围。

3. 有较强的学习进取心，能利用课余时间及时整理课堂笔记，主动钻研，认真撰写心得体会，总结提炼学习成果，起到示范带头作用。

4. 积极参加分组学习讨论，善于激发他人思考，在讨论中起核心带头作用。为培训简报、数字故事编辑等发挥积极作用。

5. 尊重老师，积极配合老师做好培训组织管理工作。团结同学，主动关心照顾他人，与老师、同学的关系融洽。

三、评选办法

学员民主推选和管理教师推荐相结合，分期开展评选，每期结束前由管理教师组织开展评选，优秀学员占比 20％左右。对优秀学员颁发证书，并在结业典礼上进行表彰。

奉贤区青溪教育集团

2020 年 9 月

青溪教育集团"成熟型"教师与
"特色型"教师考核实施方案

（试行）

根据《奉贤区"十三五"基础教育教师队伍建设规划》的文件要求，为进一步促进青溪教育集团"成熟型"、"特色型"教师的专业发展，完善对教师教育教学业务能力考核工作的组织与管理，激发"成熟型"、"特色型"教师主动发展的内驱力，推动奉贤教育事业的持续发展，制定本考核方案。

一、考核目标

通过对"成熟型"、"特色型"教师教育教学能力的全面考核，提高教师的专业技术能力，推动教师专业的进一步发展，探索建立"成熟型"、"特色型"教师的培养机制，形成完善的教师考核评估体系，提升集团教师队伍的业务素质和能力。

二、考核对象

集团"成熟型"、"特色型"教师

三、考核内容

从"德、能、勤、绩"四个方面对成熟型教师与特色型教师进行综合考核,考核师德师风的表现、教育教学的业务知识和能力、工作态度、教育教学的质量和效果(包括教学目标评估、班主任和少先队工作评估、教研与成果、常规工作、差生转化工作等),重点考核教育教学常规的掌握与实践运用的效果。

四、考核办法

(一) 学校考核

1. 组室评价(10%)
2. 学校教职工评价(10%)
3. 学生评价(10%)
4. 学校考核小组评价(70%)

(1) 日常教育教学常规考核(30%)。由教导处组织考评,内容为教学常规;备课、课堂教学、听课、作业批改、教学质量、兴趣小组、课外辅导、教学研究、师生技能培养成果等;班主任工作;现代教育技术应用;参与课题研究和文献编著。

(2) 集中考核(40%)。备课与上课,由集团统一指定学科和主题班会的课题,统一地点备课,并按备课教案上二节汇报课(一节集团学科公开展示课、一堂主题班会课);听课评课;撰写一篇科研论文(与教育教学紧密结合);制作学科课件;命题能力考核。

5. 确定考核等级:实行百分制量化考核评分,85 分及以上为优秀,84—60 分为合格,60 分以下为不合格,考核优秀等级不超过 30%。

学校考核小组根据考核情况签署鉴定意见,再由学校考核工作组复核认定考核等第。

(二) 集团考核

1. 考核对象

学校考核为优秀的"成熟型"、"特色型"教师

2. 考核内容

(1) 教学能力考核(70%):备课、命题、上课。

(2) 教育能力考核(30%):设计或上一节主题班会课。

3. 考核管理

集团统一组织协调考核工作,集团师干训部门具体负责考核的组织实施。

4. 考核等第的确定

考核结果实行百分制量化考核评分,85 分及以上为优秀,优秀比例原则上不超过学校上报优秀总人数的 50%。

五、有关注意事项

(一) 加强领导,强化管理

集团成立"成熟型"、"特色型"教师教育教学能力考核的领导小组,由理事长学校校长担任组长,成员由集团各校师干训负责人组成。

各校成立"成熟型"、"特色型"教师教育教学能力考核领导小组,进一步明确工作职责,落实工作责任,统一思想,提高认识,注重过程管理与相关资料积累,督促教师自我加压、不断进步。

(二) 坚持标准,规范操作

考核工作要坚持公平公正公开的原则,规范操作,为青年教师专业发展创设良好的环境与氛围。

(三) 保质保量,按时完成

1. 学校根据考核要求制定具体考核计划,认真组织实施。学校考核工作的完成时间为 4 月中旬。

2. 集团有关职能科室和教育学院认真落实文件要求,制定考核细则。集团考核工作的完成时间为 5 月 30 日。

奉贤区青溪教育集团

2020 年 9 月

第三章　自育：勇于担当在做中促发展

自育，即自我教育，对于学校，即自我培育。教师队伍建设，是有学校属性的，即基于校本的。所谓"校本"，意指三个方面：一是为了学校，二是在学校中，三是基于学校。为了学校，指校本培训所要解决的是学校和教师教学实践所面临的问题；在学校中，指教师应该而且必须在任职的中小学和课堂中谋求自身的专业发展；基于学校，指教师培训的一切活动都必须从学校和教师的实际需要出发。

　　青溪中学对于"三型"教师在德育能力、课程设计与实践能力、课堂教学能力、教育科研能力的提升，是基于校本的，在实践中思考、在反思中成长的。通过班级导师制的推行、"五有"学子成长平台的运用、"五有"学子校本课程的实施等提升教师育德能力；通过国家基础型课程校本化实施、拓展型课程的开发与实践、项目化学习等提升教师课程设计与实践能力；通过各学科教学模式的研究与实践，每学期的主题研究，区、校教学节主题活动的研究，专家引领下的主题研究等提升教师课堂教学能力；通过区、集团、学校等层面开展的科研活动，搭建科研平台，积极参与部级课题项目，基于集团工作的课题研究等提升教师教育科研能力。在做中促发展，形成"青溪源"教师培养模式，打造"专业、敬业、乐业"的卓越教师团队。

第一节 德育实践

"为学生点燃理想明灯"是我校坚持的办学理念,"抓好德育队伍建设、树立全员育人观念;培养学生良好的思想道德品质;做好学困生的帮教转化工作,杜绝违法犯罪"是学校德育工作的总目标。学校坚持德育为先的工作思路,积极研究德育工作内容,针对新时期德育新问题,提出德育工作新思路,改进德育工作的方法,努力提高德育工作的效率。

要做好学校的德育工作,离不开一支经验丰富、方法独到的德育工作者队伍。我校及时调整德育工作领导小组,认真抓好师德建设,组织全校教师开展政治理论学习,法律法规学习等。为更好地贯彻学校德育工作目标,为全面提高学校教育教学质量保驾护航,通过德育实践活动不断提升教师育德能力,通过"德教合一导师制"的推行、"五有"学子成长平台的运用、"五有"学子校本课程的实施等实践,为我校"三型"教师育德能力的提升搭建了平台,在德育实践的过程中,"适应型"教师坚定信心,"成熟型"教师团结一致,"特色型"教师务实求新,在积极营造良好的育人氛围的同时,取得了较好的育德成果。

● 德育实践案例一

推行"班级导师制",探索"三型" 教师德育工作新模式

为深入落实《中共中央国务院关于进一步加强和改进未成年人思想道德建设的若干意见》,推进中小学课程改革的深入实施,构建"全员育人、全过程育人、全方位育人"的德育工作体系,促进学生全面发展,我校于 2016 年提出了德教合一的"班级导师制"这一新型的教育管理模式,通过这一模式探索"三型"教师提升德育工作的新模式。

一、总体情况

我校之所以提出德教合一"班级导师制"这一新型的教育管理模式是基于以下几个背景:

1. 学生层面: 采用传统的班主任制,无法为每个学生提供个性化的学习和指导,而导师制对学生科学、合理的指导能使学生个体的禀赋得到更为充分的发挥。

2. 教师层面: 随着办学规模的不断扩大,新教师比例不断增加,但限于学校的班级数,大多青年教师不能有担任班主任的机会,这就导致"适应型"教师在德育工作方面的能

力难以提升,导致重学业、轻德育的现象还普遍存在,依靠传统的"班主任制"已经无法满足提升"适应型"教师的专业成长需求。且对于"成熟型"、"特色型"教师而言,他们自身所拥有的德育能力缺少有效传递经验的渠道。

3. 学校层面:从德育主任、教导主任分别担任德育、教学管理工作 AB 角起,我校已开始了"德教合一"教育模式的探索。前期,我校从年级组入手,探索实施以年级组为单位的扁平化管理模式,实行年级分管领导与年级组长负责制,由分管的行政领导和年级组长全面负责该年级组的德育和教育工作,定期召开年级组会议、组织年级组主题活动,加强对年级组长的考核,确保管理实效。

基于上述背景,我校于 2016 年提出了德教合一的"班级导师制"这一新型的教育管理模式,并相继出台了《青溪中学班级导师制方案实施》和《青溪中学班级导师制实施细则》等相关制度,于 2016 年暑期进行了专题培训研讨,2016 学年在六年级进行了试点,试行一轮(四年)以后,学生在各级各类活动中取得了显著的成绩:学生、家长对学校的认可度比以前高了,师生关系更加融洽了;对教师而言,"适应型"教师通过担任导师,积极配合"成熟型"、"特色型"教师实现对德育工作能力方面的历练,教育教学的成效日渐提高,而成熟的教师也能实现自身德育工作能力有的放矢以及实现进一步提升;学校成为家长满意、社会认可的新优质项目学校。

二、主要工作

1. 领导重视,筹备精心

"班级导师制"工作是我校尝试探索的一种新型教育教学模式,学校领导十分重视,为开展好此项工作,学校成立了校长为组长的领导小组,由德育部和教学部主任担任副组长,负责具体实施。

德教合一"班级导师制"项目领导小组

组　长:薛晨红

副组长:包蓓姹　侯　敏

组　员:徐　冲　周　雯　王　芸　杨卫晨　全体导师

项目领导小组成员更是作为年级组分管领导、导师,深入参与此项活动,以提高项目组全体教师的思想认识。紧紧抓住这个载体,实现全员育人,师生共同成长,构建和谐校园。项目组利用暑假,积极学习相关知识,几经研讨,制定了《青溪中学班级导师制实施方案》、《青溪中学班级导师制实施细则》、《班级导师(长)工作责任书》、《班级导师工作手册》等相关工作制度,为此项工作的顺利开展做好了前期准备工作。

2. 全员参与,优势互补

为了能通过推行德教合一的"班级导师制"实现我校德育工作的高效高质推进并促进"三型"教师在育人能力上的提升,本着"全员参与、优势互补"的原则,在选配导师时,项目组有意识地将"适应型"教师与"成熟型"、"特色型"教师进行组合,考试学科教师与非考试学科教师加以组合,每个班配备 3 人导师团队,导师团队优势互补、通力合作,既有各自重点负责的 10 名左右的学生,又作为一个团队负责整个班级的各方面工作,针对不同学生的特点,分配不同的老师,以推动学生的个性化发展及全面成长。通过全员参与以及新老组合的方式,"适应型"教师从原本缺少班级德育管理机会和缺乏德育能力提升相关培训的状态转变为能够参与到班级德育管理中来,而且"成熟型"、"特色型"教师的带教也让育人能力的提升更有质效,"适应型"教师也常常会出现一些年轻、新鲜的点子丰富"成熟型"、"特色型"教师的班级管理方式,实现优势互补,为学校德育工作注入活力。

3. 多措并举,扎实开展

导师们全面了解结对学生的学习、生活、心理等基本情况,通过综合分析,针对学生实际情况,完善学生档案,制订工作计划,并在日常工作中认真开展各项工作,定期与学生、家长进行交流,每位导师每周均与结对的所有学生与家长进行至少 1 次深入交流,对学生进行"思想引导、学业辅导、生活指导、心理疏导"的全方位辅导,取得了一定的教育教学效果,导师们在教育、教学的各项常规考核中都取得了不俗的成绩。

4. 定期交流,广纳良言

为更好了解"班级导师制"的实施情况,学校定期召开试点年级各个层面的交流座谈会,每学期至少召开 4 次导师工作会议,2 次家长代表座谈会,2 次学生代表座谈会。

座谈会上大家畅谈"班级导师制"实施以来的真实感受,导师们尤其是年轻导师们纷纷表示"班级导师制"的试行,使他们的教育观念发生改变,从之前的只关注学生学业水平到关注学生的全面发展,这也使得老师的敬业精神、职业操守、思想境界在不断提高,这是真正意义上的教学相长;家长们纷纷表示,试行了"班级导师制",让原本 1 名班主任管 30 多名学生,家长一学期也不一定能和班主任交流几次的情况,变成了如今 1 个班级有 3 位导师,每名导师具体负责 10 多位学生,感觉老师更关注孩子了,与家长的沟通也更多了,三名导师一起进行家访,让家长能更全面了解孩子的各方面情况,很受家长欢迎;学生们则表示,通过原班主任的宣传,大家明白了有了导师,并不是原来的班主任就不管我们了,而是有更多的老师来关心我们,能有更多的机会跟我们交流,给我们指导,让我们感觉很幸福……

5. 搭建平台,注重过程

传统的班主任工作对学生的评价主要是在《中学生成长手册》期中、期末对学生进行评价,只是写一个等第结论,关注的是结果。但学校实行导师制以后,学校组织开发了一个信息平台,把日常行规、兴趣特长、活动参与等设置成不同的栏目、不同的观测点进行评价,每位导师下发一个 iPad,学校里无线网络全覆盖,操作很便捷,关注了学生在学校学期、生活的过程,导师们对大数据进行分析,得出结论,及时帮助学生进步。

三、成绩经验

1. 学生发展更加全面。 在选配导师时,项目组有意识地将处于不同工作年限、具有自身所处阶段特长优势的"三型"教师进行组合,考试学科教师与非考试教师加以组合,而导师与学生的配对,则交由导师团队和负责班级进行自主双向选择。由此,针对不同学生的特点,分配不同的导师,以推动学生的个性化发展及全面成长。每年每个年级层面组织了 20 多场彰显学生个性化发展的活动,参与率 100%;同时,学生积极参与市、区级的各类比赛频率高,获奖人数多达上百人次,学校还评为"中国好作业"优秀组织奖等几十项奖项。

2. 师生关系更加融洽。使学生思想工作由过去的班主任一个人在做,转化成全体导师一起做,师生关系比以前更加密切,家长和社会对学校的信任和认可度进一步提升,更多学困生不仅在学习上得到了帮助,更重要的是通过导师的帮扶,使学生更感受到来自老师的关心和帮助,体会到了家一般的温暖,精神上得到抚慰,他(她)们觉得在青溪中学可以获得更多的自信心、成就感,对未来有了更多的希望和寄托,对老师、对学校有了更多的热爱和依恋,如教师节寄给老师们的贺卡中称导师们为"姐姐"和"哥哥"等家人之间的称呼,还有表达的浓浓的情意,充分显示出师生关系的融洽。2015 年和 2018 年两次市级绿色指标测试中我校师生指数均高于市平均,充分显示了班级导师制的成效。

3. 德育教学更加有效、融合。使教师的教育观念不断的发生改变,教师由重教书轻育人的学科老师逐渐成长为学生的人生导师,教师履行教书育人职能的水平得到提高,从只关注学生学业水平到关注学生的全面发展的要求也使得老师的敬业精神、职业操守、思想境界在不断提高,这是真正意义上的教学相长。通过班级导师制的推进,促使我校"三型"教师在德育工作上的能力有显著提升,"适应型"教师基于此拥有了实现班级管理和提升德育能力的途径;"成熟型"、"特色型"教师在互相配合的过程中进一步实现教育教学能力的提高。

4. 区域辐射更加深远。近年来我们以论坛交流、现场展示等形式,在集团、联盟体等区域范围内进行了推广,将改革成果惠及更多的兄弟学校。如 2016 年德育专项研讨会时对这一项目进行介绍,4 位导师长分享经验;2017 年 4 月新城资源联盟体班主任成长共同体启动仪式上,两位导师长做了汇报交流;在德育基础性评估、德育行规检查、德育工作专项督导等检查活动中都做了相关专题的汇报,得到专家们的一致肯定和好评;薛晨红校长在长三角名校长培训及贵州省务川自治县全体校长培训活动中,对此项目做了专项交流。

四、反思举措

1. 对导师间的分工细化不够。每个班级三位导师间合作与分工还不够具体与明确,如对学生的个别辅导比较注重,但对导师参与班级集体活动要求不是很明确,部分年轻导师由于经验不足,在班级管理上和与家长的交流沟通上还不够成熟,无形中加重了导师长的工作量等。在新学年的试点中,项目组也充分考虑了这些意见建议,对导师制的实施细则进行了改进,如新学年由导师共同承担早上朗读课、午会课和班会课,对青年教师开展针对性的培训交流活动等。

2. 对导师制的培训指导不够。由于相关的培训指导没有及时跟进,相当一部分老师对导师工作的意义认识不到位,操作流程、目标要求不清晰。对导师工作的指导、督查跟不上,研讨交流及工作中发现的问题目前还没有得到全部解决。特别是对于职初期的"适应型"教师而言,缺乏针对性的培训容易导致在班级管理的过程中缺乏专业素养,或者是担心不能有效达成而束手束脚。为此,学校已经制定了培训计划,留出专项经费投入,将进一步加强培训指导,不断完善导师制工作。

3. 对导师制的深入研究不够。随着实践的不断深入,要求理论研究要先行一步,做好评价指导,经验总结推广,案例分析等方面工作,让导师制始终能沿着正确道路走下去。同时会加强对学生心理辅导的研究,随着疫情的发生,相当一部分学生的心理问题愈发严重,我们要让导师的工作重心有所改变,要尽快解决目前存在的问题。最后还得继续加强对导师考核力度,除了在绩效考核中有体现,将在工作量中要充分体现,确保全体导师的工作热情与积极性。

针对以上问题,我们会在今后的项目推进过程中从理论、指导、落实、监督、考核等各方面不断调整改进,真正形成一套适合初中阶段的、适合青溪中学的"导师制"教育模式。

● 德育实践案例二

基于"五有学子"德育校本课程,提升"三型"教师德育能力

学校自 2013 年开办以来,围绕着培养"五有学子"的育人理念,不断探索、思考与这一理念与校本课程的结合途径。我校于 2017 年 12 月开始着手"五有学子"德育校本课程的开发与实践研究,通过构建"五有学子"培养路径和评价体系,完善学生综合素质评价方案,形成一套较全面的、较科学的、较能体现学校文化和育人导向的评价模式。在此过程中,学生实现"人人成才"而不是简单的"以成绩论英雄",而教师通过"五有学子"的培养和评价提升了自身的德育能力,实现教育教学的良性循环。

一、实践背景

我校之所以开发"五有学子"德育校本课程并进行实践研究是基于以下几个背景:

1. 学生层面:之前的"五有学子"如同"三好学生"称号一样,对学生来说更多的像一个口号,学生并不知道成为五有学子的具体要求,所以不知道从何努力。使用"五有学子"德育校本教材后,学生能通过一个个具体和生动的教材内容的学习,让自己成为一名真正的"五有学子"。

2. 教师层面:为构建"全员育人、全过程育人、全方位育人"的德育工作体系,促进学生全面发展,我校于 2016 年提出了德教合一的"班级导师制"这一新型的教育管理模式,同时本着"全员参与、优势互补"的原则,在选配导师时有意识地将"适应型"教师与"成熟

型"、"特色型"教师进行组合,考试学科教师与非考试课教师加以组合,每个班配备3人导师团队,导师团队优势互补、通力合作,既有各自重点负责的10名左右的学生,又作为一个团队负责整个班级的各方面工作,针对不同学生的特点,分配不同的老师,以推动学生的个性化发展及全面成长。在实行"班级导师制"的过程中,我们发现了导师们缺少切实可操作的具体课程和评价体系,特别是对于"适应型"教师而言,本身就相对更缺少德育工作经验导致工作的无效,而对于"成熟型"、"特色型"教师来说,之前对学生思想道德教育相对来说比较散乱,并没有很好的系统性,"五有学子"德育校本课程,从课时安排、教材准备、作业反馈等各个方面,给他们提供了对学生德育教育全面培养的抓手,从而培养出符合学校办学理念的优秀学生并进一步提升教师的德育能力提升学校育人工作质效以达成教师育人、学生成长的同步实现。

3. 学校层面:2002年教育部颁布了《关于积极推进中小学评价与考试制度改革的通知》,明确指出,建立以促进学生发展为目标的评价体系。《中共中央国务院关于进一步加强和改进未成年人思想道德建设的若干意见》明确指出,学校是对未成年人进行思想道德教育的主渠道,必须按照党的教育方针,把德育工作摆在素质教育的首要位置,贯穿于教育教学的各个环节。基于此,我校思考的是目前学校的德育教育德育工作是否真的有实效,还是仅仅停留在课堂里、说教中,同时如何使得在推行"导师制"过程中实现对"三型"教师德育能力的提升并为教师们提供学生德育评价体系和学生培养落地的抓手是学校层面不断研究探索的方向。因此,有针对性地开发德育校本课程,扩大学生知识面,拓宽学生视野,切实提高学生道德素养是我校德育教育的当务之急,研发适合我校校情的"五有学子"成长手册德育校本课程就是我校在这一方面的思考和探索。

基于此背景,我校于2017年12月开始着手"五有学子"德育校本课程的开发与实践研究,在寒假期间,项目组负责老师编写完成了"五有学子"德育校本教材。2018年2月份开学,在全校四个年级全面铺开使用本套校本教材。

二、项目管理

"五有学子"德育校本课程开发与实践是我校德育工作的重点项目,学校领导十分重视,为开展好此项工作,学校成立了校长为组长的领导小组,下设课程开发小组,由教导主任侯敏任组长,负责课程开发;课程实践小组,由副校长兼德育主任包蓓姹任组长,负责具体实施。

"五有学子"德育校本课程项目

1. 领导小组

组　长:薛晨红

副组长:包蓓姹　侯　敏

组　员:徐　冲　杨心美　周　雯　王　芸　严　悦　杨卫晨

2. 课程开发小组

组　长：侯　敏

副组长：徐　冲　王　芸

组　员：各教研组组长与若干骨干教师(共 12 人)

3. 课程实践小组

组　长：包蓓姹

副组长：周　雯　杨卫晨

组　员：各年级组长、导师长(共 20 人)

项目领导小组成立后，各小组在组长的组织引领下，利用专家讲座、小组讨论交流等，积极学习相关知识，几经研讨，制定了《青溪中学"五有学子"德育校本课程实施方案》《青溪中学"五有学子"德育校本课程实施细则》等相关工作制度，为此项工作的顺利开展做好了前期准备工作。

三、项目实施

1. 精心编撰，形成教材(课程开发小组)

(1) 学习教育理论，搜集相关素材。项目前期，我校分别利用开学前及期末教师培训的时间，先后邀请了浦东新区教育发展研究院德育研究员姚瑜洁老师，闵行区德研员陈耀清老师及上海市班主任工作室带头人特级教师松江区仓桥学校王卫明老师等德育专家做了相关主题的报告。4 月 19—21 日，学校组织校级骨干导师长 10 人，赴杭州参加由中国人生科学学会青少年德育教育专业委员会主办的"中小学班主任工作技能提升与心理健康教育"高级研修班。通过相关的学习，充实理论知识，同时搜集相关资料，为编写教材做好准备。

(2) 分析校情学情，精心编撰教材。发挥全校六位教研组长及学科骨干教师的专业特长、针对四个年级不同的年龄特点，精心选择了与之相符的学习内容，共编写出四本教材，每本教材分为：知书达礼有修养、见多识广有智慧、体魄强健有活力、一专多能有特长、躬耕实践有力量五大版块。教材的内容力求生活化、场景化，与常规的课堂接受式学习区别开。教材内容生动有趣且有意义，让学生学习这套教材，能够很好的培养学生的核心素养，从而达成我校培养"五有学子"的教育目标。

2. 实践应用，优化实施(课程实践小组)

(1) 全面铺开，有序推进。2017 年第二学期一开学，"五有学子"成长手册编撰完成，在全校范围内试点铺开，学校确定德育校本课程的上课时间为每双周的班会课，以及每周一中午的午会课。教学由导师长主要负责完成，每学期举行"五有学子"德育校本课程优秀教案及班会课评比活动，要求全校教师参与听课、评课活动，通过奖励机制以及相互学习帮助教师们在课堂实践中提高"五有学子"德育校本课程的上课能力。

(2) 定期交流，广纳良言。为更好地了解"五有学子"德育校本课程的实施情况，学校定期召开教师、学生两个层面的交流座谈会，每学期至少召开 4 次相关工作会议。座谈会上大家畅谈"五有学子"德育校本课程实施以来的真实感受,有的年轻导师长说:用了这套教材,每周定时上课,感觉整个班级的班风一下子有了明显的改变,特别是"知书达理有修养"的这个内容,孩子们特别喜欢,因为要求不仅仅写出自己所做的好人好事,还要用心观察周围同学的爱心之举,并在班级里进行交流,分享。通过这个小小环节,很多大家平时没有关注到的细节之处都被发掘出来了,同学们互相学习,都更加乐于帮助别人,整个班级都表现出一股勃勃生机。有的同学说:最喜欢"体魄强健有活力"的环节,平时过多的关注学习成绩,通过这一内容的学习,规定自己每天的运动内容和时间,坚持了一个学期,感觉身体好多了,锻炼后的精神也更好了,从而提高了学习写作业的效率,没想到运动不但没有浪费时间,还让学习更轻松了。当然在讨论中,大家也都提出了一些意见和建议,如"见多识广有智慧"是不是能在鉴赏的范围上有所扩大,不仅仅是音乐美术作品,可不可以有一些建筑、电影等其他艺术种类优秀作品的推荐;校本课程的教学是不是可以邀请一些有专长的家长或是志愿者来一共参与等等。通过师生交流,也将帮助我们更好的进行"五有学子"德育校本课程改进建设。

(3)搭建平台,注重反馈。在一个学期的学习结束之后,每位学生的学习成果都会记录在学生用"五有学子"成长手册中,同时上传至我校的"五有学子"学生成长平台,在每学期都会生成学生的成长档案,并作为各项区级、镇级、校级评优的重要依据。

3. 反思改进,精益求精。(项目领导小组)

在一学期的实践运用过程中,我们也收集到了不少有价值的意见建议,暑假期间,项目领导小组对此进行了专题研讨,总结主要问题有:

(1)校本教材的内容还需要进一步的修改、完善。计划适当的添加一些与宪法、社会主义核心价值观等相关内容,使本套教材内容更加全面。

(2)对教师在使用本套教材时的指导、督查跟不上。许多研讨交流及工作中发现的问题没有得到及时解决。

(3)在上学期的教案收集、午会课评比中发现,部分教师的教案及课堂教学质量不高,导致学生学习的效果不太好。

针对以上问题,我们会在今后的项目推进过程中从理论、指导、落实、监督、考核等各方面不断调整改进,并将"五有学子"德育校本教材进一步修改完善,形成适合我校校情的能够很好的达成我校育人目标的德育校本课程。

四、项目绩效

1. 帮助学生健康成长

转变了学生重视学业考试成绩而忽略品德发展和个性发展的观念,引导学生树立科学的综合素质发展观,促进学生各方面全面发展,健康成长。项目实施一学期,七(4)破岩中队、八(2)远航中队荣获 2018 年奉贤区优秀"动感中队"称号。李若冰等二十几位学生荣获市、区艺术、体育、科技等各级评比奖项。

2. 提高"三型"教师育德能力

通过项目实施,促进教师特别是"适应型"教师的全面发展,在职初期教学专业上有所成长的同时更通过构建在"五有学子"的德育校本课程基础上的"导师制"大大提升了育人工作能力,对"成熟型"、"特色型"教师而言也更加有抓手、有指向性地助力学生的成长。在这样的教师校本培训中,"三型"教师的育德能力都有了长足的进步,一年期班主任钱星燕老师在奉贤区"贤文化"班会课教案及课堂教学评比中均荣获区二等奖,邹丽娜老师带领的九(1)班荣获奉贤区温馨班级评比二等奖。

3. 推动学校素质教育

在"五有学子"德育校本课程的开发与实践的过程中,融合了学校的各项德育资源,把午会课教育、学生综合发展评价、艺术、体育、科技能方面的活动都全面的体现出来了,能够很好的提高学生自育能力、提升教师育人水平,推动学校素质教育不断深化,使学生的素质得到全面发展。

• 德育实践案例三

依托"德育学分制＋成长记录手册",完善"三型"教师实施德育工作评价体系

一、实施背景

2002 年教育部颁布了《关于积极推进中小学评价与考试制度改革的通知》,明确指出,建立以促进学生发展为目标的评价体系。《中共中央国务院关于进一步加强和改进未成年人思想道德建设的若干意见》明确指出,学校是对未成年人进行思想道德教育的主渠道,必须按照党的教育方针,把德育工作摆在素质教育的首要位置,贯穿于教育教学的各个环节。显然,德育学分制正是落实以德育为核心,以创新精神和实践能力为重点,以学生全面发展为目标的素质教育的重要举措,是新形势下德育评价的又一新途径和新办法。

就我校自身德育工作发展而言,为构建"全员育人、全过程育人、全方位育人"的德育工作体系,于 2016 年提出了德教合一的"班级导师制"这一新型的教育管理模式,同时本着"全员参与、优势互补"的原则,在选配导师时有意识地将"适应型"教师与"成熟型"、"特色型"教师进行组合,提升"三型"教师德育工作能力以推进和完善学校层面德育工作体系,而"德育分学制"的实行也为"班级导师制"的推进提供落地和评价的依据。

二、实施过程与内容

1. 项目起止时间:

(1) 准备阶段(2016.03—2016.08)调查分析、情报综述、设计方案、课题申报。

(2) 实施阶段(2016.09—2017.03)开展行动研究与调查研究,开发德育学分制软件系统。

(3) 完善阶段(2017.04—2017.09)开展实践研究,建立全校学生的"德育学分制"大数据库,检测和调研"德育学分制"在学生学业学习、德育活动、竞赛活动中的作用。反馈实施项目的有效度和不足,初步鉴定德育学分制在辅助《学生成长记录》评价中所发挥的作用。

(4) 总结阶段(2017.10—2017.12)整理、分析资料,撰写结题报告。

2. 项目研究目标:

(1) 转变师生和家长的综合评价理念:通过"德育学分制+成长记录册"评价体系,转变师生和家长重视学业考试成绩而忽略学习过程、重视结果而忽视学生进步和努力程度、重视升学率而忽视学生品德发展和个性发展的评价观念,引导师生和家长树立科学的学生综合素质评价。

(2) 创新学生综合评价方法:通过"德育学分制+成长记录册"的学生综合素质评价模式,建立和完善学生综合素质评价指标。创新学生综合评价方法。

(3) 健全学生综合评价激励机制:通过学生综合素质评价,将累计学分作为评选"三好学生"即"五有学子"全面发展奖及"五有学子"单项奖的重要依据。

(4) 完善"三型"教师实施德育工作评价体系:依托"德育学分制+成长记录册",为"三型"教师完善德育工作、构建评价体系提供抓手和平台,提高德育工作有效性。

3. 项目研究内容:

(1) 通过对《中小学教育质量综合评价指标框架》、《上海市中小学学业质量绿色指标》研究,结合对现行《中学生成长记录册》使用情况的调研,设计"德育学分制"量表辅助《中学生成长记录册》进行学生综合素质的评价。

(2) 开发软件,建立全校学生"德育学分制"大数据库,通过实践研究和跟踪分析,研究"德育学分制+成长记录册"评价模式的有效实施途径。

(3) 建立并完善我校"德育学分制+成长记录册"评价方案,并研究如何有效监督其实施。

三、项目研究实施成果:

1. 相关概念界定:

(1) 德育学分制:是指把学生德育教育管理学分化,即把学生在政治思想、道德品质、行为习惯、礼仪礼貌、遵规守纪、心理素质等非学术能力的表现以学分的形式加以逐周、逐月评定,并以学期为单位进行记载,作为学生思想品德方面考核的依据。它主要是一种对学生的思想品德行为、心理等层面进行互相评价和自我评价,以达到自我教育、自我管理效果的管理措施。

(2) 综合素质评价:指的是在每个学期的期末或每个学年的期末,学校组织的一次对全体在校学生全面的综合素质和能力评价的测评任务。综合素质评价来自于 2006 年教育部对全国的初中毕业与高中招生制度的改革,测评展现了素质教育的实质。一般分为六个维度(不同的地区或学校结构略有差异),分别是"道德品质"、"公民素养"、"学习能力"、"交流合作与实践创新"、"运动与健康"、"审美与表现"。六个维度又分别被分为若干个项目。

2. 情报综述概要:

(1)学生综合素质评价的相关研究

国外的相关研究:①在对综合素质的理解和界定上,欧美等过对学生综合素质的理解既有相同之处,又有不同之处。相同之处是它们都认为学生的学术能力或者学业成绩是学生综合素质的一个重要组成部分。不同之处在于国外对非学术能力表现包括哪些内容,是很不一致的。例如在新加坡评价体系中,非学业成就在狭义上指学生在课外活动中取得的成绩,广义的还包括学生的品性。而在加拿大安大略省非学术性素质主要是社区活动。在美国,它所包含的内容则更多,任何能够说明自己在非学术方面取得成就的材料都可以作为评价内容。②在综合素质的评价方式上,以可否进行考试和是否学术性素质进行交叉匹配,则可以简单地把综合素质划分为四类,其中第四类就是不能用考试来测量的非学术能力。这类素质与我国所说的综合素质最为接近,如思想道德品质、公民素养。对于这些能力,又大致存在着两种不同的评价方式。一种只收集那些有明确证据的行为,其典型的例子有新加坡。另一种是对各种材料进行模糊的判断,其典型的有美国。③在综合素质评价的监督机制上,主要采取了如下两套机制来尽可能地保证综合素质评价机制的公正运行。首先是加强评分的客观性。考试是其中一种运用较多的方法。另一个办法是只把那些可以收集到明显证据的素质和能力列入评价体系。其次是依赖良好的社会诚信文化。

国内的相关研究:①在对综合素质的理解和界定上,教育部在《教育部关于积极推进中小学评价与考试制度改革的通知》中,明确提出学生的综合素质主要包括道德品质、公民素养、学习能力、交流与合作、运动与健康、审美与表现等六个方面。有些省市在实施过程中直接参照了这个框架,但许多省市则对具体内容进行了调整。②在综合素质的评价方式上,各地在开展综合素质评价的实践中,普遍缺乏解决这些配套技术与制度问题的思路与方向,即使偶有尝试,也缺乏有说服力的论证。就当前实践看,各省对于学生平时综合素质评价结果如何合成综合素质等级的规定很不统一。③在综合素质评价的监督机制上,各地从文件上都明文要求建立抽测制度、监督制度、公示制度、责任追究制度等。但目前来看,各地在这方面的探索与进步并不明显。

(2)德育学分制的相关研究

国外的相关研究:学分制起源于在德国柏林大学的选修课,它的进一步改进、完善和推广则在美国。国外关于德育量化评价的基本思路是从三个方面去收获有关测评信息,一是看被测评者本人对自己情况说些什么;二是了解被测者的人对他说些什么;三是看看被测评者实际做些什么,看他在真人真事的环境中如何行动。然后依据一定的法则或标准对所获得的资料信息进行分析处理,做出测评。

国内的相关研究:在中国最早提倡学分制的是蔡元培。1919 年,蔡元培在北京大学进行教学改革,改年级制为选科制。2001 年,教育部印发了《基础教育课程改革纲要(试行)》,宣布我国新一轮基础教育课程改革正式实施,并明确提出积极试行学分制管理。这表明教育界对学分制的重新肯定,其地位也日益巩固。在我国,有关德育量化评价的方法主要有操行加减评分测评法和积分测评法两种形式。①操行加减评分测评法,首先对学生日常行为规范提出一系列评语式的测评项目,在此基础上对每个测评项目做出一些具体要求,规定达到什么程度加几分,违反规定到什么程度减几分。②积分测评法,先将德育目标或规范要求具体化为操作行为,每一操作行为对应具体项目,每个项目规定出具体评分要求及一定的分数值。

(3) 需要改进和研究的地方

综合国内外的相关研究,我们感觉到,构建一套综合素质评价制度对于推进素质教育有着十分重要的意义,而要综合评价学生的综合素质,应该包括学生的学术能力和非学术能力。但由于综合素质评价在我国还是一件新生事物,学界对综合素质评价制度的基本定位和框架进行深入和系统思考的还不多,已有的政策实践大多也还处于试误阶段。而许多教育发达国家和地区在学生综合素质评价方面的经验和做法比较成熟,也给了我们很多启示,但其评价方式也不完全适应我国对学生培养的要求。由此可见,进一步推动和完善学生综合素质评价体系,还需要持续的研究、探索和实践。

学分制和德育的量化研究为德育学分制的实行奠定了基础。可以说,德育学分制就是在上述两者的研究基础产生和发展起来的,即以学分这一量化形式作为考核和评价德育目标的实现程度,进一步明确学校德育工作的内容与要求,从而提高德育工作的有效性。研究也发现,德育学分制已在我国一些地方中小学开始施行,并且受到师生的好评,也取得了一定的成果,但不容回避的是,这些实践工作在解决了部分问题的同时,产生了一些新的亟待解决的新问题,如学分内容范围的划定、德育学分制量表的制定等。

3. 对现行《成长记录手册》评价方式调研情况概要

调查人数:学生 100 人、家长 100 人,教师 50 人(发放调查问卷 250 张,回收 250 张,全部有效)

调查目的:了解我校学生、家长、教师对现有学生评价模式(包括评价内容、评价方式、评价效果)的认同度

调查结果:

(1) 现有学生评价模式,对"立德树人"的理念,没有很好体现。

超过八成的学生、家长、教师认为,根据现有的以《学生成长手册》为主要依据的评价模式,主要以学生成绩评价学生发展好坏,学生考试合格,只要没有严重的违法违纪行为,就是一路绿灯,在这种状况下对于立德树人是极为不利的。德育学分体系的实施,正是确定德育是学校教育核心地位、灵魂引领的具体保障,也必将引起学生的重视。德育学分体系,超越了以往的学生管理量化计分,更不是班级考核的个人具体化,而是融德育内容、德

育途径、德育方法于一体,以学分的形式规范、衡量学生的一种德育手段,有力推动学生素质提升。

(2)现有学生评价模式,对"人人成才"的理念,没有很好体现。

学校探索适合学生发展的教育,立足"人人皆可成才"的人才观、"人人尽展其才,人人尽享其才"的育人观,引导全体师生登高望远,追求卓越。我校提出的"五有学子"育人目标,正是基于此理念。然而,依据现有的评价模式,并不能体现此理念,以至于在调研中,学生、家长、老师都认为,"五有学子"有目标、有措施,但缺乏考核与评价机制,尤其是期末评优,仅以学生、教师的"感觉"为依据,缺乏显性的依据。在评价方式上,比较集中的意见是:①人人成才需要全方面的评价学生。德育学分体系应关注学生发展的方方面面,让学生受到关注和尊重、让学生进行参与展示、让学生得到收获与成长;②人人成才需要全员育人的支持。德育学分体系应全体老师、学生、家长以"坚守阵地、参与管理、发挥特长"三种模式参与到学生教育之中,发挥引导、管理和评价作用。

(3)现有学生评价模式,对"文化发展"的导向,没有很好体现。

"只有优秀的学校文化才能孕育出优秀的学校教育"这一观点,已得到广泛的认同和接受。而学校对学生的评价方式,一定程度上正是体现了其学校文化,70%以上的被调查者认为千篇一律的《学生成长记录手册》并不能体现学校的校本特色,且其中大部分被调查者认为,在学科上,除拓展等校本课程外,对国家基础型课程,《学生成长记录手册》还是能较好体现学科上的表现的,但德育学分体系在构成要素、评价渠道、计算方法等方面所体现的特点,正是学校根据地域位置、自然环境、历史文化、发展水平而在教育价值、教育观念、教育抓手等方面的思考,更能直接体现学校文化。

打造学校文化力,提升学校的竞争力,形成核心竞争力,重在人心的建设。德育学分体系的实施,应在不知不觉中发挥文化的影响、熏陶和濡染作用。

4. 校本"德育学分制"评价模式初步设计

根据前期的学习、调研结果,初步确定了我校的"德育学分制"评价模式

(1)评价内容:学校德育学分共有五大类,十一个项目组成,贯穿于学生中学四年的始终

① 知书达理有修养(20分):每周统计一次包含行为规范、卫生劳动、文明餐桌等指标的记录。重在引导学生日常学习、生活中不断追求进步,做最好的自己。(值周班、卫生室、大队部)

② 见多识广有智慧(20分):包括志愿服务、好人好事等指标的记录。志愿者活动每学期统计一次。学校鼓励学生积极参加校内外公益活动,利用所学回馈社会。学校下发志愿者活动记录本,学生参与大型活动服务、志愿者服务、好人好事获媒体报道等均进行记录,按标准核算德育学分。(团支部、导师长)

③ 体魄强健有活力(20分):包括军训、体育活动、晨跑活动等指标的记录。军训项目在六年级第1学期进行统计,包括入学前3天,军校3天,总时间6天左右,学校将个人内务、队列训练、跑步行军、国防知识、救护培训作为训练重点;体育、晨跑等活动包括日常

参与情况,每周统计一次,以及运动会、体育获奖等情况,每学期统计一次。(体育组、导师长)

④ 一专多能有特长(20分):包括艺术活动、科技活动等指标的记录。文艺、体科技育获奖项目每学期统计一次。学校鼓励学生掌握一项文艺或科技特长,学校搭建了读书节、艺术节、科普节、社团节、英语文化节等平台。学生积极参赛,以获奖成绩申请德育学分。(艺术、科技辅导员)

⑤ 躬耕实践有力量(20分):包括社会实践等指标的记录。主要考察学生在学农、民防、春秋游及双休日、寒暑假期间参与社会实践情况,指导学生充分利用假期时间充实自己,每月统计一次。(导师长)

(2)评价方式:主要采取以每项16分、总分80分为起点的加减评分法,对每个测评项目做出具体要求,规定达到什么程度加几分,违反规定到什么程度减几分,得出德育学分,辅助以学生评语、家长评语和班主任评语。

(3)评价反馈:

① 德育学分与学生学期评优挂钩。学生除在固定项目获得合格学分以上,还必须在文艺、体育获奖项目和志愿者活动项目获得一定学分后,方可参加各种评优活动。

② 德育学分与学期总评挂钩。学生德育学分需达到一定分数,方可算学期总评合格。如德育学分未达合格标准,需参加相关活动,补足相关学分。

③ 引导学生强弱互补,德育学分可补充总学分。学生如因种种原因在学科拓展选修学分中没有修满,可以德育学分进行一定程度的补充。

5. 学分平台建设

学校委托星慧源公司进行学分平台开发,该平台在新课程改革背景下,以学生为本,实现学生在校学习成长过程中数据采集(提供网页、触摸屏、手机端多种方式)与沉淀,以学生个体日常活动为基准,分级呈现数据,能有效追踪学生成长中有意义的数据,形成过程性、描述性、成长性评价;以积累的学生学习成长过程中的数据为依据,实现班级智能量化管理。学生可以查阅自己的成长资料,了解自身发展状况,教师和家长可以跟踪学生成长过程,以引导学生健康成长。

四、后续研究实施的设想

1. 按班级、年级建立全校学生的"学分制"大数据库,在初步建立校本学生综合素质评价模式的基础上,收集个案,召开调研会,检测和调研"学分制"在学生学业学习、德育活动、竞赛活动中的作用,并对其进行修整。对照《上海市中小学学业质量绿色指标》中评价指标,反馈实施项目的有效度和不足,初步鉴定学分制在辅助《学生成长记录》评价中所发挥的作用。召开研讨会和现场汇报交流展示活动。

2. 进一步思考德育学分与学业得分的整合,在"德教合一"的理念下,完善学生综合素质评价方案,形成一套较全面的、较科学的、较能体现学校文化和育人导向的评价模式。

3. 进一步推动"三型"教师参与"德育学分制＋成长记录册"评价模式的参与,以教师层面完善评价模式的可行性推动学校层面德育工作评价体系符合我校发展,体现我校育人特色。

第二节　课程建设

　　学校课程是在学校个性化培养目标指引下整合学校多方资源为学生的个性化发展专门设计的课程。在学校课程建设中,教师的课程能力提升与教学行为改进能否跟进显得特别重要。在教师的课程开发能力建设中,特别要加强顶层设计能力,而教学行为的改进需要考虑课堂的核心理念,以怎样的教与学方式变革来转变教师教学理念,助力教师专业成长。

一、融合课程建设提升教师的课程能力

　　教师的课程能力包括课程开发能力、课程实施能力、课程评价能力等。所谓课程开发能力,至少包括三个方面,即课程目标的把握、课程内容与经验的选择、课程的组织。所谓课程实施能力,即教师在课堂内、课堂外就确定的课程内容用恰当的方法与策略组织教学实践的能力。所谓课程评价能力,包括:对开发的课程进行评价的能力及通过课程对学生的学习状况进行评价的能力。教师的课程能力中最为重要的是课程开发与实施能力。教师开发什么课程? 首先需要学校层面的顶层设计。只有学校明确了育人目标、课程目标、课程建设目标、课程建设观念以及学校课程的内容体系后,教师的课程开发才有方向。在学校课程框架体系的建构下,教师的课程开发与实施有了明确的方向。在具体课程开发时,也需要教师对具体课程进行顶层设计,包括对教学策略的设计。

　　顺应时代潮流,落实中考新政,为聚焦综合能力的培养,学校于2019年重新思考并系统规划和架构了学校课程方案,围绕"立德树人"培养全面发展又具有个性的"五有"学子(知书达礼有修养、见多识广有智慧、体魄强健有活力、一专多能有特长、躬耕实践有力量),将学校课程分为"基本素养融合课程"、"个性绽放融合课程"两个纵向维度及分别指向德智体美劳的五个横向维度的"养德、启智、健体、尚美、崇劳"五大课程群。"基本素养融合课程"含国家基础型课程、拓展型课程中的种子融合课程两大类,必修;"个性绽放融合课程"含拓展型课程的五大课程群、探究型课程的五大项目群,选修。探究型项目由学生根据个性特长进行自主选择、团队合作,依托信息平台,以"开题——制定评价标准——设计实施方案——执行方案——评价——方案改进——执行方案——项目总结"为研究路径,最终生成探究性学习报告。

　　基于新修订的学校课程方案,围绕育人目标,全体教师立足于五大课程群尝试开发并建设种子课程。以"特长型"教师引领,"成熟型"教师主力,"适应型"教师参与的模式,组

建课程开发项目小组,充分融合多方资源,提升"三型"教师课程能力。

(一) 指向核心教师,助力专业成长

学校聘请了如上海市教科院普教所冯明、夏雪梅,上海市生命科学教研员周韧刚,浦东教育发展研究院姚霞等市区级专家。也借助第三方团队进行教师培训、提供资源和信息技术支持。同时,学校充分利用市区优质资源,输送骨干教师参与高级别的培训,除区域层面的跨学科培训外,学校作为市"双新课程平台"种子学校和市项目化学习项目实验校,都有项目组教师参与市级层面的种子教师工作坊研修活动。种子教师培训归来要进行学习体会分享,项目组开展定时定点的教研活动,除去学校层面支持的培训外,项目组更多的是自主学习及成员间的合作学习。"上海之鱼"项目教师每一节课后都会进行反思撰写,基于真实问题解决的研讨以及基于自身真实需求的学习,是教师培训最为有效的方式之一。

(二) 指向全员教师,激发个性绽放

除了校本的全员培训,为激发全员教师自发提升自我的跨学科素养,学校对拓展型课程建设在申报阶段,就要求教师具备跨学科意识,可以由两名或多名教师一起参与同一门课程的设计与实施,全员参与申报。教师们充分发挥自身专业专长,同时也积极挖掘自身的特长,寻找合作伙伴,确立课题、内容。学校经过梳理,确立五大课程群中符合融合课程理念的课程科目,如劳技、物理、数学等融合的《木工》,数学、美术、劳技融合的《折纸中的数学》,地理、生物融合的《动物世界之地理》等。学生每学期初对拓展课进行自主选择,以经历更多更广的跨学科学习体验。而教师通过拓展课程的申报与实施,也经历了一次浸润式的跨学科教学实践与学习,同时也获得了自身的个性绽放。

目前,启智课程群《上海之鱼探查课程》,崇劳课程群《劳动教育课程》和尚美课程群《融合地域贤文化的初中美术创意课程》先行开发建设。以《融合地域贤文化的初中美术创意课程》为例,该课程由学校美术高级教师成立青溪教育集团纸艺工作室,以大单元设计为切入口,引入跨学科融合理念,主要将美术与贤文化相融,探索纸艺教学"趣习、熟习、化习、悟习"的教学策略。工作室每两周活动一次,区美术教研员参与指导,集团所有美术教师参与。工作室主持人作为高级教师,在引领课程开发建设的过程中,不仅发挥自身的引领辐射作用,同时也追求自身的专业突破,积极申报区特长名师。学校另一名美术教师为教龄 3 年的"适应型"教师,在参与课程建设的过程中,成长迅速,开设区级公开展示课,并积极申报青年教师课题。课程建设有效促进了教师专业发展。

"融合课程"建设,为青溪中学构建了新型育人模式。学校课程建设旨在不断走向综合性、实践性,满足学生适应未来发展的学习需求;学校融合课程群的不断完善,将为学生适应新中考改革综合素质测评和学业水平考中的新要求,融合案例分析、探究报告、创新作品报告等,提供助力;课程建设将不断提升各类教师课程能力,使得学校办学质量、师生满意度水平、社会声誉持续上升。

二、项目化学习变革教师的教学行为

教学行为是根据课堂的核心理念而定的,融合课程在开发建设的过程中提出了"因材施教,全面关注"的核心理念。"因材施教"是教学中一项重要的教学方法和教学原则,在教学中根据不同学生的认知水平、学习能力以及自身素质,教师选择适合每个学生特点的学习方法来有针对性的教学,发挥学生的长处,弥补学生的不足,激发学生学习的兴趣,树立学生学习的信心,从而促进学生全面发展。因材施教的关键在于考虑学生的个性特点和个性差异,使每个人的才能品行获得最佳的发展。"全面关注"可以从四方面认识。一是全面关注不同层次的学生,尤其要关注学习进度缓慢的学生;二是全面关注学生的课堂生活,涵盖不同学科核心素养的达成与提升;三是全面关注学生的各个方面,包括年段特点、心理特点等;四是全面关注影响课堂教学的因素。

种子课程《上海之鱼探查课程》在实施过程中,教师们产生了许多困惑,比如跨学科只是单纯地跨知识吗? 只要能够运用多门学科的知识分析问题就是具备跨学科能力了吗? 融合课程这种新的课程形态,如何深化体质,以真正实现其培育学生创新思维的育人目标,必须要有与其课程理念相适应匹配的教学模式和学习方式。就在此时,学校成功申报上海市第一轮义务教育项目化学习三年行动计划项目实验校,为项目组教师开辟了新思路。项目化学习是以校长为核心的教育教学团队,在学校活动领域、学科领域和跨学科领域,设计真实、富有挑战性的问题,引导和指导学生在一段时间内持续探究,尝试创造性地解决问题,形成相关项目成果。通过项目化学习,培养学生创造性思维、批判性思维、团队沟通与合作等重要的终身学习能力,促进教与学方式变革和教师专业成长,激发学校办学活力。

目前,基于种子融合课程《上海之鱼探查课程》的实施,学校先行对跨学科项目化学习进行了深入研究。跨学科项目化学习是指整合不同学科的知识和方法,以系统的思维解决真实问题,特别是初中阶段要结合跨学科案例分析、探究型课题的开展,加大跨学科项目的实践和研究,建立各学科之间的有机联系,提高学生创造性解决问题的能力。

(一) 更新理念,提升项目化学习设计能力。

项目化学习颠覆了老师传统观念上对"学习"的认知,是素养时代重要的学习方式之一。项目组认真学习,利用跨学科项目化学习六维度工具,以模拟建造"青溪之鱼"人工湖为驱动性问题,重新架构课程实施方案。将"上海之鱼"学习的知识迁移到"青溪之鱼"人工湖设计中,以真实的任务驱动学生的主动探究,同时,"青溪之鱼"的设计后期还将有美术、劳技、数学、历史、化学等更多学科的融入,真正帮助学生获得跨学科素养的深度学习。

(二) 对接综评,注重全程与多元评价能力。

对于跨学科项目化学习,学校依托第三方团队搭建青溪中学融合课程过程信息记录平台及课程资源库,期望实现学生探究性学习与综合素质评价的实时对接。学生通过信息平台选择研究课题,申请指导教师。教师在平台上输入课程计划,分课时目标及内容,学生上传成果并自评,教师再予以评价。通过过程性记录,指导教师对学生的探究计划和行动进行跟踪指导,判断其探究方案是否切实可行。以形成性评价为主,将过程性资料、阶段性成果汇总,撰写项目总结,最终形成探究性学习报告。对于探究报告的评价,将评价重点放在学生探究过程中所表现出来的对探究过程和方法的理解,对探究本质的把握,避免把是否探究出结论或结论是否正确作为唯一或最主要的评价指标。

基于跨学科项目化学习的探索与实践,教师更新了教学理念,为创新有效的教与学的方式找到了抓手。项目组中,"特长型"教师把握项目实施方案,及时反思并调整。"成熟型"教师有更加丰富的课堂教学经验,不畏教与学变革中遇到的重重阻碍,并能及时寻求解决策略。"适应型"教师年轻而有活力,更加容易吸收新的教学理念,迸发出更多的创新想法,对项目化学习模式有着充足的热情与激情。同时,项目化学习也创造了新型的教研生态,打破了传统的教研组模式,形成了新型研修组织——跨界学习共同体。基于融合课程建设,其他课程开发与建设团队已经在进行项目化学习设计的探究与尝试,而活动项目和学科项目后续也会逐步展开。

• 课程建设案例一

提升学习领导力,促进公办初中学校转型的行动研究
——以《走进上海之鱼》项目为例

随着新中考改革,义务教育优质均衡发展的深入推进,及两次上海市学业质量绿色指标测试结果,都让学校管理层意识到学校需要变革。学校修订课程方案,凸显学习领导力提升的核心理念,以建设融合课程为目标,构建青溪育人新模式。《上海之鱼探查课程》作为种子课程成为第一批建设项目,基于生命科学、地理、信息融合性课程建设,推动创新型的、强有力的、整体性的学习环境设计、实施与维系,重塑领导管理和教师发展,提升学习领导力,创新育人模式变革。

一、中层学习领导力提升策略

(一) 激发自主发展意识,提升顶层设计能力

顺应时代发展需求,落实中考新政改革,学校如何拥抱改革,如何让学习最大限度地与真实世界对接,如何既关注知识能力的生长厚度,又关注意志品质和道德修养的成长高度,如何培育有传统底蕴、全球视野、创新思维、能肩负起民族复兴大任的时代新人,学校行政团队首先进行头脑风暴,以明确教学模式创新的主要实践方向。从一次次的头脑风暴中,我们发现,从培育学生的角度来说,要培养学生融合、综合解决问题的实际能力,在

传统的教学模式中是有一定难度的。因此以培养学生学习领导力为导向,打造破除学科边界,寻求学科融合契机,打造融合课程,是教学模式创新的主要着力点。基于此,由学校教学部引领进行学校课程方案的修订。为聚焦综合能力的培养,我们重新设置了课程架构,围绕"立德树人"培养全面发展又具有个性的学生,重新将学校课程梳理为"基本素养融合课程"、"个性绽放融合课程"两类。

学校中层在此过程中,需要查阅研究中央及地方的最新文件精神,仔细钻研中考新政改革,通过提升自身的学习力去适应学校改革转型的需要。依托《上海之鱼探查课程》的建设,作为个体的中层管理者被激发出了一种主动发展的意识和能力,主动地去适应这一变革,寻求策略与路径去解决问题,最终确立通过建设"融合课程",构建青溪育人新模式。"基本素养融合课程"含国家基础型课程、拓展型课程中的种子融合课程两大类,必修;"个性绽放融合课程"含拓展型课程的五大课程群、探究型课程的五大项目群,选修。《上海之鱼探查课程》属于五大种子融合课程,是生命科学与地理信息学科的跨学科、融合性尝试,从跨知识、跨方法到跨观念,从一个环节、一个活动到一个单元、一个课程,以种子融合课程的建设,来带动整个课程群、项目群的深度发展,促进学生综合素养的深度提升。

(二) 激活自主研究意识,提升组织实施能力

课程建设的首要任务是教师团队的建设,除生命科学、科学及地理老师外,我们还调研了其他学科教师大学时期的专业背景,将部分有相关专业背景的教师引入到课程建设团队中,以充实团队力量。如我校的一名数学老师,毕业于上海海洋大学,对于水域水质的生态具备丰富的专业知识。其次,我们召开项目小组会议,通过"头脑风暴——专家引领——统整梳理——分组实践"的研究路径,进行课程大纲的搭建。头脑风暴要求项目组成员每人提供一至二条具有生命科学与地理信息跨学科融合元素的,契合上海之鱼项目特点的探究主题。邀请跨学科教育专家浦东教育发展研究院姚霞老师来校进行指导,帮助将类似的探究主题进行合并,同类型的探究主题进行归类统整。而后通过分组开展教学资源的收集及学材的开发,课件的制作等。

学校中层在此过程中,无疑提升了中层的课程领导力。学校中层管理者中,无一人有生命科学和地理学科背景,但在引领项目组的过程中,需要激活教师参与课程建设的热情,需要提供专家指导及其他的资源保障,需要推动项目组分步推进课程的建设,其间还要及时处理解决各种问题。因此,在基于学习领导力提升的学校转型研究中,对于每一个中层管理者而言,首要的并非是马上做每一件具体的事情,而是需要在已有的顶层设计基础上进一步地规划并制定推进策略,换言之,中层管理者的工作方式,需要实现由"事务型"向"研究型"的转变,即管理者不只是去"管事",更是以研究的姿态从事管理工作。在上海之鱼项目组对教学资源及学材进行开发的过程中,学校中层又需要考虑课程如何在各年级进行有效的实施,这又势必涉及学校课程计划的调整,需要中层进一步地研究,中层的学习领导力就是在不断地自主研究中提升的。

二、教师学习领导力提升策略

(一) 激发自学合作,提升课程建设能力

项目组中有多名教师参与过区域内的 STEM 培训,也有着扎实的专业知识背景,但是如何寻求生命科学、地理信息学科融合的主线,针对学生身心发展特点,全面梳理国家课程、地方课程和校本课程中重复交叉的内容,提炼课程整合的主题,整合相关内容,增强课程实施的融合性,是该项目的创新点,也是该课程建设的难点。因此,参与此项目的教师必须加强理念的更新与培训。除去学校层面支持的指导与培训外,项目组更多的是自主学习,小组成员间的合作学习以及资源的共享。如基于此项目目标与内容的实施,还需要对"上海之鱼"这一场域资源进行充分的挖掘,将奉贤的这一生态核心区那些看得见、摸得着、走得近的场域资源变成最鲜活的教育载体。项目组自发地前往"上海之鱼"进行现场考察之外,还充分挖掘自身的资源,收集"上海之鱼"建设工程的原始资料在群内共享。

此外,跨学科课程统整对教师提出了前所未有的挑战,项目组成员不仅是课程的实施者,还是课程的开发与建设者,面对突破学科界限的课程统整,需要教师极高的专业知识素养。这是短时的培训所无法达成的,只能通过教师间的合作学习。项目组通过线上线下结合的教研模式,如项目中某一成员遇到任何问题,第一时间在群内发布,群策群力,展开充分的线上研讨。同时项目组也会每周定时开展线下研讨,就本周的课程实施情况、课程计划是否需要调整,课程教学中的问题进行研讨,寻求解决方案,确保后续的课程顺利实施。基于真实问题解决的研讨以及基于自身真实需求的学习,是真正提升教师学习领导力的有效途径。

(二) 创新教学策略,变革课程实施方式

目前,我们按照"试点——研讨——提炼——推广"的研究路径,以六七年级学生为主要对象,进行试点班级先行,每周两课时,利用拓展探究连上的形式进行具体实施。项目组成员为主要的师资队伍,每堂课由至少两名教师同时参与教学。在课堂层面,在教学程序上,根据教学内容、学生学力,采用先学后教和先教后学两种模式;在组织形式上尝试创新,包括课程组织形式和教学组织形式,根据教学内容、学生需求在课程组织形式上设计短周期、长周期和长短课结合的课堂新形式,在教学组织形式上设计混龄学习、小组学习等。在学习方式上,由问题导向、情境体验、任务驱动三种学习方式来开展三大板块的学习活动,让学生亲历知识发生和应用的过程,并综合运用自己的知识、能力、智慧、加工处理信息,解决问题,实现学习领导力的提升。

(三) 践行创新理念,改善教研环境创设

1. 互动式专家指导。由专家完全讲座逐渐调整为专家与教师互动,专家手把手现场

教教师操作,让指导活动更具针对性、指导性。如文科大教研组采用①专家提出一个问题供大家讨论,②组员根据问题发表见解、进行现场研讨,③专家现场研读存在问题,④专家与教师现场交流。

2. 学习型讨论活动。每次就一个课改话题展开讨论,不强求统一的结论,旨在开阔思路,引导思考,加深教师对某一问题的认识,寻求更多的教学策略。通过交流,教师们自然加深了对探究这一学习方式的认识,同时还可形成许多教学策略与方案,经过进一步的比较筛选,便可用于指导教学实践。

3. 课例分析式教研。需要一定的技术条件和设备,参与研究的教师要有明确而细致的分工,所费时间与精力也较多,但可以帮助教师更科学更深入地认识日常教学中未发现或不重视的许多问题,再通过教学策略的改变有效地提高教学效率,将新课程理念落实得更到位。此类活动安排要做到少而精,要精心挑选教师和实践中典型的课例进行分析,才能举一反三。

4. 循环式教研模式。循环式教研模式要求每一周教研活动实际上都是从上一周教研活动的后半段开始,结束于本周教研活动的中段;而本周教研活动的后半段就是下一周教研活动的开始,形成教研活动的连续和循环。每次活动的第一节通常安排备课组内课堂观察,并邀请专家参加听课;第二节针对课堂观察情况进行组内评课交流和小结;第三节重点研讨下一周课堂观察内容,先由下周上课教师说课,备课组教师探讨交流,确定下周课堂观察的重点和具体安排。这样强化了活动的针对性、计划性,同时也解决了课堂观察的时效性和导向性,并很好地克服了以往教研活动的盲目性和随意性。

• 课程建设案例二

青溪中学项目化学习实施方案

一、工作目标

1. 通过制定《青溪中学项目化学习实施方案》,架构学校活动领域、学科领域和跨学科领域的项目化学习方案,促进教与学方式变革,激发学校办学活力;

2. 通过多类型的项目化学习课程资源建设,探索项目化学习课程资源建设标准及路径,建立多样化的满足学生个性发展的项目化学习课程资源库;

3. 依托信息技术,建立以立德树人为导向的学生项目化学习评价体系;

4. 通过学校项目化学习教师能力的培养,促进教师专业成长;

5. 依托项目化学习设计与实践形成可复制、可借鉴的路径和操作案例,发挥辐射引领作用,带动区域集团校协同创新,贡献可实践、可操作的典型经验。

研究方向		研究主题
项目类型	活动项目	基于PBL架构的综合实践活动设计
	学科项目	核心素养视角下基础学科项目化学习的设计与实践
	跨学科项目	新中考背景下跨学科项目化学习设计实施与评价实践
支持体系	课程设计	信息化支撑如何对学科项目进行结构化设计
	师资建设	如何组织不同学科的教师进行合作备课

二、路径与举措

第一步：更新理念。

从学校角度，研读项目化学习关键要素，厘清学校育人目标新概念，形成教与学变革的新思路；从教师角度，成立项目化学习核心小组，学习项目化学习关键知识，开展项目化学习案例实践。此外，观摩学习外校先进经验，并组织专家到校具体指导。

第二步：试验先行。

1. 活动项目："寻根·放眼"综合实践活动

"聚焦核心关注点—选择驱动型问题—创设项目情境—设计项目评价—提炼成果展示方式"重新架构活动设计，结合学生探究型报告，将学习与实践有机结合，更好地实现我校的课程育人目标。我们准备先将重点放在寻根，设计如"奉贤黄桃推介会"，"探访青村古镇上的桥"来激发学生热爱家乡之情。

2. 学科项目：数学学科

基于学科核心素养，思考怎样描绘基于一定目标与主题而展开探究活动叙事的活动。整合单元基础知识和基本技能，凸显探究性与高阶思维特征。

Step1：构建核心知识网：从课程标准往下寻找学科核心概念。

Step2：设计驱动性问题：将本质问题和学生经验建立联系。

Step3：通过大量运用问题解决策略带动学习，激活学生高阶思维。

设计1：用"几何"眼看世界

(1) 欣赏校园寻图形，感受图形中的数学"味"

寻找校园内的几何图形，找出其中所蕴含的数学知识。形式：录制视频、画数学小报、思维导图等。学会用数学的眼光看待世界。

(2) 动手操作"玩"图形，理解图形中的数学"味"

通过剪纸、刻纸、折纸等折出你发现的数学图形以及其他的组合图形。学会用数学的思维观察世界。

(3) 仔细观察画图形，表达图形中的数学"味"

通过画图、几何画板等软件画出发现的数学图形和组合图形。提升学生的空间想象能力。学会用数学的语言表达世界。

设计 2：校园小管家

（1）管时间：记录上下学所花时间，考虑堵车、天气等情况，设计出上下学最合理路线路线

（2）管用电：统计学校每天用电量，观察浪费电的行为以及灯管、电脑等的耗电量，设计出最合理的用电方式。

（3）管用餐：统计同学们每日中午用餐情况（包括用时、浪费等），了解学生用餐时间最合理菜单、最受欢迎菜单、营养均衡菜单等，设计出最合理的一周菜谱。

3. 跨学科项目：《上海之鱼探查课程》种子课程

《上海之鱼探查课程》是我校着力建设的启智课程群中的种子课程，是生命科学与地理信息学科的跨学科、融合性尝试，从跨知识、跨方法到跨观念，从一个环节、一个活动到一个单元、一个课程，以种子融合课程的建设，来带动整个课程群、项目群的深度发展，促进学生综合素养的深度提升。

"上海之鱼"是奉贤的标志性景点，水系联通黄浦江和东海，是奉贤的生态核心区。通过实地探查，学生从了解"上海之鱼"入手，去发现这其中的生态秘密，譬如水底生物链，微生物群，水循环，海绵设计等等。通过调查，搜集关键词，寻找志趣，为项目化学习的开展，提供核心知识和开题支撑。

项目化学习设计六维度：

（1）核心知识：科学、生命科学、地理关键概念，同时也会涉及人文、历史、信息、数学学科概念。

（2）驱动性问题：模拟建造"青溪之鱼"人工湖。

（3）高阶认知：问题解决、决策、创见、系统分析、实验、调研

（4）学习实践：探究性实践、社会性实践

（5）公开成果：过程性探究报告、校园人工湖景观模型。

（6）全程评价：信息技术支撑下校本化项目化学习课程资源库与实施评价平台。

第三步：全面铺开：

基于五育并举，"融合"课程建设，围绕"养德"、"启智"、"健体"、"尚美"、"崇劳"五大课程群，进行全学科、多类型的项目化学习设计、实践与评价。

三、信息支撑平台的建设：

1. 针对教师的信息化支撑、面向教师的信息化支持工具（设计指南针）：基于 PBL 结构的课程设计指南针工具；

2. 针对学生的信息化支撑、面向学生项目化学习的信息支撑工具（学习指南针）：学生研究性学习过程支持工具，含自动流程规划，关键点资料采集，师生互动；

3. 项目化学习课程校级资源库与实施效果监测平台：基于校本化项目化课程标准框

架架构,课程开发监测与实施动态分析;

　　4. 学生项目化学习校级评价分析平台:基于学生学习指南针数据采集,学生学习过程记录,分析与评价。

四、预期成果

　　1. 市级课题、双新种子课程、校所合作研究课题结题报告;
　　2. 建立多样化的满足学生个性发展的融合课程资源库;
　　3. 依托信息技术,建立以立德树人为导向的学生项目化学习评价体系;
　　4. 完善《青溪中学项目化学习课程实施方案》;
　　5. 建立《校本化项目化学习课程资源建设标准及路径》;
　　6. 建立《项目化学习课程开发团队支持体制》。

五、保障条件

　　本项目组由校长总负责,学校教导处、德育室、科研室组织实施,项目化学习教学教研团队教师具体落实开展,引入专家团队指导及外部团队资源予以指导与支持,构成课程人员架构,成员结构合理,充分体现了全校上下通力配合、校内外有机合作的机制。

附:跨学科项目化学习《青溪之鱼》设计方案

(一) 确定问题:

　　1. 本质性问题:人工湖对周边生态环境有何影响? 如何保护水域环境从而达成人与自然的和谐发展?
　　2. 驱动性问题:"上海之鱼"是奉贤的标志性景点,它是上海市湖面面积第三的人工湖,对周围的环境生态都有着较大的影响。青溪中学校园也要进行环境改造,你能否担当小小设计师、规划师,帮助学校改造校园景观,在青溪校园内建造一个"青溪之鱼"人工湖呢?

(二) 知识聚焦

	生命科学	地理	美术	核心素养
选址设计	生物与环境	地图阅读	美与环境的融合	信息提取与处理能力 问题分析与质疑能力 结论阐释与创新能力
	植物	绘制地图		
		地理景观,环境		

（续表）

	劳技	材料	美术	核心素养
模型制作	制作模型	多种材料的选择和比较	设计绘图	信息提取与处理能力 问题分析与质疑能力 结论阐释与创新能力
			外观评价	

	生命科学	地理	化学	核心素养
生态系统建立	生物的主要类群(植物、动物、微生物、生物的分类)	地图阅读	酸碱度	信息提取与处理能力 问题分析与质疑能力 结论阐释与创新能力
	生态系统	水文特征,水系特征		
	城市生态与城市环保	天气与气候(季节)		

（三）资料检索

1. 查找上海之鱼相关资料,查阅地图了解上海之鱼的选址。了解上海之鱼公园内不同景观分布情况。

2. 查找青溪校园图纸,了解校园原有景观分布及周边生态环境。

（四）明确任务：

1. 绘制校园平面地图

2. 绘制校园景观改造地图

3. 绘制校园等高线地形图

4. 绘制人工湖生态系统结构图

5. 利用超清黏土制作"青溪之鱼"人工湖模型并进行景观布置

（五）成果展示：

1. 小课题研究报告

2. 地图、图纸

3. 三维模型

（六）改进探索：

1. 如果校园内真的有这样一个"青溪之鱼"人工湖,我们要怎么做才能保证它的水质清澈,并与我们校园其他景观一同给予我们一个优美的学习环境?

2. 如果在奉贤其他区域再建一个人工湖公园,你觉得如何选址最合适?

上海市奉贤区青溪中学

2020 年 10 月

第三节　教学研修

教学研修是为了深入研究教学,确定现阶段的教学重点,有的放矢,从而促进高效课堂的提升。教研组是落实学校教学研究工作开展的重要基地,更是提高教师业务水平的港湾。它不仅是教师专业能力增进的重要舞台,更是教师展现自我的基石。教学研修的过程中,组内成员可以共同研究、交流经验、集思广益。对于课堂教学设计、教学质量的提升、教学能力的成长等起着积极的促进作用。我们认为教学研修就是要充分挖掘每个层次教师的潜能,发挥"三型"教师的优势,因此我们对"三型"教师分别提出不同的目标,让"三型"教师永葆活力。我们以"特色型"教师引领辐射,"成熟型"教师拓展创新,"适应型"教师锻炼提升为目标来开展各学科教学研修活动。

一、确定教研主题,明确教研方向

从教师的知识结构和专业发展过程看,职后阶段是发展关键期,不同阶段需求不同,不同学科要求不同,教学研修需要有抓手,而我们教学研修最有力的抓手就是定制适合的教研主题,依托主题来扎实开展教学研修。不同学科可以根据组内教师的特点或目前组内最大的困惑或市和区的教研主题来制定主题。我校目前分有七个教研组,分别是语文、数学、英语、体育、综合一组(物理、化学、劳技、信息)、综合二组(音乐、美术)、综合三组(历史、地理、道法、科学、生命科学)教研组,我们每个学期都会制定适宜的主题,制定的主题和背景如下:

1. 语文组主题呈现:

语文组现有特色型教师 1 名,成熟型教师 7 名,适应型教师 6 名,整体来看,"成熟型"教师是组内的中流砥柱,而"适应型"教师更是组内的新生力量,因此教研组活动更多的关注教学设计,以让组内教师能在业务上引领,实践中积累。考虑到我组"适应型"教师不少,亟需对学生学习需求的评估的相关培训;而"成熟型"教师对文本解读有自我独特的思考;"特色型"教师对于单元的整体把握有独树一帜的见解。因此制定以下主题。

主题一:【基于学生提问的课堂教学设计研究】

语文组在制订教学计划时,认为组内教师缺乏对学生学习需求的全面了解和学习能力的评估,更多的是依赖直觉设计课堂教学活动,因此,设计基于学生需求,着眼学生提问,制定适合所教授班级的课堂教学设计的主题,因材施教,让课堂更高效。

主题二：【文本解读与有效课堂教学设计研究】

钻研教材就是教学活动中必不可少的环节。对语文教师来说，钻研教材就是解读文本，通过文本解读确定"教什么"，再通过联系学生认知水平确定"怎么教"，这就是教学设计。它转换成"学什么""怎么学"，就是"学习设计"。因此，文本解读能力是语文教师执教能力的基础，要提高语文教师的执教能力，首先要从提高文本解读能力入手。教师的文本解读能力关系到教学设计是否有效，影响着学生阅读素养能否提升。因而，为了提高教师的文本解读能力，制定了这样的主题。

主题三：【把握单元学习价值，提升学生思维品质】

单元主题阅读教学是指以单元主题为线索，以学生为主体，教师为主导，围绕单元主题对阅读内容进行系统设计与整合的阅读教学形式。其教学首先是了解单元主题，制定单元阅读目标，然后进行单元导读教学，再根据导读教学的目标要求和单元主题，进行精读、略读、泛读、自读等，使课内外阅读内容相衔接，实现以阅读为线索的"大语文"阅读教学。新课标推崇语文教学从精读走向略读，从单篇教学走向单元整组教学，重视知识点建构的过程，进行组块教学，模块教学，主题教学，而主题教学首推单元整组教学。因而教研主题聚焦于把握单元学习的价值，从整体入手，引领学生在文本的整体背景上研读，最后回归整体，从而培养学生整体把握的能力，培养学生自主、合作、探究等多种阅读与学习能力，提高阅读素养、人文素养和语文素质。

从以上主题的确定，不难看出语文组的主题定制的螺旋式上升，从基于学生的需求，设计课堂教学，稳打稳扎，到关注教师对文本的解读，再到单元整体教学，体现了教学从点到面的上升过程，这也正是学校进行教学研修的意义所在。

2. 数学组主题呈现

数学组现有"特色型"教师 3 名，"成熟型"教师 6 名，"适应型"教师 5 名，整体来看，"特色型"教师有丰富的经验，"成熟型"教师有创新的思维，而"适应型"教师更是可以大展拳脚。主题制定中，我们希望借助"特色型"和"成熟型"教师的力量，让组内的新生力量迅速壮大。因此我们以课堂预设为起点，以促进学生动手操作与思考表达为增长点，以理论学习为催化剂，充分提高课堂内外的实效。

主题一：【备好课堂预设，制定相应对策，提高课堂对话的有效性】

教研组来说，关键的还是要倡导教师关注课堂对话，促进数学理解，站在核心素养的角度来改善教与学的方式，深化课堂教学改革，不断提高课堂教学有效性。在校教学部的直接领导下，市、区各级专家和领导的指导下，每位教师都有不同程度的成长。根据学校提倡的"高质量和轻负担"的要求，将教研主题设定为：备好课堂预设，制定相应对策，提高课堂对话的有效性。每次实施课堂教学组内磨课，除了在"问什么，怎么问"上做文章之外，教师对学生的储备知识和可能出现的问题做好充分的预设，并能制定出相应的对策。

主题二：【低年级如何以动手操作为抓手，发展空间能力。高年级如何依托"说题"，提升语言表达能力与逻辑思维能力】

数学组认为学生的数学空间能力和逻辑思维能力还需要提升，我们也更希望孩子们能在数学课上"侃侃而谈",大胆的表达自我,而六七年级正是实验几何阶段,借助动手操作,发展空间能力的绝佳机会,因此在低年级我们的课堂设计中更多地考虑,在哪些课型中适合加入动手操作环节,如何设计动手操作环节,让学生的空间能力得以发展。而八九年级的学生已具备初步的空间能力,语言表达和逻辑思维能力也有一定的发展,我们侧重于让学生畅快地表达自我,在课前、新课、练习、数学节等活动中,充分的设计"说题"环节,让学生在表达的同时,激发兴趣,提升能力。

主题三:【深研"课例",将思考进行到底】

每个班级学生人数在增多,两极分化现象严重。以往的作业模式,部分学生已经不能胜任,而作业的根源地还是课堂,这意味着我们之前的大容量教学模式需要做出一些改变。那我们的课堂该依托什么来改变呢?毋庸置疑,学习与思考以及实践是必须的,积累学生活动经验,从而进行教学活动的优化与重构也是需要的,可以在教研活动中,深入探讨,由点到面,落笔成章,这样真正地让教学中的生成形成科研文章,让科研中的观点促进教学,以往我们有过以学生活动经验为主,发展学生的综合能力的系列活动。如讲题微视频、讲题比赛、构建生生共同体等。也就是说学生的数学活动经验在一段时间得努力下,能够系列化培养。加上疫情期间,线上资源更加丰富,信息储备充足。基于以上,本学期教研组主题拟定为:深研课例,将思考进行到底。

从以上主题的梯度变化,不难看出我校数学课堂由教师的主导逐渐演变成课上如何发展学生的能力,再到教学和理论互相有益促进,体现了数学组细致扎实的工作开展,为课堂的高效埋下伏笔。

3. 英语组主题呈现:

英语组现有"特色型"教师 2 名,"成熟型"教师 8 名,"适应型"教师 4 名,整体来看,"成熟型"教师人数居多,他们具有一定的教学经验,可以有更多学术上的交流,引领组内适应型教师迅速走出自己的特色。在主题确定过程中,我们除常规课的讨论之外,将post-task 环节中如何落实教学的重点难点也列入计划,带领组内教师在任务驱动中进行拓展与创新。随着组内教师的日趋成熟,我们意识到教学研修,还需要着眼作业设计与听说教学,方能让组内教师稳中求进,乃至质的飞跃。基于以上,我们制定了以下主题。

主题一:【如何在英语教学中的 post-task 环节中落实教学的重点难点】

在设计课堂时,对于 post 如何设计一直是教师比较困扰的一个部分,既要切合本课的重难点、又要区别于 while-task 的纯句型操练,因此,将这一主题进行探讨研究。

主题二:【课后作业设计与课堂教学内容的匹配度】

开办至今已有 4 年,因此,需要形成自己的校本教材,体现以学生发展为本,优化每堂课的课后作业设计,真正体现减负增效的教学原则,有效促进课堂高效,追求绿色教学质量。

主题三:【指向学科核心素养的听说教学的研究】

根据新中考改革,对于听说口试这一块,教研组合理利用语音室、轻松英语 APP 等软件与设备,进一步提高学生听说能力。

从以上主题的变化,英语组的主题从教学的重难点到作业的设计再到核心素养的研究,无不体现英语组着眼整体,紧抓细节的特点。

4. 体育组主题呈现:

体育组现有"特色型"教师 2 名,"成熟型"教师 4 名,"适应型"教师 2 名,由于体育运动更多的需要激发学生的自主意识,并且体育课堂是开放式课堂,因此我们对课上如何培养学生自主运动能力以及如何灵活运用辅助教学工具来助力课堂进行研究。

主题一:【课堂中学生自主运动能力的培养】

国家对学生体质健康的重视程度越来越高,在体育纳入初中中考后,又在近两年把体育纳入高考的综合评价中。因此学生面对体育的学习压力也日益变大。我校经过几年的成长,学生人数越来越多,体育后进生也逐渐显现,如何从根本上提高这些体育后进生的体育成绩也迫在眉睫。面对体育中考的压力,为避免与文化学科的冲突,使学生在不影响文化学习的情况下,能够自觉主动的进行合理锻炼和训练的能力有待提高。

主题二:【"智慧课堂"在初中体育多样化教学中的实践探索】

随着互联网＋技术不断的发展和成熟,课堂中有了更多的辅助教学工具为我们所用,但由于体育课堂是开放式的教学,在许多工具的运用上有了很大的局限性,所以往往被体育老师嗤之以鼻,因此如何有效的使用这些工具充实我们的课堂也成为了我们研究的方向。希望通过这次主题式的教研活动,在不断的实践和探索中,找寻到适合的教学切入点,不再让这些技术成为体育课堂中的一种噱头,并以这些技术为基础,呈现真正充满智慧,多样,有效的课堂让学生各有所得。

从以上的主题不难发现,体育组从学生的自主运动能力出发,再到多样化教学,激发学生的兴趣,让孩子们在自主学习的基础上,对体育更加感兴趣,更愿意动起来。

5. 综合一组主题呈现

综合一组现有"成熟型"教师 7 名,"适应型"教师 2 名,组内"成熟型"教师占比较高,因此我们更注重搭建平台,让组内教师充分展示自我,重点研究如何在课上搭建学习支架,以学促教,让组内教师的专业发展有质的飞跃。

主题:【搭建学习支架,提升学生的思维品质】

思维品质是人在思维活动中智力特点的体现,从某种程度上来说,它是区别智力强弱的标志。在教学中注意培养学生的良好思维品质,对于发展学生智力培养创造型人才十分必要。我们想方设法,为学生搭建支架(如列出表格),帮助学生提高思维品质,在以后遇到问题时,提高学习的效率,提高解决问题的能力。

从以上主题,我们发现综合一组定制主题的时候以学生为主体,思考学生的困难点,给学生授之以渔,搭建支架,指导学生学习,给学生以思考的方向,让学生站在"巨人"的肩膀上有效地探索,从而学生提升思维品质。

6. 综合二组主题呈现

综合二组现有"特色型"教师 1 名,"成熟型"教师 2 名,"适应型"教师 1 名,组内教师专业基础比较好,经验丰富,有比较强的学习能力和创新能力,因此我们重点研究如何打破传统课堂,凸显学科优势。

主题:【打破传统课堂结构合理发展学科优势】

立足本学科的特色,总结前课堂教学经验,确立翻转课堂式教学模式,制定了"打破传统课堂结构合理发展学科优势"的主题;将翻转课堂的教学在导入设计中开门见山的设计,既考量学生的前置学习,又合理安排课堂教学,制定了"翻转课堂"的导入设计。

从以上的主题确定,我们发现综合二组主题确定基于前一年的课堂教学经验,有所思,从而有所想,为组内学科优势的挖掘大大指明了方向。

7. 综合三组主题呈现

综合三组现有"成熟型"教师6名,"适应型"教师4名,组内教师工作踏实,对于专业基础有自己比较成熟的想法,学习能力很强,善于发现和思考,但是由于组内学科比较多,因此我们重点研究跨学科如何融合,以拓宽各学科老师知识面的同时,提升自身素养。

主题:【在跨学科研讨教学中落实学科核心素养】

五门学科以跨学科研讨为教研活动形式,把握课程主旨,继续落实学科立德树人的目标。

跨学科结合是教育教学的新趋势,要求教师们要打破学科本位的思想,站在促进学生全面发展的高度上,关注各个学科,促进学生的全面发展。有助于了解学生的整体学习情况,有助于各科教师相互学习、交流,不断提高自身素质;有利于教师全面地了解、评价学生,促进学生充分发展。当然,跨学科教学对教师的综合素养也提出了更高的要求。

在跨学科研讨的前提下通过设计学生活动丰富学生学习体验,彰显学科育人价值。设计活动性课程类型,以教育科学发展观为指引,在科学大观念下,关注学习经历,落实学科核心素养。促进教师学习掌握更多的教学辅助技术,与时俱进,推进教学改革。同时,提升学生自主学习能力,树立教师和学生"教学相长"和终身学习理念,引导学生关注世界、尊重自然、关爱生命,理性思辨,责任担当。充分利用历史、道法课程的德育教育优势,因势利导,对学生及时进行情感价值观教育。发挥地理、科学、生命科学的实践优势,培养学生创新思维,落实学科核心素养。

从以上主题的确定,我们发现综合三组充分考虑到教研组的多学科的前提,进行了异中求同,找出不同学科的关联,关注学生的核心素养。

8. 思考

综上所述,主题的确定可以考虑以下几方面:1. 从特点出发。需要充分考虑教研组的具体特点:如多学科组综合、文理科特点等,设置衔接恰当的主题2. 从需求出发。从教研组需要解决的问题出发,如本学期学生目前亟待解决的问题,教研组内教师需要学习的增长点等,来设置需求度较高的主题。3. 从可持续性出发。我们都知道一个主题的确定、实施到深入需要经历一定的时间,有时候会出现一个主题的达成度还不够,需要继续深入的情况,这时候可以充分考虑主题的可持续性,在原有主题的基础上,继续提高要求来制定。

二、研究教学模式,丰富教学形式

立足于新思想、新理念,并结合本教研组的主题和特点等形成的课堂教学模式,能够引导组内教师充分思考、合理设计、自主提升,因此学校希望以适应需求的教学模式为基石,让各学科老师能够在适宜的模式下,稳步推进教学,提升课堂质效。

(一) 语文组教学模式的形成与发展

1. 教学模式制定的背景

语文组以精设有效问题链为抓手,形成思维可视化的教学模式。古语有云:"学起于思,思源于疑。"可见,在学习过程中思考十分关键,而问题是激励学生思考的原动力。在教学中教师应该通过提问来引起学生的思考。但是目前教师对提问教学的理解不够,课堂上会设置一些过难或者过于简单的问题,使得学生对这些问题不感兴趣,不配合教师的提问。为了改善这种提问教学的现状,教师需要精心设置问题链,通过问题逐步推进教学过程,发挥提问教学的优势,引导学生由浅入深地思考,从而提升学生的思维能力。

2. 精设问题链教学模式的实施过程

围绕主题,语文主要开展理论学习,利用专家指导的契机,开展课堂教学实践与研讨,在研讨的过程中:思考,学习,实践。

3. 成效

利用"问题链"进行教案设计,语文组侯敏老师参加了全国两岸同课异构初中语文精品课堂教学研讨《台阶》;并且荣获 2018"小说阅读与学科育人价值"2018 全国"两岸同课异教"初中语文课堂教学一等奖。此外,语文组还以此为主题,开设了两节区级公开课:孟丽丽老师的《狼牙山五壮士》,以及王萍丽老师的《回忆我的母亲》,组内共同学习,共同实践。

当然有实践,积累也是必不可少的:组内围绕"问题链"进行的课题或者论文或获奖。

1)侯敏:以"问题链"为抓手　关注学生学习经历》发表于《奉贤教育(科研版)》;

2)王萍丽:《串问为链,让语文课堂焕发光彩》发表于《奉贤教育科研》;

3)杨敏梅:课例《江城子·密州出猎》获教育部 2018 年度"优课"、2018 年度上海市市级"优课"。

(二) 数学组教学模式的形成与发展

数学组以"说数学"为抓手,形成探究式教学模式,确定以生为本,引导学生发展,鼓励学生大胆的表达自我,构建生生共同体,从而凸显学生的协助能力,提升数学素养。

1. 教学模式制定的背景

我们期盼在主题的引领下,突出以学生为主体,实现教学相长、课堂高效的共赢局面。

我们认为：将"说数学"融入课堂中的"说方法、讲知识点、归纳收获"以及课上的小组合作，乃至课后的辅导。我们力争让学生经历独立思考、教师引导、充分表达、师生点评等形式，促使说数学机制的良性循环，从而转变我们教师的教学观念，激发学生学习数学的积极性，形成内驱力，提高教学的效率。

2. 教学模式的实施过程

（1）以"错题"为契机，展示自我纠察

我们深知"授之以鱼，不若授之以渔"，带领学生们自我纠察，查过往的错题和错因，以学生出试卷的形式来考查他们对自我的了解与自我的实力评估，选择比较具有代表性的试卷，刊印成册，既达到激发学习兴趣的目的，又达到展示"小先生"的目的，当然更可以全面梳理所学习过的知识。

（2）以"说题"为抓手，促进严密表达

高年级组织"说题活动"，形式比较多样，有微课形式、小讲座形式等。先后在班级内、年级内进行，旨在调动学生的学习积极性的同时促进学生严密地表达观点。我们的说题可以选择"半开放式"，给学生题目，学生自主选择说题的方向或说题的内容。也可以给定题目，给定要求，学生自己独立制作 ppt，上台讲解自己的观点，充分展示自我的同时，促进学生严密的吧表达自我。

（3）以小组为整体，人人都是"小先生"

在课堂教学中，以小组为整体，按照学生的综合、表达、画图、计算等各有擅长的同学进行分组，四人一组，以小组为整体，人人都参与。如：在试卷讲评过程中。讲评前：轮到第一小组讲 18 题，A 组长定好讲题的人员 B、画图的人员 C、找同类题的人员 D 等，充分调动小组的积极性，让每位学生都可以参与其中。讲评时：其他小组可以发表自己的观点，或者认为自己有不同的做法的同学也可以上台交流。讲评后：第一小组的组长会总结，本次讲题的收获与注意点。

3. 成效

利用说数学机制，学生层面形成了学生的错题本，学生出的易错试卷集，学生的讲题微视频等。教师层面，我们也积极思考，积极开设区级和市级公开课，在此主题的带领下，2019—2020 年一共开设了 6 节区级公开课，2 节市级展示课，11 节空中课堂的录制，3 人先后获上海市、教育部一师一优课。当然我们也深知，除潜心教学以外，努力积累，方可让教学相长，有了以下的微讲座、课题或论文方面的收获：

1）包蓓姹：《通过"说数学"活动提升初中学生几何素养的实践研究》2019 年区级重点课题结题；

2）李方：《初中低年级数学错误资源的挖掘和再生成的实践研究》2020 年区级一般课题结题、论文《数学课堂中提高学生发现问题能力的实践》发表于《奉贤教育科研版》、《与角有关的几何计算》区级交流；

3）朱瑛洁：《初中数学教学中动手实践与数学思考相结合发展空间观念的有效性研究》2019 年区级一般课题结题、《基于合作学习能力培养的初中数学探究活动教学的实践与思考》发表于《提升学校学习领导力的实践研究》；

4）丁荔：《有一副三角板引发的问题探究》奉贤区六年级微讲座；

5）何闽霞：《以"四边形"教学为例,关于《基于学生需求的几何教学思考》》奉贤区微讲座；

6）陈洪微：《培养学生数学学习中的自纠能力——培养良好数学学习品质的一点尝试》发表于《提升学校学习领导力的实践研究》；

7）何嘉怡：《培育数学思维,孕育学科能力——以《二次根式的加减法》为例》区级交流；

8）陆彬：《初中数学单元整合教学的实践与应用——以"同底数幂的乘法"为例》区级交流。

（三）英语组教学模式的形成与发展

1. 教学模式制定的背景

《英语新课程标准》指出"英语教学要做到听、说、读、写的训练,内容和形式尽可能地贴近学生的实际生活、贴近真实的实际行为,贴近有目的的综合运用英语的活动。"写作能力的培养是中学英语教学的重要环节,然而当前,写作仍是学生英语学习中最困难的部分,学生的话题单一、重复、缺乏学习英语的语境,缺乏融入真实生活的意识,导致写作素材千篇一律。而教师在初中英语教学中,过于注重应试教育,导致有时过多注重语言知识的教学,单词句型的填鸭式教学,给学生输入所谓的好词好句,所谓的范文,让学生背诵默写,不肯放手的教学最终导致学生思维的限制。其次,教师为追求成绩,通常以传统的灌输式、题海式等教学方法教授学生,定然会造成学生只会"应试英语"。如何有效地上好写作课是目前教研组亟需解决的问题。

2. 教学模式的实施过程

英语教研组深知理论学习是实践的基础,在教研活动过程中,先根据主题,对相关理论进行学习,并在组内进行探讨;在理论的浸润下,邀请专家讲解,并指导我们的写作课。

3. 成效

教研主题展示课

时间	班级	执教教师	篇目	级别
9.29	九3	蔡飞鸣	Writing：That day I made _____	专家指导
10.29	六4	郭莉慧	What I Like to Do after School	专家指导
10.29	六2	徐成成	What I Like to Do after School	专家指导
11.21	七2	王蓓红	Writing：Birthday Party	校级
11.30	七4	丁倩文	Writing：How to be a healthy child	专家指导
11.30	九4	徐冲	Writing：Shared bike	专家指导
12.10	六3	王芸	Writing：Spending a day out	校级

根据多节展示课的研究和专家指导,丁倩文老师撰写了论文《核心素养导向下的初中英语写作课堂初探》,并由教科研成果鉴定为B级;严悦老师的课题《初中英语单元教学活动中分解写作任务的实践与研究》为区一般课题立项。

(四) 综合一组教学模式的形成与发展

综合一组以"练习与教学内容有效匹配"为主题,形成教练结合的教学模式,力求做到在教学中有练必教,重点必练,提升学生的学科核心素养。

1. 教学模式制定的背景

综合一组学科分散,根据不同学科要做到统一的教学模式比较困难,同时在教学过程中,我们发现学生的作业有效性不高,对教学评价和后续教学改进造成了困扰,为了借助练习提升学生对知识学习的目标性,最终提升教学有效性,我们组开展内容与练习匹配的教练结合教学模式。我们期盼在主题的引领下,突出以学生为主体,提升课堂效益。同时带领教师对练习设计开展研究,带动教师研究力提升和激发学生课堂学习的专注度,形成师生共同进步的双赢局面。

2. 教学模式的实施过程

(1) 知识梳理,明确重点

在课堂教学中,引导学生对本节课的学习进行整理,回顾重点,梳理知识结构,形成元认知。

(2) 匹配练习,教练结合

针对课堂教学中的重点和难点知识,学生进行练习,学生在练习的基础上重新发现自己的学习问题,对学习的知识进行再学习,再整理,完成练习和总结。

(3) 错题整理,提炼升华

课堂结束并不是教学的结束,在课后,教师设计针对性的课时练习,学生完成课时练习,针对错题进行整理,分析错题的原因,寻找类似题进行变式练习整理,再一次巩固所学,实现能力升华。

3. 成效

利用教学内容与练习匹配的教练结合教学模式,学生层面形成了学生的错题本,学生的课堂学习专注度提升,作业有效性提升。教师层面,利用作业属性表开展练习设计的研究,提升了教师研究力,有了以下的收获:

1) 项大勇:《核心素养视角下初中物理错题的成因及教学策略浅析》校级交流

2) 钟文涛:《初中化学个性化作业的实践研究》区级鉴定

3) 钱兰:《如何设计和布置初中物理作业的几点思考》校级交流

各个备课组编制出了一套符合青溪学生特点的单元练习。

(五) 综合二组教学模式的形成与发展

1. 教学模式制定的背景

综合组以确立翻转课堂教学模式为抓手,形成有预设教学环节的教学模式。在课堂前置的预习作业中,提前让学生有一个准备的时间,自己探索的过程,并且过程中思考知识的难度,进而在后面的课堂中,诊所式解决学生所遇见的难点,进行选择性学习解决。问题和思考是激励学生思考的原动力,在前置学习单及课堂教学中教师应该通过提问来引起学生的思考。目前我们教师对翻转教学的理解不够,课堂上会设置一些过难或者过于简单的问题,使得学生对这些问题不感兴趣,不配合教师的提问。如果运用翻转教学的方法,教师完全可以去除课堂中过于单调的知识点,增加一些有意思的拓展资料,改善课堂教学的现状,通过前置的翻转教学及学习单将课堂教学提升难度,发挥提问教学的优势,引导学生由浅入深地思考,从而提升学生的思维能力和学习方式。

2. 教学模式的实施过程

围绕主题,主要开展翻转教学方法学习,利用专家讲座及视频,开展翻转课堂教学实践与研讨,在研讨的过程中:思考,学习,实践。

3. 成效

利用翻转教学进行教案设计,综合二组卫勤老师开设了上海市传统艺术教师培训班的一次现场会的活动,开设了公开展示教学《Q 版京剧人物设计》一课。本次活动使学生有了参与感,调动了学习积极性和思考的主动性,丰富了校园文化生活,活跃了校园气氛,达到了同学、教师间的沟通,让学生在活动中获取知识、从活动中培养能力、开拓思维,获得了很多的感受和收获;青年教师参加区青年教师模仿全国优质课活动,获得很高评价。

组内围绕"翻转课堂教学"进行的课题或者论文或获奖:

1)卫勤:《动漫与剪纸相结合的校本课程编写》市级讲座上海师范大学、《初中生使用绘画 APP 表现天空题材的初探》获区二等奖、《"感悟色彩与情感"单元教学设计》发表于《运用 app 玩转课堂教学》、《"运用 app 玩转图片处理——多彩的天空"微课脚本设计》发表于《运用 app 玩转课堂教学》;

2)黄婧:中学艺术学科主题交流研讨活动发言刊登,获上海教研公众号、上海市体育艺术领域教师专业技能评选模拟教学一等奖、上海市中学艺术学科课程与教学研究成果征集评选二等奖、奉贤区教育学会优秀论文评比二等奖。

(六) 思考

从各教研组教学模式的实行过程中,我们不难看出教研组教学模式的实施过程中,其实让我们教师摆脱了,只是凭经验和感觉,在课堂进行摸索的状况。它搭起了一座理论与实践之间的桥梁。让我们在学习、思考、实践中动态把握教学。

教学模式的确定和学科的特点,学科的需求也是密不可分的。我们确定教学模式的原因可以是本校该学科的薄弱点,也可以是本校该学科研究的重点,更可以是本校该学科提升学生思维品质的支架。

三、依托专家引领，优化课堂质效

在主题和教学模式的探索过程中，我们深刻的意识到，站在巨人的肩膀上，可以让我们的课堂更加高效。在学校的精心安排下，语文、数学、物理、化学专家每双周来校指导一次，英语每周来指导一次，本学期由于英语学科新教师较多，我校聘请了两位专家，一位专家指导"适应型"教师，一位专家指导"成熟型"和"特色型"教师。依托学校的机制，各教研组在专家的指导下扎实学习，分步推进，各类型教师收获也是巨大的。

1. 专家引领，以理论为催化剂

经专家引领，在理论上，教师有了再次深入学习理论的机会。有效地帮助了教师学会用理论指导实践，理论成为高效课堂的催化剂。而理论学习也并不空泛，可以是本校教师开课的课例，可以是"单元设计的思考"、可以是如何提升学生思维品质等，都给教师架设了教学理论和实践的桥梁。去挖掘亮点，反省不足，有利于教师逐步走出自我，有意识地利用理论促进教学。

2. 专家引领，以课堂为主阵地

每个教研组，在学期初，都会制定校内公开课计划。每一次专家指导，于教师而言都是再一次精神的洗礼。尤其是开课教师，能努力地践行，切实地收获，在专家的指导和点拨之后，不少教师都认为在这个平台下，教研组可以开放性的探讨，从而促进自身深刻的思考教学中的"遗憾"，寻找现阶段的重点，明确下阶段的方向。智慧的火花在交流中碰撞，在实践中发光，引导组内教师学习创造创新，以下是部分教师在专家指导后的收获。

（1）语文组奚晓叶在专家指导后的感想：

听了专家孙老师的指导，我意识到自己应该更加关注文本，将文本吃透，除此之外，课堂教学不一定按顺序展开，从学生的认知顺序出发更能完成课堂的整体建构。

① 把握文本细节　提升核心素养

六年级下半学期第三单元的几篇课文都是为了感受革命先烈的光辉形象，理解其高尚的道德情操。我在上《十六年前的回忆》时着重探讨了李大钊的人物形象，但是孙老师认为我们更需要挖掘文本背后的生命价值，关注每篇课文的独特之处。因此本堂课的重点由最初的感受人物形象变为感悟李大钊的革命信心从何而来，既而比较"人生自古谁无死，留取丹心照汗青"的文天祥和李大钊的革命信念，明确这种革命精神具有一定的传承性。

② 构建问题链　助力阅读教学

通过"问题链"在阅读教学实践中的有效运用，可以使学生的知识在问题解答实践中得到有效地建构。在此基础上，孙老师调整了我教学环节的顺序，从最能表现李大钊形象的段落出发，再一步步深入分析李大钊的人物形象，仅仅几个环节的调整就使整堂课更有逻辑性。

（2）数学组何嘉怡在几次专家指导后的感想：

很幸运在从教的第一年就来到了青溪中学，加入了年轻且富有钻研精神的数学教研组，遇见了专家王守新老师。

① 精研教材教法，促进课堂生成

在每周一次的专家指导活动中，通过说课、磨课、听课、评课，结合王老师的解读和引导，我逐渐意识到教学设计并不只是"纸上谈兵"，其中每一道例题的每一个小题都有具体的设计意图，教师的每一个提问都要指向明确、能够启发学生思考，这些背后所蕴含着的是对课程重难点的整体把握和思考。

② 关注学生能力，渗透思想方法

每个学期，王老师都会为九年级的孩子们带来一节精彩的复习课，将繁杂的知识体系融合在一道道例题中，深入浅出，环环相扣，再利用巧妙的解法将课堂气氛推向高潮，真正做到了"低起点、小步子、多活动、快反馈"。

王老师每一次指导依旧能带来新的思考，指引着我们从"帮助学生成功"过渡到"让学生自主成功"。

（3）英语组瞿敏捷在专家指导后的感想：

专家指导收获感想——磨砺课堂促成长

本学期我有幸参加了由朱维庭专家进行的英语课题指导，使我受益匪浅，也有一些心得体会。

① 加强自身建设　提升课堂效率

通过学习，我体会到认识到要上好英语课，教师自身非下苦工夫不可，做到与时俱进，这使我的思想有了一个新的转变，作为一名英语教师，要想拥有完美的课题，学生的高配合，其自身必须具有渊博的英语知识，熟练的操作技能，良好的思维品质。朱维庭专家说过："Live and learn."也说过，"课堂讨论要集思广益，不能一言堂，有学生讨论，课堂思维才能开阔。"我也深有体会。

② 抓住学生特点　提升语言敏感意识

另外，朱维庭专家让我深深地明白英语教师语言敏感意识提升的重要性，每个年级的学生都具有不同的特点，如六年级学生正处于对于图画感兴趣的时期，可以用图画使学生提升兴趣度，使其记忆深刻。我们也可以通过鼓励使学生产生"跃跃欲试"的冲动享受成功的喜悦。朱老师的指导既有英语教学专业性方面的建议，也有心理学角度的建议。通过一学期的指导我才真正感受到教育是充满智慧的事业，深刻意识到自己赋有的责任，愿这一片金色的回忆，成为一份永久的纪念，也能成为我重新跋涉的新起点。

3. 思考

专家引领正是搭建理论与实践的桥梁，但也需要我们有自己的思考，不能过度依赖专家。需要教师主动寻求突破，积极思考，并注意每次教学研修的内容一定要结合日常教学中的困难，进行实时研修，让教学落到实处，落到细处。

四、教学节展风采,高效课堂促成长

基于区教研员的引领,我校各教研组脚踏实地的进行常规教研,在教学中认真学习、积极思考、大胆实践,在历届教学节中,都有着不错的成果展现。

我校开展了"回归教育本源,聚焦课堂教学,提高教学指导力"、"智慧课堂教学达人教学节活动"、"立足校本,开放互动,有效教研"、"聚焦七个维度、优化教学评价"、"新课程、新成长"等主题的教学节活动,在教学节上一展风采,以高效的课堂促进成长。

● 教学研修案例一

赋能新课程、助力新成长
——奉贤区青溪中学第八届教学节活动总结

2020年是奉贤教育承前启后的一年。"十三五"期间,奉贤教育围绕"奉贤美、奉贤强"区域发展战略和"推进优质均衡发展、办人民群众满意的教育"奋斗目标,积极建设"自然、活力、和润"南上海品质教育区,实现了从跨越走向品质的转身。随着国家课程教学和招考制度改革的逐渐深入,如何进一步提升奉贤教育的品质感、标识度、影响力和贡献度,如何顺势而为、乘势而上,真正打响南上海教育品牌,实现奉贤教育的品牌化突破,将是奉贤教育人必须深入思考、积极作为的关键与核心。围绕新成长教育理念,以"新课程""新课堂""新评价""新教研"为抓手,本届教学节我校围绕"新课程　新成长"总主题,确定了"赋能新课程、助力新成长"的校级主题,现总结如下:

一、赋能新课程、引领新成长

修订课程总方案。学校课程方案是学校整体推进校本课程建设的行动指南,引领着学校办学特色和品牌的发展方向。在全面推进素质教育的背景下,建设国家课程、地方课程和校本课程三位一体的课程体系是新课程改革的重要抓手,是学校贯彻新课程改革精神的客观要求,也是学校实践办学理念、优化办学实践、实现办学目标的内在需求。因此,我校利用本次教学节契机,重新系统规划和架构了学校课程方案,提出了"融合课程"这一新型教育教学模式。"融合课程"的提出,是为了顺应时代发展需求和上海招考新政的要求。学校如何拥抱改革,如何让学习最大限度地与真实世界对接,如何既关注知识能力的生长厚度,又关注意志品质和道德修养的成长高度,如何培育有传统底蕴、全球视野、创新思维、能肩负起民族复兴大任的时代新人,这是我们进行育人模式创新的主要实践方向。为此,以培养学生学习领导力为导向,破除学科边界,寻求学科融合契机,打造融合课程,是我们教学模式创新的主要着力点。

参评项目化学习。项目化学习是以校长为核心的教育教学团队,在学校活动领域、学科领域和跨学科领域,设计真实、富有挑战性的问题,引导和指导学生在一段时间内持续探究,尝试创造性地解决问题,形成相关项目成果。项目化学习是培养学生学会学习、创造性思维、批判性思维、团队沟通与合作等重要的终身学习能力的过程,体现其上下联通:上至国家课程意志的落实,办学理念的彰显;下至学生在真实问题情境的解决中获得学习的真实体验,给予学生丰富多元而又有纵深度的课程学习经历。我校积极参与了本次上海市项目化学习三年行动的实验校申报工作,以"寻根·放眼"活动项目、数学学科项目、《上海之鱼》跨学科项目为三个重要载体,促进教与学方式变革和教师专业成长,激发学校办学活力,打造办学特色。

二、立足新课堂、实践新成长

"路漫漫其修远兮,吾将上下而求索",课堂教学一直以来都让我校教师为之奋斗不止、钻研不停……在本届教学节中,我们开展了各个层面的新课堂教学研讨活动。1. 新成长课堂教学评比活动。本次活动主要征集以立德树人为目标、积极探索新成长课堂教学模式、提高课堂教学质效为重点的优质课。第一轮:教案评比(教研组内全员参与);第二轮:50%教案优秀人员进行录课,10月25日前完成录制,上课教师自行剪辑、编辑;第三轮:视频评比,选拔出20%优课(16节)上交至区级参与评比,10月31日前,教学部审核16节课,由任课教师上传至奉贤区云平台。2. 新成长班队课评比活动。本次活动围绕"知史爱党,知史爱国"活动大主题,结合"贤文化"教育,根据校史、班情,设计主题班会教案,征集以立德树人为目标、积极探索新成长班队课教学模式、提高教学质效为重点的优质课。第一轮:教案评比(班主任全员参与);第二轮:30%教案优秀人员进行录课,12月30日前完成录制,上课教师自行剪辑、编辑;第三轮:视频评比,选拔出15%优课(3节)上交至区级参与评比。3. 卓越教师展示活动。为进一步提高我校教师教育教学水平,优化课堂教学,充分发挥卓越教师的引领和示范作用,我校举办了第8届教学节"新课程 新成长"之卓越教师公开课专场活动。九位卓越教师即奉贤区名教师、优秀骨干教师、优秀青年教师,先后在青村中学和青溪中学两个校区向学校全体老师展示了精彩的示范课。4. 骨干教师展示活动。青村镇骨干教师、校级骨干教师也面向全体教师进行了课堂教学展示活动。这两次活动是卓越教师、骨干教师教学理念与教学技能的展示,充分发挥了我校卓越、骨干教师的示范、引领、辐射作用。同时,我们将这些课进行全程录像,并对集团内六所学校、贵州结对两所学校进行共享,为我校全体教师、集团内学校教师以及结对学校教师提供了一个观摩提高、交流研讨的平台。

三、聚焦新评价、促进新成长

为了让全体学生及家长进一步了解新中考、新综评的内容、意义及评价过程,并针对学校关于历史及道德与法治学科的日常考核方案的制定与实施共商共议,共同助力学生全面发展,我校召开了部分家长座谈会。会上,先由学校教学部介绍了日常考核方案的操作办法,德育部介绍了学校综合素质评价工作方案(讨论稿)及实施情况,从综合素质评价的背景、意义、评价原则、评价内容、评价标准、评价周期等几个方面进行详细介绍后,各家长代表也针对每个环节畅谈想法,为学校方案的修缮提供了宝贵的意见与建议。薛晨红校长总结发言,她希望各位家长能够理解和支持综合素质评价工作,多和老师沟通,做到学校、家庭、社会和学生四大方面的协同,家校携手,共同助力学生成为全面发展的人。同时,我们还通过四个年级的学生会、家长会的召开,将《青溪中学历史及道德与法治学科日常考核实施方案》进行了全面解读。同时,还将新中考的具体变化、每个变化要如何应对等,分别由任课教师进行了宣讲。

四、共谋新教研、助力新成长

随着国家课程教学和招考制度改革的逐渐深入,进一步提升奉贤教育的品质感、标识度、影响力和贡献度已成了奉贤教育对未来"十四五"的规划。我们青溪教育集团深入思考,积极作为,明确集团办学的研究方向和目标,顺势而为,旨在通过本次新中考质量提升现场展示活动,落实新中考改革政策的具体细则,树立和践行全面的教育质量观,促进新成长课堂教学质量的不断提高。11月18日下午,奉贤区第二十五届教学节青溪教育集团新中考学科教学研讨活动在青溪中学举行。上课、说课环节,老师们以说课为基础,共同探讨了目前新课改背景下的学科探索,说课评课的形式使得教研活动的交流更为具体详实;微论坛"'新中考'登陆,你准备好了吗?"汇聚青溪中学徐冲、洪庙中学陈虹等六位领导、教师和一位家长代表,共同探讨应对策略。老师们从集团规划、课程设置、日常考核、提升质效和跨学科综合案例分析等不同的方面进行探讨,交流教育教学和管理经验,力图促进学生全面发展健康成长。新中考的改革既是一场挑战也是一次机遇,相信在集团的统筹规划下,我们同心聚力,坚持奉贤教育"新成长教育"理念,积极应对、认真思考,扎实落实新中考改革政策,必然能在这场改革中勇立潮头。

青溪中学教学节组委会
2020年12月

第四节　课题研究

教育科研是一种运用科学的理论和方法,有意识、有目的、有计划地对教育领域中的现象和问题进行研究的认识活动。教育科研是教师专业发展从自觉走向自为的标志,通过发挥科研的引领作用,能够有效促进教师的专业成长。一线教师虽然科研思路、方法等不及专家学者,但是他们直接从事教育教学工作,对教育现象以及教育理论、教育思想在实践中的应用有着更直观的体验与感受,教师能够随时进行观察、分析,掌握最真实可靠的资料,这是进行教育科研所具备的得天独厚的条件。俗话说,"实践出真知",只有提高自身的教科研意识,在平时教育教学实践中注重积累,勤于思考,善于研究,才能追求自身专业能力的长足发展。

教育科研对各类型教师的专业发展都起着举足轻重的作用。

一、"适应型"教师

新教师们谈起教科研通常会出现两种情况,一是谈"研"色变,因为缺少对教科研的正确认识,缺少教科研的方法,觉得无从下手;二是教科研意识薄弱,更加注重课堂教学的研究,教学反思流于形式,缺少积累。针对以上问题,采取以下措施:

(一) 提供专家指导辅助,促进自主研修

学校科研室除组织一些论文、案例、反思的撰写评比活动外,会借各组室教研活动和校园网站等平台,组织"适应型"教师进行市、区优秀科研成果和教研杂志的学习。针对新学校新教师科研能力薄弱的困境,学校积极邀请市、区教科研工作方面的专家开设讲座,为"适应型"教师们讲解怎样撰写课文,怎样申报课题。同时,在每一次讲座后都会布置相应的小论文、小案例进行练手,及时反馈培训效果。学校集合骨干教师的力量对"适应型"教师的作业进行评改,提出修改意见。通过指导,带领"适应型"教师对教科研入门。

(二) 立足小课题研究,渐进提升科研能力

"适应型"教师们对教科研能力的需求是最大的,大部分教师对教科研这块是一筹莫展,不会做课题,不会写论文。为此,学校结合区域"我的教改实验项目",实施《小课题研究项目》,要求"适应型"教师每人就自己教育教学中正在研究的最主要问题设计项目。小课题项目申报书简化了文本形式,注重教师们研究的过程,主要目的是要求"适应型"教师

学会带着思考工作,学会在工作中积累,在积累中提升。同时许多"适应型"教师在做项目的过程中有了写论文和做课题的想法,再进行论文发表和课题申报时,教师们就更有目的性与自信了。

二、"成熟型"教师

"成熟型"教师是最具备教科研条件与机遇的教师,他们已经具备一定的教育教学经验积累,对学科课程标准、核心素养等有较完善的认知,初步形成了具备个人特色的教学方式,迫切渴望尝试教育科研以寻求自身专业发展及职称晋升。为此,针对这一类型的教师教科研能力的提升,主要采取以下措施:

(一) 坚持做好研训一体,提高课题研究质量

学校强化教科研的目的性、针对性、实效性,以"科研工作化、课题问题化、活动经常化"为原则,以学科教研组为基地,各教研组每学期以特定的主题开展教研活动,每位教师参与其中,并积累过程性资料,期末以论文或案例的形式进行成果汇报。如2016学年英语教研组主题为《课堂教学post-task环节的有效设计》,经过一个学年每周定时的教研实践活动,以及外聘市级专家的深入指导,教研组研训活动有所收获与成果。2017年英语组骨干教师王蓓红老师申请课题《初中低年级英语听说课教学中通过post-task环节的有效设计检测教学目标达成度的实践研究》成功立项为区级一般课题。教研组专题研讨把教育科研和教学实践有机统一起来,使教师在实践中积极参与教法改革、优化教学过程等研究工作,形成"以教研促科研,以科研带教研"的教学新局面。

(二) 搭建科研平台,激发教师科研自信

每学期每位教师利用课余时间至少读一本教育教学理论书籍,撰写读书笔记,举行读书推介。每学年组织班主任和教师进行教育个案、学科论文案例评比,创设"青溪源"教师论坛,校园网灯下漫笔,《清思集》等平台,让教师通过发表论文体现自身价值,获得成就感。此外,学校积极对接《奉贤教育科研》杂志,开辟学校专栏发表5篇,后续陆续发表3篇;由校长主编的两本书《静水深流——青溪中学迈向新优质学校的探索之路》及《探索沪郊公办初中转型变革路径——提升学校学习领导力的实践研究》收录教师论文近40余篇,皆作为市级发表,有效调动了全校教师进行教学研究的积极性;学校把握机会,积极推荐教师参与国家级课题,如数学组参与教育部基教司课题《单元教学背景下教师教学行为研究》,英语组参与教育部科技司《智能环境下的自适应学习应用实践共同体》项目,开拓眼界,拓宽思路,给予教师科研平台与机遇。

三、"特色型"教师

"特色型"教师应以论文撰写、萃取总结自身教育教学经验,以课题研究保持自身教育教学活力,突破专业成长瓶颈。同时"特色型"教师作为区域及学校的骨干教师,同时承担着引领青年教师成长的责任,以教科研为抓手,带领青年教师共成长,是很好的专业发展途径。

(一)扎实做好课题引领

教育科研成果是学校"特色型"教师的刚性指标,在评优评先的过程中也占很大的比重。作为学校带头人,校长本人的教科研成果显著,立项并已结题的市级课题《"新城教育联盟体"学校新教师成长的实践与研究》;区级重点课题《多元联盟背景下新城学校新教师校本培训模式的探索与实践》和《集团化办学背景下学校中层干部选拔培养机制的实践研究》,皆鉴定优秀;与上海市教科院普教所合作项目《提升学习领导力,促进公办初中欧红学校转型的行动研究》及上海市师资培训中心青年教师(2—5年)专业发展项目《依托学习共同体,促进2—5年期职初教师成长的实践研究》。

(二)积极开发校本培训课程

结合学校师资特点,挖掘教师潜能,学校"特色型"教师团队利用教职工大会、教研活动时间,为各个层级的教师开展各类专题式培训。如名校长薛晨红的《中学英语教龄2—5年教师课堂教学技能培训》、名教师杨心美的《中学体育教师课堂教学能力培训》,区优秀青年教师、优秀班主任王萍丽开设班主任工作坊,区家校中心组成员邹丽娜的心理工作室。

此外,作为区域集团化办学理事长学校,2015学年以来都作为盟主学校统筹安排联盟体内的课题开题、中期与结题鉴定活动。按要求规范组织活动,及时上交相关材料,并相应地进行归类存档,注重课题过程性资料的积累,做到一课题一档案。在对学校课题的管理中,加强过程化资料的积累。每学年的寒假前,学校科研室给每位教师下发"XX年度青溪中学课题申报指南",遴选校级、区级课题;课题立项后就开题报告的撰写、实施方案的落实等问题作具体指导。课题研究末期,科研室及早提醒课题负责人整理相关成果、撰写总结报告,填写成果鉴定表。对区级以上立项课题,学校在申请报告、开题报告、结题报告、结题登记表等方面组织学校教科研骨干团队及外聘专家进行指导,确保课题研究方向的准确性与成果总结的有效性。

目前,学校为区教科研优秀校,正以示范校的目标不断努力。秉承"科研兴教、科研兴师、科研兴校"的工作目标,以课题研究为切入点,深化课堂教学改革,坚持科研、教研、师训三位一体,不断探索教育科研新途径,提升"三型"教师教育科研能力,使教育科研成为学校发展的活力源泉。

● 课题研究案例一

青溪中学"小课题"研究实施方案

一、指导思想

立足一线教师,关注课堂教学,聚焦教育教学改革,整合教研、科研力量,推动教研科研融合发展、一体推进,有效激发五年内"适应型"教师开展教育科研的主动性和创造性,为"每位教师成为研究者"提供有效路径与创新机制,切实提高教师的专业能力和研究能力,推动教研科研全面发展。

二、实施策略

1. 坚持问题导向。针对教育教学一线面临的真实问题,聚焦教育教学热点、难点,关注师生教学相长,以"项目实践研究"方式攻坚克难,探索适合学校教师的基于证据与经验相结合的研究方法,探索一条教研科研融合推进的新教师成长路径。

2. 立足实验创新。全面推进"小课题"项目研究,不断深化教师对实践研究的特点、方法和路径的认识,鼓励并引领教师在研究过程中结合自身工作特点,开展各种形式的教改试验,并从中寻找、尝试和提炼适合教师实践研究的方式方法。

3. 实现融合发展。通过项目研究化与研究项目化实施,深入教育改革第一线,进一步拓宽教师从事教育科学研究渠道,以科研思维与方法开展学校课程教学改革,使项目研究式的教育科研成为实实在在的教育生产力。

三、项目内容

立足校本,以问题为导向,凸显微观研究,提倡切口小、做得精、提炼实的研究实践。关注课堂、关注学生、关注证据呈现,将学校教育教学实践中的问题转化为教改试验项目。

研究范畴包括:德育研究(包括心理)、学科教学,课堂教学、教材研究、课程开发、考试评价、学生发展、团队活动、班主任工作、教研活动等。

四、申报要求

1. 项目申报

申报对象及实施时间:本项目申报面向全校五年内"适应型"教师,项目实施期限自立项起一般为1学年。(申报表见附件1)

2. 项目组织

学校科研室联合教导处组织学校教师项目申报,指导教师研制项目实施方案,进一步明确项目研究的背景和意义、项目目标、内容及进度安排等核心内容,为教师的项目实施提供管理保障和专业指导与服务。

3. 项目评审与管理

由学校组织行政领导与高级教师形成评审组,遴选申报总数的 50%,对后 30% 进行当面指导修改。"小课题"过程性管理也包括开题、中期与结题,皆以表格式进行研究经验的总结与梳理。结题时再由评审组进行结题鉴定,遴选 30% 的优秀成果指导申报区域课题项目。

奉贤区青溪中学

2019 年 9 月

附件 1

青溪中学"小课题"研究申报书

一、项目名称

项目名称																

二、研究人员基本信息

项目主持人	姓名		性别		年龄		教龄	
	职务		专业技术职称		研究专长			
	学历		联系电话		邮　箱			
	工作单位						联系电话	
研究范畴		A 德育研究(包括心理)　B 学科教学　C 课堂教学　D 教材研究 E 课程开发　F 考试评价　G 学生发展　H 团队活动　I 班主任工作　J 教研活动 H 其他_____						
学科分类		A 文科类(a 语文　b 英语　c 道德与法治　d 历史　e 地理　f 社会) B 理科类(a 数学　b 物理　c 化学　d 生命科学　e 科学　f 劳动技术　g 信息科技) C 综合类(a 体育与健身 b 音乐　c 美术　d 艺术　e 探究)						

（续表）

项目主持人成果	独立或以第一作者身份,公开发表(或主持)的论文(或论著、项目)名称,杂志(或出版社、类型)名称,时间(限填3项)				

核心成员(不含主持人,不超过5人)	姓名	工作单位	专业技要职务	研究专长	分工

预期最终成果		预计完成时间	年 月 日

三、项目设计

(一)项目目标与内容(说明项目研究的背景、意义、目标与主要内容等)

项目背景

项目目标:

项目内容:

项目创新点:

项目安排:

• 课题研究案例二

录播环境下教师教学行为的数据采集基础研究阶段报告
——教育部基教司课题《单元教学背景下教师教学行为研究》
项目实验校教师教学行为研究

奉贤区青溪中学是奉贤新城内一所全日制公办初中,创办于 2013 年 9 月。学校现为上海市新优质项目学校、上海市第一轮义务教育项目化学习三年行动计划项目实验校、上海市优秀教师专业发展学校、连续 4 年获区和润品质奖、连续 5 年获区课程教学优秀奖,社会美誉度高。

目前学校教师年龄结构日益合理,已拥有一支专业素养较高、教学经验较丰富、年轻而有活力的教师团队。其中数学组现有教师 14 人,平均年龄 32 岁,研究生学历 1 人,高级教师 3 人,区名教师 1 人,多人在教育部"一师一优课"、市级、区级教学评比中获等第奖,是一支极具潜力的优秀团队。能够作为数据采集点参与此次项目,展现数学组教研与教学常态,是一次风采展示,也是一次锻炼与激励的机会。以下为项目实验校在课题研究过程中对教师教学行为的研究。

一、课前准备

(一) 独立备课

进行单元教学设计,即基于单元整体教学背景下的目标确立、活动设计及重难点剖析等。

(二) 集体磨课

1. 教研组研讨
就单元教学设计进行思维碰撞,包括单元教学目标、重难点、勾股定理的价值和意义、每课时的教学设计等集思广益,头脑风暴。

2. 备课组互动式研讨
(1) 备学生的知识衔接点:分析学情,充分了解学生已有的知识背景,找准不同学生的知识起点,对教材进行单元整合设计。充分考虑新旧知识衔接,复习涉及的学习数学的方法,以更有效地突破新课的难点,突出重点。

(2) 备学生的知识巩固点:针对本节课的知识内容,针对教学重点和本班学生的学习难点,设计需要突出强调的知识巩固点,在课堂教学中对个别例题进行了一定的再设计和引导。

(3) 备学生的学习增长点:为不同学习水平的学生设计问题链,激发其思考,从而达到不同的增长点。对于勾股定理的入门课,设计采用实验操作拼图法,课前充分进行学情预设,包括学生分组活动中,展示成功或失败时有可能的想法思路,教师如何引导其在已有的知识水平中实现新增长。

二、课中实施

(一) 课堂动手活动激活数学思维

勾股定理及其逆定理的教学需要在证明过程中耗费大半的课堂时间,而应用却可以参照例题迎刃而解,这就容易造成学生对演绎证明的过程失去兴趣,只关注解题方法。针对这一问题,教师设计活动让每位学生在课堂上"动"起来。在教师适当引导下,学生利用四个全等直角三角形(两条直角边不相等)拼接出以斜边为边长的正方形、画出"引葭赴岸"草图、构造美丽的"海螺图"、"勾股树"、画出指定边长的三角形等,学生积极参与,开展有效讨论。教师通过学生的探索结果再展开后续的教学,更便于学生理解。

(二) 梳理解题思路规范方法格式

在例题教学中,并不急于动笔操练,而是先请学生审题并交流想法,顺着学生的初步想法剖析其背后的数学思想方法,如从特殊到一般、面积割补法、方程思想等,在将解题思路梳理清晰后,师生共同动笔,一边回顾思路一边规范格式,将解题的方式、方法清晰规范呈现。

(三) 跨学科融合实现五育并举

数学不仅有理性,更有美育。如在拼接图形的活动中通过小组活动,激发学生互帮互助的美好品质,培养学生的数学表达。而一些拼错的图形也可以拿来展示,呈现不同学生的审美,当然,教师也要及时剖析一定要拼出斜边为边长的正方形的原因。在"引葭赴岸"草图中,有的同学已经有了把实际图形抽象成几何图形的意识,而有的同学画出了池塘、太阳、池水、小鱼、莲花,也是一副舒适惬意之景,同样值得表扬。

三、课后跟进

(一) 因材施教,分层作业

1. 基础部分:备课组进行单元教学背景下的作业设计,突出本节课知识点,学生可能依然存在的薄弱点,确定课后作业基础题。

2. 提升部分:设计分层习题,难度较高的习题主要涉及前后知识的融合运用,学生通过练习达到基础巩固和能力提升。

3. 单元练习:基于单元整体教学目标进行设计,突出单元整体知识点的有机融合。

（二）交流沟通，个别辅导

教师及时关注学生掌握情况，尤其关注个别学习水平较低的学生，进行单独交流，谈谈他们课堂学习后的收获与疑惑。勾股定理的认识对于大部分同学来说并不陌生，但如果只是对公式的运用学生又会觉得枯燥。因而课后着重需要跟进的是对计算方法的指导，让学生在定理学习后感受计算的简便性，获得更高的数学学习成就感。

（三）评课研讨，课后反思

课后，教研组开展评课研讨活动，执教教师对本节课进行教学反思，其他教师就优点、缺点及措施建议进行评课，执教教师调整教案，积累案例。

此次作为数据采集点，所开展的基于单元教学背景下的备课、上课、课后的全过程教师教学行为以及相关者行为等方面的数据采集工作，凝聚了整个数学教研组、尤其是八年级备课组团队的全员智慧，希望能够对项目研究的推进有所价值。同时学校也会以此次数据采集为契机，优化教研组、备课组研讨模式，促进教研组建设，推动学校品质发展。

● 课题研究案例三

科研铸卓越　聚力谋发展
——青溪教育集团在教科研工作会议上的交流

2015 年 9 月，"青溪中学紧密型办学资源联盟体"青溪、四团、洪庙、塘外(4 所)
2017 年 3 月，"青溪·明德教育集团"青溪、明德、四团、塘外、尚同、四小(6 所)
2020 年 9 月，"青溪教育集团"青溪、青村、四团、塘外、尚同、洪庙、待问(7 所)

作为一所新办学校，"联盟体盟主"、"集团理事长"这样的头衔是荣耀更是责任与动力，于是，在建校的短短八年中，青溪中学快速成长、优质发展，业已成为深受认可的家门口好学校，而这一切都得益于我们"科研兴校"、"科研兴教"、"科研兴师"的教育发展观。我们始终把教学质量当做学校的生命线，把教育科研当做学校品质提升的发展线，把解决学校发展中的问题当做教科研生命力的体现。

一、科研兴师，教师专业迅速发展

建校之初，我校面临着"三新三高"（即新城规划高、新学校起点高、新教师比例高）的境况，为此，快速让新教师成长起来是当时我们亟需解决的问题。在校长领衔的市级课题《"新城教育联盟体"学校新教师成长的实践与研究》、区级重点课题《多元联盟背景下新城学校新教师校本培训模式的探索与实践》的引领下，主要通过多名导师、多种同伴、多层研修的方式，助力新教师快速成长，加强学校师资队伍建设；同时，学校"青溪源"教师工作室成立了"适应型、成熟型、特色型"即三型教师培养项目组，以分层推进式校本培训模式搭建教师成长阶梯,助力教师专业发展。

与此同时,我们也面临着年轻干部多的问题。作为一所年轻的学校,如何培养中层干部,使他们能够做、愿意做、做得好呢?在校长领衔的区级重点课题《集团化办学背景下学校中层干部选拔培养机制的实践研究》中,我们在不断探索实践着。

二、科研兴教,教育教学成效显著

(一)教研一体同生共长。

"教而不研则浅,研而不教则空",在教育教学实践中,老师们能自觉地突出一个"研"字,坚持在教中研,研中教;写中研,研中写。我校除了积极组织教师申报市区级课题,还让"适应型"教师每学年自主研究一项议题小、针对性强的校级小课题,切实解决教育教学中存在的问题和困惑,成为了教学中名副其实的"造血干细胞";学校还因地制宜,充分利用外部专家资源开展校本研训,关注专业深度,拓宽学科视野,提升实践智慧,让"三型"教师都有获得感。目前,各教研组都已形成较为成熟的研修模式。

(二)常态课堂精益求精。

课堂是教学的主阵地,为提高教师的课堂教学水平,我校每学期通过开展学科专家指导课、年级组内循环课、骨干教师示范课、外出培训汇报课、新晋教师亮相课、赛课教师研磨课等多种形式的课堂教学,努力把常态课锻造成精品课,把公开课返璞归为常态课。

在新时代背景下,我们还有许多需要思考及急需解决的问题,如"互联网+"的智慧课堂如何更好地为教学服务?大课堂理念背景下如何做好各学科的统整?如何根据新高考变革及时调整初中的课程教学?……但无论遇到何种困难,我们始终不忘的是高效课堂、多彩课程、学生发展。为此,我校连续五年荣获区"课程品质奖",连续两次在上海市学业质量绿色指标测试中保持高位发展的态势。

三、科研兴校,学校内涵优质提升

回首早期阶段,我们主要着眼于提高教师自身素质,解决"一桶水与一碗水"的问题,进而提高教师整体教育能力。渐渐地,我们体会到这种只关注个例的教科研方式无法解决学校整体发展的问题,而一般性的科研已无法满足学校快速发展的需要,于是我们就提高层次,主动参与市级课题的研究,提升了学校的教育教学品质。我们提出教育科研一定要贴近学校培养目标,贴近学校办学特色,按照以校为本、以人为本、以实践为本的原则立项,这样,我校的教科研工作也进入到了全新的发展阶段,学校发展也拥有了全新的优质追求。

《提升学习领导力,促进公办初中学校转型的行动研究》是 2019 年最新立项的学校龙头课题,也是我校与市教科所的合作项目。我们相信,通过探索提升"学习领导力",以学生更加主动的、创新性与个性化学习为目标,推动创新型的、强有力的、整体性的学习环境设计、实施与维系,重塑教师发展和领导管理,将学校办成一所以学生学习为中心的现代公办初中,这必将为上海公办初中建设提供新的学校样态。

四、科研成果辐射

(一) 集团制定了一套科学完善的《奉贤区青溪教育集团科研制度》,形成了"一二三四"网络化科研管理模式,从各个方面对教育科研活动进行了规范和要求。

一调研。集团各校科研部门围绕学校教育教学总要求,深入一线对课堂教育教学进行调研、诊断、指导,为教育教学、科研提供第一手资料、建言献策,为领导制定新学期教学工作计划提供依据;为科研领导小组确定科研主攻方向"定向"提供依据;为学校立项课题、为教师搞"微型课题"选题提供帮助。

二研究。一是课题研究,带动教师参与到课题研究中来,让教师质疑带题研究,从中受益。保证教师人人有课题,人人会思考,人人懂研究;二是梳理教育教学经验研究,倡导教师梳理自己的教育教学经验。通过指导提炼出有理论依据、操作性强的实践经验,积极申报区级卓越教师,促进教师科研水平、专业水平的严谨、规范、科学化的再提升。

三定。科研领导小组负责"定向",校长带头搞科研,负责"定向"。围绕学校教育教学实际,确定学校各级各类课题要研究的主攻方向;科研室负责"定标",科研室负责管理指导教育科研工作,负责"定标"。负责围绕主攻方向,统一规划确定具体课题申报、结题工作;负责对各级各类课题,宣传、指导、工作;负责组织对科研课题成果和经验的总结推广运用;负责开设科研论坛,帮助教师解决科研过程中遇到的困惑或难题等;课题组负责"定位",以课题组组长为主的课题组落实具体教科研工作,负责"定位"。负责组织制订计划、开展研究、具体落实。

四级。采取"学校——科研室——课题组(教研组)——教师"四级科研管理网络,实施分层管理。用分层负责制,层层负责,责任到人,使课题管理更加规范有序,教育科研工作进一步得到提升。每个教师都树立了"问题即课题、对策即研究、收获即成果"的科研理念。

(二) 集团共同课题

市级课题《"新城教育联盟体"学校新教师成长的实践与研究》
区级重点课题《多元联盟背景下新城学校新教师校本培训模式的探索与实践》
区级重点课题《集团化办学背景下学校中层干部选拔培养机制的实践研究》
区级重点项目《集团化办学背景下劳动教育课程群建设的实践研究》
青溪教育集团将在"科研 德研 教研"三研协同创新工作室的指导下,把《集团化办学背景下劳动教育课程群建设的实践研究》项目做实、做新、做好，希望能打破校际壁垒、协同"三研"发展，打造一批劳动教育"种子"课程，形成可供集团共享的劳动教育"课程群"，激发学生成长活力、教师专业活力、学校发展活力，从而促进集团各校共同发展，打造集团劳动教育品牌。

作为奉贤区首批"劳动教育实践基地校"中唯一一家教育集团，"基地校"的命名，是对我集团前阶段劳动教育工作的一种肯定，更是对我们下阶段工作的一种鞭策。我们深知，下阶段的任务将是艰巨的，如何科学构建劳动教育课程体系、共享路径和评价机制，形成可复制、可借鉴、可推广的经验，都是摆在我们面前的课题。但我们更庆幸，在上级部门的引领下，我们已经走在了劳动教育变革前沿，也探寻到了集团品牌发展的新生长点。

海纳百川，故成其大。青溪教育集团的每一个成员都深知，只有兼容并蓄，博采众长才是集团发展的生命力，青溪教育集团必将审时度势、孜孜以求、追求卓越、聚力发展。

第四章　浸育：机制创新激发成长活力

"流水不腐，户枢不蠹。"教师的专业发展要有学校层面的保障与支持。为激发教师队伍持续性的成长动力，学校应不断创新管理机制，同时积极为教师成长营造氛围、搭建平台、优化评价并构建和完善以素质教育为导向的教师评价体系，通过一系列举措，持续激发全体教师干事创业的热情，推进学校的高质量发展。

第一节　制度建设

一、多位一体的成长保障机制

1. 组织保障。

2013 年建校初,我校成立青溪中学教师专业发展工作领导小组。校长室领衔,各处室共同协调配合教学部、德育部开展教师培养工作,下设年级组、教研组,建立了教师专业发展三级管理网络。构建了适应型教师、成熟型教师及特色型教师的分层推进式校本培训模式,推动学校队伍建设。

青溪中学教师队伍建设
领导小组安排及分工

一、领导小组成员:

组　长:薛晨红(校长)

副组长:侯　敏(副校长兼教导主任)、包蓓姹(副校长兼德育主任)

组　员:徐　冲(副教导,分管教师专业发展)

　　　　王　芸(副教导,分管心理家校)

　　　　杨心美(办公室副主任,工会负责人)

　　　　严　悦(总务部负责人)

二、分工职责:

组　长:薛晨红

总体负责教师专业发展整体规划,负责培训经费投入、教师文化建设及督促检查工程实施情况。

副组长:包蓓姹、侯敏

负责教师职业道德、专业发展等培训,制订培训计划,督促检查落实情况。

组员：王芸

负责教师心理健康教育培训计划制订,督促检查落实情况。

组员：徐冲

负责教科研整体规划,督促落实课题研究进程。

负责校本教研制度建立及落实情况。

组员：**杨心美、严悦**

负责教师专业发展协调、经费使用监督等工作。

教师队伍组织发展流程图

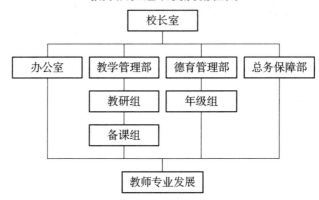

2. 经费保障。

学校支持教师的各类培训学习,制定了《青溪中学教师队伍建设经费保障及使用制度》,确保教师培训经费不少于学校年度日常公用经费总额 5% 的比例,做到专款专用,鼓励、支持教师参加各种级别、形式的培训。

3. 时间保障。

规定教师每年参加校本培训学习时间不少于 240 个学时,分为集中学习(寒暑假培训)、专题学习、分散学习等,有效地保障了教师培训学习的时间。

二、分层推进式的校本研修机制

校本研修是新课程倡导的有效学习形式,是促进教师自主成长的一种有效的教师继续教育形式,为增强教师为教育服务的责任意识,转变教师观念,提高教师素质,促进教师的专业发展,为新课程的实施提供强有力的师资保障,更好地建设学习型学校和学习型教师群体,使我校校本研训工作科学、健康、持续、全面开展,形成民主、开放、高效的研修机制,结合我校实际,从多维度、多领域设计了分层推进式的校本研修体系,并在此基础上制订了相应的管理制度、活动制度和激励制度。

"青溪源"教师工作室
分层推进式校本研修体系(2019)

维度	领域	研修内容			
		新手型教师	适应型教师	成熟型教师	特色型教师
专业理念	师德修养	职业理解与认识、对学生的态度与行为、教育教学的态度与行为、个人修养与行为等,符合《新时代中小学教师职业行为准则》等。			
专业知识	教育知识	中学教育的基本原理和主要方法;班级、共青团、少先队建设与管理的原则方法;教育心理学的基本原理和方法	中学生世界观、人生观、价值观形成的过程及其教育方法	中学生思维能力、创新能力和实践能力发展的过程与特点	现代课程与教学理论、学习理论、学科教学论、教育心理学; 人文艺术知识; 科学技术知识; 社会阅历和生活经验; 个人兴趣与爱好; 处理各种情景与问题的经验和智慧; 教学程序、策略和方法
	学科知识	所教学科的知识体系、基本思想与方法;所教学科内容的基本知识、基本原理与技能	所教学科与其他学科的联系	所教学科与社会实践及团、队活动的联系	
	学科教学知识	所教学科课程标准;中学生在学习具体学科内容时的认知特点	所教学科课程资源开发与校本课程开发的主要方法与策略	针对具体学科内容进行教学和研究性学习的方法与策略	
	通识性知识	相应的自然科学和人文社会科学知识;适应教育内容、教学手段和方法现代化的信息技术知识	中国教育基本情况	相应的艺术欣赏与表现知识	
专业能力	教学设计	课程标准解读教材解析;设计教学目标和教学计划;利用教学资源和方法设计教学过程	引导和帮助中学生设计个性化的学习计划	资源重组; 学情分析; 创新教学设计	指导学生理想、心理、学业等多方面发展;捕捉并研究教育信息;提出课堂教学中存在问题;开展基于问题的研修;教育教学的个性风格;课题研究撰写研究报告;校内外课程资源的开发与整合
	教学实施	常用文体(备课、板书、学生作业批阅、学生评语等)的撰写;创设情境、导入、提问、组织学生讨论、重点难点突破、归纳总结、作业布置等基本功;课堂教学中现代教育技术手段整合应用	营造良好的学习环境与氛围,激发与保护中学生的学习兴趣;有效调控教学过程,合理处理课堂偶发事件	通过启发式、探究式、讨论式、参与式等多种方式,有效实施教学;引发中学生独立思考和主动探究,发展学生创新能力	

（续表）

维度	领域	研修内容			
		新手型教师	适应型教师	成熟型教师	特色型教师
	班级管理与教育活动	建立良好的师生关系，帮助中学生建立良好的同伴关系；注重结合学科教学进行育人活动有效管理和开展班级、共青团、少先队活动；妥善应对突发事件	根据中学生世界观、人生观、价值观形成的特点，有针对性地组织开展德育活动	针对中学生青春期生理和心理发展特点，有针对性地组织开展有益身心健康发展的教育活动	
	教育教学评价	结构、优势、发展评课三段法	利用评价工具，掌握多元评价方法，多视角、全过程评价学生发展；引导学生进行自我评价	自我评价教育教学效果，及时调整和改进教育教学工作	
	沟通合作	了解中学生，平等地与中学生进行沟通交流；与家长进行有效沟通合作，共同促进中学生发展	与同事合作交流，分享经验和资源，共同发展	协助中学与社区建立合作互助的良好关系	
	反思发展	制定专业发展规划	针对教育教学工作中的现实需要与问题，进行探索和研究	收集分析相关信息，不断进行反思，改进教育教学工作	

三、多方助力的协同研修机制

作为一所新学校，除了加强自身建设，我们还充分利用各方资源，学会借助外力，尤其是专家导师的资源，共同监督、促进学校各项工作的顺利开展，开展引领教师专业发展的一些行动。

行动一：依托市级托管资源，大力提高课堂效益。

从 2013 年 9 月至 2017 年 6 月，我们学校接受由上海市教育功臣刘京海领衔的成功教育咨询集团的委托管理，重点是学校管理、课堂教学和教研组建设三方面的内容。委托方派一名常驻总监在学校，与学校行政一起共同参与学校日常教育教学管理工作。每周四还派学科专家深入课堂与教研组进行面对面的指导与培训，通过四年的努力，提高了四十分钟课堂效益。学校在区域范围的各项活动及调研测试中，成绩名列前茅。

行动二：依靠市级名校资源，大力提升国家课程校本化实施的能力。

2013 年 7 月开始，我们主动与浦东进才中学北校结成城郊联盟学校。两校多次在管理层面进行国家课程校本化实施的研讨。两校教师多次举行"国家课程校本化实施的现场论坛"，从学科教师、备课组长、教研组长、学校中层及校级管理五个层面进行充分讨论。

同时我们还进行了"同课异构"现场课堂教学交流活动。无论是论坛活动还是"同课异构"的现场课堂教学研讨,都提升了国家课程的校本化实施的实效性和有效性。

行动三:依靠区教研中心专家团队,开设面向全体教师的"教师专业发展论坛"。

从 2013 年 11 月开始我们有幸成为区教师进修学院教研中心研究基地,依靠教研中心专家团队的力量,在学校每月举行"教师专业发展论坛"。针对学校教育报告零打碎敲,缺乏系统性、完整性的实际情况,教研中心帮助我们建立了一个立足于全校教师专业发展的,经过系统设计、规范运作的教育论坛,目前已开设了如"人文课堂有效教学""学业绿色指标在课堂中实施"等 10 多个论坛。

四、互进互促的结对帮扶机制

作为一所教师平均年龄 32 左右的新建学校,考试学科出现新教师多,有能力担任师傅、已获得中级职称以上的教师少,而其他非考试学科,如音乐、美术,全校就 1 至 2 名教师,甚至会出现校内根本没有可安排的师傅的情况发生。基于此情况,学校充分利用集团优势,制订了结对帮扶机制,整合力量,各展所长以达到共建共赢、共同发展的目标。

1. 干部互派

本着"实事求是、因校制宜、量力而行、行必有效"的原则,每学期至少互派一名中层以上干部交流,指导帮扶学校制定发展规划,规范学校日常工作,提高管理水平;每学期至少组织一次学校干部开展学习交流活动,通过专题研讨、专题报告、专题论坛等途径,加强互通互融,共同发展。

2. 教师互动

结对双方采取教师交换的形式开展教师互动活动。帮扶学校每个学期或每个月派出 2 名以上骨干教师到被帮扶学校送教,骨干教师到被帮扶学校完成随堂听课、指导如何安排教学、组织教研活动、上示范课等规定任务;并采取面对面指导、集体备课、评课等多种形式,研究教育教学方法,提高教学水平。同时,被帮扶学校每个学期或者每个月派 2 名以上教师到帮扶学校跟班学习,跟班教师必须完成听课学习、集体备课、班级管理、上公开课等规定任务。结对双方教师之间联合开展课题研究(每两年至少开展 1 项),共建教学团队和名师工作室,共同提升教师学科技能和专业素养。

3. 资源互享

利用现代信息技术手段,加强在线交流,实现远程教学资源的共享,提高效率和水平。通过共建教学资源库、共同探讨教学设计、统一教学进度、同步实施学业监测等实现教学资源的充分整合;通过开展专题讲座、共办教研活动、课题研究等形式,为被帮扶学校搭建教科研平台,传授教科研的具体方法。学校帮助被帮扶学校的教育现代化建设。

第二节　文化营造

教育要发展,教师的素质是关键,对于教师的培养是多方面的,我们不能孤立地去做教师培养工作,应把培养工作融于日常教育教学,结合教师的切身利益去做,通过创造良好的文化氛围,激发教师的成才意识,激发教师的内生动力,从而促使教师迅速成长。因此,营造良好的文化氛围,引导教师献身教育领域是当代教育发展趋势的重中之重。

一、师德引领,扬"青溪风范"。

学校高度重视教职工师德师风建设,成立校长书记为组长的师德建设领导小组,形成责任具体、环环相扣、层层落实的"师德建设责任链",同时坚持文化活动润师魂,开展多种形式的师德主题教育活动,不断提升教职工的育德能力:**一是加强思想建设**,每月一次中心组学习,两周一次教职工学习,学习内容序列化,并将学习宣传贯彻习近平新时代中国特色社会主义思想和各级会议精神,纳入到常态化学习中;**二是把师德规范融入校本培训、学科教学和班级管理中**,将师德育德能力考评结果纳入年底对教师的绩效考核中,实行师德"一票否决制";**三是开展多种形式的师德主题教育活动**,每学期开展"青溪最美教师"评选,每学年开展入职新教师"做四有好教师"演讲比赛,用身边人身边事激励更多教师爱岗敬业,无私奉献。在师德师风满意度问卷调查活动中,学生对师德平均满意率为97.31%,家长对师德的满意率为97.12%;学校获 2018—2019 年度奉贤区师德建设先进集体提名奖;近两年来,学校有多名教师获全国模范教师、上海市教书育人楷模、上海市五一劳动奖章、上海市教育年度新闻人物提名奖、上海市园丁奖等荣誉。

二、德育为先,燃理想明灯。

学校坚持"五育并举　德育为先"的宗旨,以"为学生点燃理想明灯"为价值追求,以"三全育人"项目为抓手,积极培育与奉贤新城发展相匹配的"知书达礼有修养,见多识广有智慧,体魄强健有活力,一专多能有特长,躬耕实践有力量"的青溪"五有学子":**一是落实"全员育人"**,通过开展"德教合一——班级导师制"项目,每班组成三人导师团队,每位导师与 10 名左右的学生结对,对学生开展"思想引导、心理疏导、生活指导、学习辅导"等活动,使学生思想工作由过去的班主任一个人在做,转化成全体导师一起做,德育和教学实现高度融合,真正落实"人人都是德育工作者";**二是落实"全程育人"**,我校除了在道德与法治、历史、语文等德育课程及各学科教育教学中,多角度地开发育人价值,形成一定数量的学科德育教学设计与典型案例外,更系统梳理并整合了团队活动、仪式教育、乡村少年宫和各项主题教育活动,明确各年级的日常主题教育目标和重点,结合社会主义核心价值观"六进"要求,进一步丰富内容、优化实施和管理细则,形成较完善的"五有学子"课程体系;**三是落实"全方位育人",**通过构建学校、家庭、社区一体化的"校内外育人共同体",加强学校、家庭和社区之间的联系,合力构建学校家庭社会"三位一体"的育人模式。学校组建"家长志愿团""家长讲师团""家长监督团"三支队伍,在学生生涯指导、学校疫情防控、参与学校管理等工作中都发挥着积极的作用,同时与红星居委、侦查连、巴士集团等8家单位签订共建协议,拓展实践活动基地,开展多样活动。通过"三全育人"项目的实施,学校的德育工作也取得了一定的成效,杨卫晨老师获区十佳思政教师,两位教师在2019奉贤区"六育人"典型案例评选中获课程育人类优秀奖,多名学生获上海市优秀少先队员、奉贤区"新时代好少年(美德少年)"、贤城"文明小旗手"等称号。

三、凝心聚力,共谱青溪梦。

学校以"为学生点燃理想明灯"为办学理念,通过开展师生主题征文、青年教师演讲、每月一节、"放眼·寻根"、温馨班集体创建等活动,深化学校文化系统的具体内容,倡导"三心"主导价值观念即"学生开心有进步、教师安心有担当、家长放心有认同",引导教师教育学生,使他们习得且共同具有体现青溪学校特色的主导思想观念和行为方式。同时通过重心下移式的扁平管理,探索分级管理、分层负责的扁平化管理模式,传递管理理念,形成管理制度文化。学校许多的活动都会设计师生、家长共同参与的环节,不仅在物质层面使校园引人注目,更在精神层面统一认识,使广大师生产生强烈的认同感和归属感。

四、春风化雨,永铸青溪魂。

青溪的学校文化,就是让师生无论走到哪里,都烙下青溪人"淡然为人、卓越为学"的文化印记。学校的每个角落、每个墙面都体现着青溪的育人理念,发挥着它的育人作用,门口的"未来广场"喻示着让师生面向未来、走向世界,"诚信书吧"由学生自主诚信管理,历史长河、阅读长廊等主题长廊让孩子们在休憩玩耍中启迪智慧,青溪小舞台成为青溪学子展示才艺的大平台……学校景观的设计无不围绕"中国灵魂　国际视野"的理念有序规划,真正做到让每一面墙说话。与此同时,学校整合青溪校园电视台、青溪校园网、青溪微信公众号、《溪·流》校刊、校园信息大屏等宣传平台和新媒体平台,组建宣传组,构建一体化的宣传网络,真正让新媒体阵地成为师生展示风采、学校对外宣传的阵地,弘扬校园真善美,传播青溪正能量。

五、党建引领,强队伍建设。

学校以"火车头-后备军-领航岗"队伍建设计划为抓手,做好三支队伍建设:**一是**完善和落实中心组学习制度、民主生活会制度、重大问题报告制度、基层调研制度等相关制度,着力增强各级领导班子整体功能,充分发挥学校领导班子的示范引领作用,建设一支政治坚定、团结务实、奋发有为、开拓创新、清正廉洁的坚强领导班子队伍,民主测评满意度达95%以上;**二是**进一步完善"校长(书记)室——教学管理部、德育管理部、人力资源部、总务保障部——年级组、教研组、备课组、班级"的"三级"扁平化教育管理体系的应急处置负责制和问责制,同时深化学校中层岗位"AB角负责"的管理模式及"跟岗锻炼"后备人才培养模式,培养一支能够担当重任、经得起考验、有发展潜力的后备干部队伍;**三是**设立党员"领航岗",突出党员示范性,积极发挥党员干部"三个作用"(带头作用、骨干作用、桥梁作用),努力实现"推出一位领航党员,带出一批领航岗位,服务一所幸福学校"的行动目标,构建一支有创造力、凝聚力和战斗力的党员队伍。同时,针对我校"80后""90后"年轻教师占比较高的特点,学校党支部确立了"线上+线下"的形式,"新兴载体"与"传统手段"并重,将"党建+"模式渗透到学校工作的各个方面,使党建工作呈现出了新的亮点,让党员教师始终成为教育教学改革的先锋,并积极发挥他们的示范引领作用,带领全体教师共同进步,并在此过程中影响一批优秀的教职员工,积极向党组织靠拢。

● 案例一:

青溪·青村联合支部申报"百优庆百年"上海城市基层党建创新案例
线上线下双管齐下,党建引领融合发展

中共上海市奉贤区青溪中学、青村中学联合支部委员会

【背景与起因】

上海市奉贤区青溪中学位于奉贤区南桥新城,尽管建校只有8年,已经在家长中颇具口碑。由学校往东8千米的青村镇上,也有不少学生来青溪中学读书。生源流失,镇上的青村中学渐渐成了薄弱校。

为促进城乡教育一体化建设,2020年,青溪中学和青村中学开启了联合学校办学模式,学校还是两所学校,但学校管理、教育教学、师资队伍、考核评价等全部打通。

两所学校既一样,又不一样。作为集团化办学的一种新模式的探索者,如何在保持两所学校原有办学特色的前提下,在最短的时间做到管理共通、文化共融是摆在两所学校面前最迫切的课题,而联合支部的成立,就是最好的抓手。2020年7月,青溪.青村联合支部成立,共计共产党员45名(其中预备党员2人),设4人支委。联合支部成立后,学校确立了"党建引领,文化认同"重点项目,将党风廉政教育和师德师风教育有机融合,找准业务工作与党建工作的结合点,着力使两校师生逐步形成且共同具有体现青溪、青村学校特

色的主导思想观念和行为方式。同时,支部根据两校的实际情况,确立了"线上＋线下"的形式,"新兴载体"与"传统手段"并重,探索实施党建新模式,使联合支部的党建工作呈现出了新的亮点。

【做法与经过】

一、开启联合办学模式,搭建共通共融桥梁

习近平总书记曾说过:"要让支部成为团结群众的核心、教育党员的学校、攻坚克难的堡垒。"联合办学后,如何使两校不仅在面上联在一起,更把人心融合进去,真正形成整体合力,对联合支部来说是一个巨大挑战。为开展好此项工作,来自两所学校的 4 名支委委员多次研讨,谋定而后动,深入沟通和分析了两校的具体情况,从以下几个方面开展了相关工作:

1. 抓思想上的统一。学校利用教职工政治学习深入学习习总书记系列讲话精神和关于教育的重要论述,同时开展四史学习和教育教学经验分享的"党员说"微讲座交流活动,在此过程中统一了对联合办学以及在此过程中联合支部应发挥的作用的认识,即:联合办学是推进整个区域教育均衡优质发展的重要举措,在此过程中,联合支部要发挥大作用,每名同志也都感到心中有大事、肩上有重责,使两所学校的品质都有所提升;同时由党支部牵头开展"倾听成长的声音"等不同层面的座谈会,了解群众对联合办学以来学校发展的意见建议,开展群众性的自我教育……

2. 抓制度上的保障。联合支部制定了《青溪中学、青村中学联合党支部工作实施方案》等相关制度,加强两校之间的联系,实现互通有无,共同讨论、部署重点工作,达成共识,形成工作合力,确保日常工作的顺利开展。

3. 抓行动上的引领。在联合办学推进过程中,两校党员教师身先士卒,勇挑重担,主动承担学校改革发展的新任务,支部成立了党员先锋队,副书记包蓓姹常驻青村,2 名党员干部跨校担任教研组长等基层管理工作,两校班子成员开展跟岗学习,首批共 5 名党员开展了跨校流动(青溪 3 人青村 2 人)分别担任六年级、九年级的语数英、跨学科案例分析和班主任等艰巨任务。通过这一系列的活动,切实搭建起两校共通共融的桥梁。

二、构建"党建＋"工作模式,发挥战斗堡垒作用

为了更好将党建工作与学校日常教育教学工作紧密融合,联合党支部通过"党建＋"模式,将党建工作渗透在学校的各项工作中,把党建工作落细、落小、落实,真正发挥联合党支部的战斗堡垒作用。

1. "党建＋立德树人",党员率先垂范。联合支部明确要求党员教职员工率先示范,做"立德树人"的开拓者、领路人。两校 45 名党员结对 45 位学业上有困难的学生,利用自己的课余时间进行学业帮困。"党员家访日"主题党日活动,在奉贤区教育系统开展的"主

题党日"优秀案例评选活动中荣获一等奖,党员教师包蓓姹获得了全国模范教师称号。在疫情期间,党员们更是发挥模范带头作用,帮助线上学习有困难的家庭解决了设备和技术问题,对因疫情产生焦虑情绪的学生开展一对一心理辅导……联合支部的党员们用自己的行动阐释了人民教师和共产党员的初心责任与使命担当。

2. "党建＋教育教学",党员勇挑重任。在"党建＋教育教学"活动中,联合支部的党员教师表现出饱满的工作热情和崭新的工作状态。党员教师们勇挑任重,初三毕业班教学工作中,基本满足每一门学科都有一名以上党员教师做好学科领路人,同时推选出业务能力强、教学成绩优秀的党员教师面向青溪教育集团内六所学校的初三学生开展专题复习讲座,将优质资源辐射到集团内成员学校。

3. "党建＋专业成长",党员示范引领。为了更好地以党建促进联合学校教师的专业成长,联合支部确立了"把骨干教师、优秀青年教师培养成党员,把党员教师培养成教育教学和管理骨干"的"双培养"机制,以"青溪源"教师成长工作室为载体,通过"岗位练兵""师徒结对""管理跟岗"等活动,让党员教师始终成为教育教学改革的先锋,并积极发挥他们的示范引领作用,带领全体教师共同进步,并在此过程中影响一批优秀的教职员工,积极向党组织靠拢。自两校联合以来,青村中学校区区级骨干、优秀教师由 2 人增加到 6 人,其中党员教师 5 人,入党积极分子 1 人,而联合中学更有 8 名党员教师在市级以上教育评比中荣获奖项。此外,已有 5 名年轻教师向党组织递交了入党申请书。可见通过建立和落实"双培养"机制,不仅有力促进了中青年教师的专业成长,更增强了党组织的吸引力和凝聚力。

三、借力信息技术手段,加强思想政治建设

两校联合后,如何在规范的基础上创新开拓,更好的凝聚党员教职员工,一直是支部在思考和探索的问题。为落实党组织生活制度,学校联合支部抓好"三会一课"制度的落实,并借助新媒体手段创新党建工作形式,探索实施"云党建"模式,充分发挥基层党组织在改革创新中的战斗堡垒作用,同时有效引领学校教育教学工作。

1. "云"党课,发挥支部堡垒作用。联合办学后,两校党员人数多,校区距离远,如何确保学校工作和党课学习"两不误"?联合党支部采取创新活动方式,借力信息技术手段,通过"钉钉"平台,开启"线上云党课"。在 4 月的主题党日活动中,党支部书记变身"主播",向全体党员教师们做了《凝心聚力学党史　砥砺前行谱新篇》主题讲座。各位党员教师们认真听课、积极发言,热烈互动,大家都表示这次特殊时期的特殊党课很有意义。虽然不接触不碰面,但线上"云"党课不仅加深了党组织与党员的密切联系,有效缓解党员分散、不便集中学习的实际问题,还及时将最新的决策部署、主题教育融入日常学习,让党员在学习交流中凝心聚力,使党组织的战斗堡垒作用得到进一步增强。

2. "云"学习,筑牢基层红色堤坝。借助"学习强国"视频会议功能,全校党员以党小组为单位组建学习群,开展以"学习强国"平台上的内容为主的"云"学习。各小组每日在

群内进行学习交流,并通过朋友圈、微信群积极向周边朋友、学生推荐"学习强国"新推出"在家"系列专题专栏学习资源,让"居家"生活不再单调无趣。同时,联合党支部组织广大党员教师积极参与学习平台上的理论学习、视频观看、答题活动,坚持用新思想武装头脑、指导实践、推动工作。而近阶段联合中学被"学习强国"平台【中小学课堂】栏目征选引用的 9 节优课中,授课教师 5 人为党员、1 人为入党积极分子。

3. "云"讲坛,引领教师专业成长。青溪中学"青溪源"教师讲坛和青村中学"党员说四史"微党课活动作为两校的特色项目,一直深受广大师生的喜爱。联合办学后,我校党员教师更是以创新的精神,带头在学校公众号开设"云"讲坛,将各类知识"送"到家。目前我们已推送了《语话"新中国史"》《初中生命科学视角下的"新冠病毒"》《史说"疫情"》《消毒剂中的化学知识》等多期内容,获得社会各界的点赞。在接下来的日子,我们还将继续"云讲坛"活动,不仅仅以别样的方式传授知识,同时帮助教师提升自身业务能力和素养。

4. "云"电台,提升党群活动温度。在举国抗疫的日子里,联合支部创新形式,开通了"云电台",开展"抗击疫情 为爱发声"青溪之声朗诵活动,表达对抗战一线工作者的敬意。在联合支部的动员下,党员教师率先响应,紧接着全体老师马上行动起来,短短 3 天"云电台"收到 50 几个朗诵视频,有经典散文、有心灵美文、有中英文诗歌……老师们每一个精心制作的朗诵视频都在每天中午通过青溪"云"电台轮流播放,第一教育等多家市级媒体也报道了这项有意义的活动。

5. "云"帮扶,践行社会责任担当。联合党支部分别与贵州省遵义市余庆县实验中学、务川县思源实验学校等 3 所学校结对,开展帮扶活动。学校分批接待贵州省三个结对县学校校长、骨干教师参观学习 100 人,浸润式跟岗培训 16 位,师生代表团住家交流 2 批58 人,书记亲自带领党员骨干教师,2 次赴贵州开展送教上门活动。为加强两地的交流频度和广度,联合支部探索开展"云"帮扶活动,以线上援助的形式将好课优课"送"过去,将培训讲座等做连线直播,党员们通过讲座报告、课堂展示、交流座谈、结对互助等形式毫无保留地将学校管理和教育教学经验分享给贵州的同行们,高效的课堂和精彩的讲座在贵州同行间引起了热烈的反响。此外,联合党支部还发起了"衣暖人心,爱心捐赠"活动,全体党员都积极参与,大家纷纷拿来自己家中近 9 成新甚至全新的衣物 7 大箱,希望能给结对学校贫困的家庭寄去温暖。

【成效与反响】

1. 创新方式人心齐。在面对联合办学这一"新生事物",青溪青村联合支部创新形式,克服人员难以集中、组织生活时间难以统一、组织生活难以找到切入点、党员行政管理与党支部管理不同步、管理措施不相匹配等困难,将支部工作真正与学校工作深入融合,通过一次次的有效活动,真正加强了两校教师的沟通与交流,充分发挥党组织的领导核心作用,提升了党组织的凝聚力、渗透力、向心力,更加快了两校从联合到融合的步伐。

2. 资源共享辐射广。我校作为奉贤区联合办学模式的先行者,在改革创新的过程中,积极发挥支部战斗堡垒作用和党员先锋模范作用,整合两校优势,进行资源共享。"党员先锋队"队伍逐渐扩大,在两校开展交流、送教等活动的基础上,逐渐将资源辐射到青溪教育集团,开展每月一校的"全学科视导"活动和初三专题讲座等活动。同时"抗击疫情为爱发声"青溪之声朗诵活动等先后由东方网教育频道、第一教育、文汇报向全社会进行了发布,辐射面广,宣传效果佳。此外我校涉及5个学科的9节优课由"学习强国"平台面向全社会发布,做到辐射面最大化的资源共享。

3. 统筹整合优势强。 在学校,"立德树人"是根本,各项以"云"方式开展的活动在党建工作中发挥着越来越大的作用,学校党支部把党的政治和组织优势转化为育人优势,引领带动育人资源的统筹整合,青溪中学和青村中学的老师们将继续用自己的实际行动形成了育人合力。

【经验与启示】

青溪中学、青村中学以需求为导向,顺应奉贤教育"十四五"战略发展需求和新形势下党建及思想政治工作需要,因人制宜,因地制宜,建立"青溪中学、青村中学联合党支部",并主动作为、创新形式,充分发挥基层党组织推动发展、服务群众、凝聚群众、促进和谐的积极作用。这是奉贤区教育工作党委实现党建引领、党建工作与主业工作深度融合的一次生动实践,更是新时期基层党组织全面履行新使命、展现新作为的应时之举。

青溪中学、青村中学联合党支部的探索之路仍在继续,相信他们一定会为奉贤区联合办学模式及联合党支部的党建工作开展树立标杆,用"红色力量"催生学校发展的新活力,成为助力奉贤教育发展的新动能。

【探讨与评论】

党支部是党组织中最基本的细胞,是联系党员群众的桥梁和纽带,是党开展工作和发挥战斗力的基础。联合党支部作为联合办学这一新型办学模式下的一种组织形式,如何积极主动促进联合党支部工作与行政工作的深度融合,增强联合党支部党建思想政治工作的现实性和针对性,最大限度地发挥党支部战斗堡垒作用,是联合党支部党建工作的重点和关键。如何发现联合党支部工作中存在的不足,并促进联合党支部工作与行政工作的深度融合,避免"两张皮"现象,也是一个值得探讨的问题。

第三节 平台搭建

学校发展,教师为本,我们给教师集中培训的场所取名为"青溪源",意在青溪发展的源头。以此为平台,我们在教师队伍培养上坚持外引内育双管齐下,教师队伍成长迅速,多名教师已在市区级崭露头角。

一、学识测试,提升综合素养。

每学年我校都会组织各种形式的新教师学识水平测试,如各学科中考题的基础能力素质考试、综合卷命题能力考核、对课程标准掌握的专题测试等。旨在更好地引导我校青年教师准确把握任教学科的主干知识体系,全面熟悉任教学科课程标准,有效提升学科专业素养。此外,新教师的成长也并不仅仅局限于教育教学能力的成长,更在于其综合能力的发展。青年教师毛笔字大赛,青年教师朗诵演讲比赛,新教师的才艺比赛,0—3年新教师座谈会等,激发教师的职业归属感和幸福感,2016学年至今,每年出版《倾听成长的声音》。

二、聚焦课堂,快速历练成长。

每学年工作室都会举行"新教师"亮相课、比武课和汇报课,并不断在市、区两级层面上给新教师搭建多种锻炼并展示自我的舞台。我校三年内的新教师已经在市、区域层面开设公开课20余节,集团、跨省市交流等其他层面50余节,在每学年的见习期教师考核中,均有教师荣获优秀奖。2019年12月,教龄仅为5年的数学组青年教师朱瑛洁代表上海市参加全国青年教师教学评比大赛,充分彰显了我校新教师培养的成效。此外,我校也积极在区域层面内展示我校教师风采,如2016年11月,第21届教学节"智慧课堂 有效教学"区域中学体育教学研讨暨"新城教育联盟体"青年教师活动、2018年11月第23届教学节青溪·明德教育集团小初衔接现场会、2019年5月让智慧激发智慧——奉贤区教育信息化"智慧课堂"(中学学段)现场交流分享活动等在我校顺利举行。

三、项目引领,亲历改革前沿。

依托学校正在推进的一个教育部项目(数学组《单元教学背景下教师教学行为研究》)

和两个市级项目(《依托学习共同体,提升"青溪源"2—5 年期青年教师学习领导力》及《上海市义务教育项目化学习三年行动计划》项目实验校),组建大项目组,让更多的老师亲历教学改革的前沿领域。以项目化学习为例,我们以《基于 PBL 架构的"放眼·寻根"综合实践活动设计与实践》《核心素养视角下数学基础学科项目化学习设计与实践》《新中考背景下"上海之鱼"跨学科项目化学习设计与实践》三大项目为抓手,组建涵盖地理、生命科学、科学、数学等学科的大项目组团队,开展"融合课程"引领下的项目化学习课程群建设,"聚焦核心关注点—选择驱动型问题—创设项目情境—设计项目评价—提炼成果展示方式"重新架构活动设计,结合学生探究型报告,将学习与实践有机结合,更好地实现我校的课程育人目标。

● 案例二:

青溪中学工会主席王燕锋在 2019 年暑期校园长培训"教师队伍建设"主题论坛上的发言

凝心共绘青溪底色　聚力共筑卓越之风

各位领导,各位同仁:

今天我代表基层学校工会在这里发言,想通过我们青溪中学工会在教师队伍培养上的一些做法与大家一起探讨学校工会在教师队伍建设中的作用。

2019 年是我们青溪中学创办的第六年,学校坚持以"学生开心有进步、教师安心有担当、家长放心有认同"为办学愿景,培养一支勇于担当、安心扎根教育事业的队伍是我校教师队伍建设的目标。

随着学校规模的扩大,教师的人数也在不断的增长中,从最初的 22 人发展到了今天的 64 人,平均年龄 30.8 岁,0—5 年期新教师 21 人,能用来形容这支团队的词似乎"年轻"是最为恰当的。怎样让一群年轻人体会学校工会的价值?工会组织什么样的活动来激发教师们的成长热情?工会在学校教师队伍建设中担当什么样的角色?这些一直是我们思考的问题,为此我们进行了一些尝试和探索,在这里与大家分享。

一、倾听成长的声音、撒一把希望的种子

学校要建设教师队伍,首先要知道教师的需求是什么,只有真正知道老师们的需要,才能引导教师从需求转向专业的成长。而在了解教师需求上,我们发现学校工会有着比其他部门更大的优势。

倾听成长的声音　是我们的传统项目,工会在每学期末邀请 0—5 年期教师聚在一起,让青年教师谈谈这一学期遇见的人,碰到的问题,在轻松愉快的氛围里倾听青年教师成长中的收获与困扰;有时也会邀请有经验的老教师作为专家为小年轻们答疑解惑、做诊断。

架起沟通的桥梁 工会在师徒结对的基础上,给每一个新入职的青年教师分发"求助券",青年教师拿着求助券,可以向学校的任何一个老教师求助,收到求助券的老教师也会尽其所能帮助青年教师,工会架起了教师之间的沟通桥梁。每学期放假,工会牵头与行政一起家访,在办学的六年中我们薛校长几乎走访了所有教职工的家,工会架起了教师与行政沟通桥梁。

工会的桥梁和纽带作用为年轻教师撒下一把职业成长途中希望的种子,为成熟教师撒下一把回归教育本源、激发青春活力的种子。

二、开展多级助力、建一方广阔的舞台

也许有人会说,工会进行教师队伍培养,那么师干训和党支部干什么呢? 我们认为工会为教师队伍培养搭建的舞台是师干训和党支部工作的补充和延伸。

以项目为依托,搭建人文素养提升平台 学校的"青溪启慧"推进项目主要包括人文素养提升、职初教师培训、骨干教师培养及卓越教师发展四个部分。学校工会通过依托《青溪中学提升教师人文素养培训项目》,开展丰富多彩的活动。(1)丰富教师人文知识结构我们组织教师阅读各类书籍,开设读书交流论坛,有计划地将教师教育感悟、教学智慧汇编成集。(2)提高教师艺术审美能力,我们开展高雅艺术讲座,组织教师欣赏高雅艺术;开展教师礼仪文化培训课程,塑造教师优雅职业形态。(3)拓展教师感悟认知视野,我们组织开展教师团队拓展活动和团队文化建设讲座等。

以需求为导向,搭建个性培养实践平台 在了解教师个体需求的基础上,工会协助师干训对教师进行个性化的分析,引导老师们制定切合自身发展的职业生涯规划,为每个教师制定符合个性需求的培养路径,联系学校各个层面,搭建教师实践平台。比如,在分析与规划的过程中,我们发现某些教师在控班方面存在欠缺,工会就联系德育管理部从班主任方面培养和发展,利用学校班级导师制培养体系,把他安排到合适的导师、导师长手下;发现某些青年教师在管理方面是有发展潜力和有发展渴望的,就和党支部一起利用学校干部培养机制,采用部门挂职、跟岗、轮岗等方式来成就他。在我们青溪一个年轻干部走上中层管理岗位,必须经过学校两个部门以上的跟岗锻炼。至今,已通过此种方式培养了青年后备干部十余人,在充分提升青年教师管理能力之余,也让追求卓越在青溪的校园里蔚然成风。

以活动为载体,搭建才华能力展示平台 工会通过筹建教工社团和组织青年教师论坛、才艺展示等活动,提供教师充分展示才华的舞台。学校工会的社团组建是老师们自己申报的,工会负责审核,有绘画才能的老师组建国画社,有健身教练资格证的老师组建健身社团,对烘焙和烹饪感兴趣的邀请几个有共同爱好的组成烘焙小组,从组建到组织到展示,全部由召集人负责。这不仅对年轻教师的专业技能与职业素养进行了检验,也为学校做好知人用人、人才储备工作提供了契机。

三、发挥榜样能效、创一片璀璨的星空

六年的时间眨眼而过,我们青溪中学的教师队伍培养机制渐渐成熟,取得了一定的成效,优秀教师脱颖而出,区名校长、名教师人数由学校成立时的 1 人增加到现在的 4 人,区骨干教师、优秀青年教师由原先的 3 人增加到了 7 人,出现了 1 位上海市五一劳动奖章获得者,1 位上海市教书育人楷模,1 位上海市基础教育青年教师爱岗敬业教学技能竞赛一等奖获得者。但是对于学校来说,几名青年教师的成功不是我们的目的,我们需要以一个人的成才带动一群人的成长。一批、一大批甚至所有教师的成功才是我们追求的目标。我们希望能在每一位老师身上找到闪光点,同时也让他们感受到作为老师的成就感,从而找到对这份职业的归属感和幸福感。

新成员入校仪式　为使新教师尽快融入团队,我们为其拍摄生活照片,制作成精美的画框悬挂在教工之家,使他们感受到被关注与被接纳;在学校教职工新学期第一次大会上,我们隆重推出新教师,请他们依次发表简短的入职演说,这既是对新教师的锻炼,又能加速新老教师认识。新教师来校后度过的第一个节日是教师节,我们在表彰老教师的同时,不忘给新教师准备一份礼物,绿植、书籍、鲜花……让新教师感受到学校的温暖、同事的欢迎。

青溪最美教师　每月由工会小组推荐评选的,当选老师的感人事迹用微信平台和学校网站进行推送,通过评选活动,年级组、教研组及教师个体之间相互赶超,良性发展,让每一位教师在学校活动中不断追求自身价值的提升和能力的增长。

教师节表彰会　每年的教师节,我们都会召开形式新颖的节日表彰会,努力让颁奖成为盛典,成为让每一位教师充满期待的盛会。

一花独放不是春,百花齐放春满园。正如我们的校训所言,"青出于蓝、溪汇成海",我们就是要凝聚每一条涓涓溪流的力量,于不断超越中创造波澜壮阔的美丽。

以上是我们学校工会在教师队伍培养上的一些做法。我们认为学校工会的价值在于她不仅仅是学校的组成部分之一,她还拥有其他部门不能取代的作用,她是老师们的良师益友,是学校教师与教师、教师和行政沟通的桥梁与纽带。随着教育改革的深化,工会的职能已悄然发生转变,不再是娱乐和福利的代名词,更多的是参与学校民主管理,协助学校各个部门,尤其从生活上、思想上、业务上关心教师,为他们的专业成长创造良好的环境。新的形势下,学校教师队伍建设一定是学校工会组织的重要任务,我们在青年教师培养上已经有了机制保障和经验成果,但是这些青年教师后续的高位发展及学校成熟教师的再发展需要我们进行更多的思考,学校工会应该精准定位,为学校行政铺垫助力,发挥好在教师队伍建设中的教育引导、凝聚助推作用,激发教师队伍的成长自觉,推动教师专业成长,助推每一位教师成为卓越教师。

以上是我们的尝试和探索,有不当之处,敬请指正,感谢聆听。谢谢!

第四节　评价引导

教师是学校赖以生存和发展的宝贵资源,教师评价是建设高素质教师队伍的必要手段。好的教师评价制度是提高学校教学效率,调动教师工作积极性,促进教师专业发展和教师素质提高的制度保障。因此,可以说评价制度关系到学校的发展,关系到教育事业的发展。青溪中学在教师评价机制的探索和实践中,将发展性原则、层次性原则和激励性原则贯彻始终,以此来发挥评价的正向引导作用。

一、发展性原则

发展性教师评价制度是以促进教师的专业发展为最终目的一种评价制度,建立在评价双方互相信任的基础之上,和谐的气氛贯穿评价过程的始终。

学校给每位教师都建立了教师成长档案,要求每位教师制定发展规划及工作计划,并每学年上交"教师成长档案袋"存档,指标包括教师的教学理念、教学态度与专业精神、经典教学设计、教学组织与实施、课堂管理、作业布置、教学辅导、学习结果的检查与评定、教学研究与反思、教学效果、两类课程的设计与开发等。在此过程中,有意识地将教师的相关作品及其他有关资料收集起来,通过合理的分析与解释,反映教师在教学、学习与发展过程中的优势与不足,反映教师在达到目标过程中付出的努力与进步,并通过教师的自我反思激励教师取得更高的成就。

通过建设教师成长档案袋,重视过程资料的积累,强调教师的自省,能够很好地进行教师发展性评价。教师成长档案袋为教师专业发展搭建一个平台,让教师把懂的东西做出来,把做的东西说出来,把说的东西写出来,把写的东西在开放的平台上呈现出来。

青溪中学教师成长档案评价指标

一级指标	材料	二级指标
教学理念	1. 教师教学理念的描述和解释 2. 教学格言	是否符合教育教学规律 是否符合学生身心发展规律 是否符合社会发展规律
教学专业经历	1. 教学经历 2. 个人简历 3. 荣誉奖励	/

（续表）

一级指标	材料	二级指标
教学态度 与专业精神	1. 教师考勤表 2. 计划小结 3. 学生评价表 4. 教师荣誉、获奖或称号	教学责任感
		教学情感
		教学伦理规范
		专业成长
教学设计	1. 教案 2. 教材分析 3. 学情分析	准确分析学习者的特征
		全面分析学习情境
		明确学习任务
		合理选择与组织教学内容
		明确教学目标
		合理设计教学过程
		设计合理可行的教案
教学组织与实施	1. 教师课堂教学录像 2. 同行、专家、学校领导课堂观察记录及评议 3. 教师自我反思文件	有效实现或达成教学目标
		有效传递教学内容
		合理使用教学策略
		及时进行学习评价
课堂管理	1. 课堂规则 2. 课堂轶事记录 3. 教学反思 4. 学生评价	创设并维持有利于教学的课堂物理环境
		创设并维持和谐的课堂心理环境
		合理制定、使用、公平执行课堂规则
		灵活有效处理课堂问题行为
作业布置	1. 学生某一完整单元的作业本 2. 学生作品，如学生发明创造、作文、自行编制的课本注等	学生完成作业能够巩固所学知识或预习新知识
		学生能够在一定时间内高质量完成作业
		分层布置作业
		布置内容多元、形式多样、类型多变的作业
教学辅导	1. 教师教学辅导计划 2. 教师及学生的教学辅导材料 3. 学生的教学辅导作业、作品、试卷等 4. 教师的自我反思	分析辅导对象
		制定辅导计划
		确定辅导要求
		辅导效果显著
学习结果的 检查与评定	1. 教师批改的作业 2. 作文讲评 3. 教师编制的试卷、小测验等 4. 考试质量分析或试卷分析	明确检查和评定的目的
		恰当选择检查和评价内容
		使用合理的检查和评价方法
		有效反馈检查和评价结果

（续表）

一级指标	材料	二级指标
教学研究与反思	1. 教师参加教学研究活动相关记录 2. 教师公开课视频 3. 教师教研成果（发表论文、案例、课题等）	具有崇高的教学研究精神
		积极的教学研究行为
		具有积极开展教学反思的精神
		进行有效地教学反思
教学效果	1. 学生学习成绩（包括学生阶段性考试、测验成绩或评分，终结性学习成绩） 2. 学生学习成果 3. 教师自我反思	学生是否掌握了该学科的基本结构
		学生是否在掌握知识的过程中发展了智力
		教师是否帮助学生形成了均衡的多方面兴趣
		教学结束后，学生是否获得了有意义的经验
		教学结束后，学生的品格是否得到了陶冶
		是否有教学相长
校本课程设计与开发	1. 课程方案 2. 在课程设计与开发过程中产生的教学材料	合理设置课程目标
		恰当选择并组织课程内容
		全面客观进行课程评价

二、层次性原则

教师的校本研修实行分层，其考核评价也应分层进行。根据学校的《分层推进式教师培养培训计划》，我们针对不同类型的教师，本着"合理建标，分层评价"的原则，建立了分层评价制度，制订了不同的评价标准，由教师广泛参与讨论，由学校教代会通过，具有权威性和可执行力。

分层评价内容与校本研修的分层目标匹配，是校本研修活动目标的再现。如成熟型教师的评价项目，可包含计划与总结、读书心得、听课评课教研活动参与、培养青年教师、课外活动与校本课程开发、教学反思、课（专）题研究、研修成果等八个方面。

分层评价依据源于校本研修活动实施过程。将各层次教师的研修活动记录作为评价的依据，能够较为客观地反映教师的真实研修状态。

分层评价的方法应是多元评价的结合。质性评价与量性评价相结合。对其研修次数、目标任务达成情况、收集的物质成果等采用量性评价；其研修过程中积累的成果采用质性评价。"他评"和"自评"相结合。同时分层设计并运用教师校本研修记录手册。校本研修活动记录是研修活动实施过程的真实反映，不仅集中反映了教师研修的态度、研修的方法、研修的成果，还能具体反映教师在研修过程中存在的不足，是教师校本研修评价的依据。

青溪中学新教师校本培训考核评价表

考核项目	考核部门	考核内容	标准分	评分说明	评分得分		
					教师自评	指导教师评价	部门评价
职业感悟与师德修养	工会、人力资源部	师德修养	6	加强师德修养,严格遵守《中小学教师职业道德规范(教育部中国教科文卫体工会全国委员会 2008 年修订)》和《奉贤区教育局师德建设"五不准"实施细则》。			
		个人规划	3	参加见习教师规范化培训制定个人规划和参培计划书。			
		自我学习	3	读一本教师职业生涯或师德修养方面的书,写一份读书心得;同时完成 10 篇见习教师职业生涯体验随笔。			
		培训总结	3	完成一篇包括对教师职业感悟在内的见习教师规范化培训总结。			
课堂经历与教学实践	教学管理部	解读课标	5	在带教教师指导下,通读学科课程标准,在教研组内作一次课标解读专题发言,有发言提纲。			
		编写教案	5	通读所教班级教材,完成一个单元的教材分析和教案编写,在教研组内说课,有说课提纲。			
		听课	10	积极听课,有目的有针对行的观摩 10 节课,写成观课报告。			
		上课	10	完成一门拓展型选修课的构思与教学大纲,试教一节选修课;导师、基地团队、双方学校有关人员把关,通过三次正式试教。			
		评课与教研活动	5	积极参加评课与教研活动,点评 3 节其他教师的课。			
		作业布置	5	结合跟班教学,编一个单元的学生作业,并写出理由。保质保量批改学生作业,有效地辅导学生,辅导学生不得少于每周 2 次。			
		命题与质量分析	5	设计一次单元考试试卷,实测后作质量分析;完成一次期中或期末考试班级质量分析。			
班级工作与育德体验	德育管理部	学生主题教育	5	就某个主题召开一次班干部会议,一次学生座谈会,就某位学生的某个问题作一次家访。			
		班会与社会实践活动	5	策划并主持一次主题班会,一次班级社会实践活动。			
		学生分析与评价	5	写一份班级情况分析,2 位学生个案分析;会写学生学期综合评价短语。			

（续表）

考核项目	考核部门	考核内容	标准分	评分说明	评分得分		
					教师自评	指导教师评价	部门评价
教研与专业发展	教学管理部、人力资源部	读书笔记	3	精读一本导师推荐的专业书,写出读书笔记;并能自学有关书籍。			
		教研组活动	5	参与教研组活动,承担有关任务。策划并主持一次备课组活动。			
		专业发展规划	2	在带教教师指导下,制定一份三年的个人专业发展计划。			
综合素养	教学管理部	自我基本功训练	2	进行钢笔字与粉笔字训练,在见习前期和见习后期各完成一份硬笔书法作品。			
		现代教育技术	3	能根据教学目标进行教具与多媒体课件设计、使用和制作,准备一份课件作业。			
工作学习表现	人力资源部	考勤	5	全勤得满分,无故缺勤一次扣1分,病、事假一次扣0.5分,迟到或早退一次扣0.5分(本项标准分扣完为止)			
		学习态度	5	积极参加各项培训活动,认真完成各项作业,有明显的效果。			

三、激励性原则

在教育教学中,教师的行为,往往是看到其他教师,特别是个别有重要影响的教师(榜样)的行为而进行模仿形成的,学校的优秀教师、骨干教师的行为,就非常容易被广大教师模仿。因此,我校按照突出重点、拉大差距、树立标杆的指导思想,整体规划、制订了《奉贤区青溪中学评选区、镇、校骨干教师实施方案》,努力营造争先创优的良好氛围,促进我校教育教学质量的全面提高。

奉贤区青溪中学评选区、镇、校骨干教师
实施方案

为进一步加强教育创新人才培养,提高我校师资队伍整体水平,促进学校全面发展,特制定《奉贤区青溪中学评选区、镇、校骨干教师的实施方案》。具体内容如下:

一、评选名额、范围

（一）评选名额

1. 奉贤区卓越教师：按区下达名额人数。
2. 青村镇骨干教师：按镇下达名额人数。
3. 青溪中学优秀骨干教师：按评选年度学校专任教师总数20％评选。
4. 青溪中学优秀骨干班主任：按评选年度学校班主任总数的20％评选。

（二）评选范围

本校在编在岗，教龄满3年以上专任教师。

二、评选原则

1. 公开推荐的原则。自荐与他荐相结合。
2. 公平竞争的原则。重师德品行，重专业素养，重工作实绩。
3. 公正评审的原则。规范操作程序，增强评选透明度。

三、评选条件

（一）基本条件：

1. 政治素质：具有较高的思想政治素质，事业心强，有奉献精神，教书育人，为人师表。
2. 能力素质：具有发展潜力，勇于开拓，在教育管理或教育教学实践中具有创新精神，实绩突出。
3. 身心素质：身心健康，能坚持正常的教育管理或教育教学工作。

（二）具体条件：

1. 优秀骨干教师

A. 全面贯彻党的教育方针，热爱教育事业，热爱学生，师德优良，人格高尚。

B. 具有正确的教育观念，积极投身于教育教学改革。具有比较扎实的学科知识功底，教育教学专业理论水平高、教育教学实践能力强。

C. 在校内积极开展教育教学研究，尝试课堂教学改革，教育教学水平和教学成绩在学校内名列前茅，并在区内有一定的影响力。

D. 工作认真，成绩明显。如，本人在教育教学比赛中获校级一等奖或联盟体等第奖以上奖励;在班主任和团队工作中,所带班级或团、队组织获校级一等奖或区级及以上先进集体荣誉称号;本人获校级及以上先进称号;本人在教育科研成果或论文评比中,获校级一等奖或联盟体等第奖以上奖励。

E. 教龄 3 年以上,任教学科课时量必须达到专任教师课时量(校级中层以上干部任教学科课时量必须达到专任教师一半课时量)。

2. 优秀骨干班主任

A. 全面贯彻党的教育方针,热爱教育事业,热爱学生,师德优良,人格高尚。

B. 有良好的专业素养,在学科教学和班主任工作中努力做好学生成长的"人生导师",获得学生、家长和教师的认可。

C. 从事班主任工作 3 年以上(含 3 年)。

D. 建班育人成绩突出,近 3 年内,本人或所带班级集体获校级一等奖或区级及以上先进集体荣誉称号;本人在教育科研成果或论文评比中,获校级一等奖或联盟体等第奖以上奖励。

四、评选办法

(一)评选机构和职责

评选由青溪中学评选领导小组具体负责。

组长:薛晨红

组员:包蓓姹 侯敏 徐冲 杨心美

(二)评选程序

1. 宣传发动。

2. 学校评选领导小组负责对申报人考评、审核、公示等工作。

3. 申报。采取自荐和他荐相结合的办法进行,由申报人按规定填写申报表。

4. 考评。对申报人的考评,重点从师德修养和教育教学业绩、科研水平和辐射示范等方面进行。

5. 程序。学校评选领导小组集体研究,并对申报人考核综合情况进行排序最终确定人选。

五、表彰奖励

1. 每届区卓越教师任期视区级文件要求,由区教育局颁发证书并进行考核。

2. 每届镇骨干教师、镇优秀班主任任期为一年,由镇政府颁发证书并进行考核。

3. 每届奉贤区青溪中学优秀骨干教师、优秀班主任自评选年度 9 月起至次年 6

月止。

4. 根据入选的各级骨干人员履行职责情况,经考核后颁发津贴:

青溪中学优秀骨干教师每人每月奖励 100 元;青溪中学优秀班主任每人每月奖励 100 元。

上海市奉贤区青溪中学

2020 年 6 月

第五章　成长：小荷露尖角，绽放会有时

我校创设"青溪源"教师工作室,"青溪源"意为青溪的源头,在我们青溪中学这块沃土上,她就是我们学校进步、教师进取、学生成长的不竭源头。工作室积极借助内、外部资源,旨在通过学校自培与市、区级培训相结合的方式,充分利用委托管理、新优质集群等资源的优势,发挥市、区专家的指导引领作用,发挥青溪教育集团及校内名教师、高级教师与骨干教师的榜样辐射作用,坚持研训一体的教师梯队培养机制,促使新教师快速成长,独当一面成为"适应型"教师;促使青年教师进一步专业成长,成为"成熟型"教师;促使青年干部掌握一定的管理能力及在自己的专业上形成特色,发挥领航作用形成"特色型"教师。造就一支师德高尚、业务精湛、充满活力的高素质、专业化的教师队伍。

　　同时我们以"青溪源"来命名我校教师工作室,就是希望全体青溪教师能铭记校训、践行教风,能用自己的专业成长来促成青溪学子的进取和超越。工作室成立八年以来,我们积极借助内、外部资源,开展各类丰富多彩的校本自培活动,我们的"适应型"教师,初生牛犊不怕虎,他们满腔热情;我们的"成熟型"教师在学校的激励下,努力追求着新生长、新突破;我们的"特色型"教师已然从青溪走向了区域乃至市域,正朝着更高的职业目标迈进着,他们是区域教育改革与学校发展坚强的人才队伍保证。

第一节　青年教师速成长

一、问题和背景

教师的成长虽然没有固定的方法与步骤，但很多在摸索中成长的教师都曾试图勾勒从懵懂的新教师成长为经验丰富的教师。这段"适应型"过程，每位教师从初上讲台，到站住，再站高，首先要做的事情是把这个讲台站住，让自己被学生所接受，先踏踏实实地把自己应该做好的事情做好，做一个称职的教师。在青年教师成长的起步阶段，会遇到的共性问题有：缺少自我培养的意识与方法；为寻找到适合自己的教学风格而感到迷茫；缺少内驱力促使自身成长……因此学校需要搭建成长的平台促使教师自身努力，得到快速成长。

二、具体培育方式

（一）借助校内各类资源，快速站稳讲台

"青溪源"工作室是我校教师成长的摇篮。成立以来，通过学校自培与市、区级培训相结合的方式，充分利用委托管理资源及城乡携手共建资源，发挥市、区专家的指导引领作用，发挥青溪教育集团、校内名教师、高级教师与骨干教师的榜样辐射作用，坚持研训一体的教师梯队培养机制，促使青年教师快速成长，站稳讲台，独当一面；促使青年教师进一步专业成长，成为校级骨干；促使青年干部形成一定的管理模式，发挥引领作用。造就一支师德高尚、充满活力的高素质、专业化的青年教师队伍。

每学期在学校层面上，组织青年教师进行专题式培训。其中观摩优秀教师的课堂是"青溪源"工作室的一大重点，我们允许未成熟的教师进行刻意模仿，模仿有经验的教师如何上课、如何驾驭课堂，从而形成自己的教学风格。在这一阶段主要的目标是熟悉本学科教材，适应课堂教学的各种要求，初步显示出良好的职业素质，能胜任本学科教学工作。在模仿的时候，教师要抱有一颗谦虚的心，仔细地看，专心地听，用心地去思考，自己要模仿的这堂课的课堂结构是怎么样的，教师的课堂用语应该怎么样等，然后自己慢慢地去上课，留意学生的课堂反应，课后注意自己的课堂效果。在刚模仿的时候，教师还可以请几位同学科的教师来听听课，听他们对自己课堂教学的评价。教师让自己成为一个真正的知识传授者，而不仅仅是一个讲述者。"讲述"知识即使完善无缺，也只是在给学生展示自

己在以前的专业学习中或课前钻研教材时那种"昨夜西风凋碧树,独上高楼,望尽天涯路"的钻研结果。即使站得高看得远,教师或许确有自己独到的见解,但在"教"中,还未形成自己的风格。严格地说是"不识庐山真面目,只缘身在此山中"照本宣科,隔靴搔痒。在经过一段时间的模仿之后,从"讲述"到"传授",对课堂教学驾轻就熟,教师就可以尝试着进行创造,创造出适合自己的特点和适合学生学情的教学方式。

(二)寻求校外资源,提升教学能力

当然一个老师想要站得更稳更高,需要自身的努力,关键是内心对自己职业的一份期许。有了期许,心中就会有一个对自己未来的完美规划,不断提升自己,让自己的专业水平更进一步。

"青溪源"工作室积极寻求校外资源,为教师们的能力提升创设机会。工作室积极委派青年教师参加市区级层面的培训,STEM 课程培训等。此外,学校也输送一些青年教师赴闸北八中、进才北校、卢湾初级中学、风华初级中学等兄弟校跟岗培训,选派语文组、数学组、体育组等教师参加扬州、深圳、成都等地举行的全国大型学术研讨活动,培训归来,他们会通过各级各类活动进行反馈交流,发挥更为广泛的辐射作用。

(三)开拓多渠道学习途径,助力新教师起跑

我校对于"适应型"教师的定义是指从事教育教学五年内的青年教师。"适应型"教师成长的过程就是职初教师逐步掌握和运用教育知识、胜任教师这一职位的过程。基于我校职初教师比例高的现状,我校在制定职初教师培训方案时,充分挖掘他们年轻有活力,教育理论丰富的优势,针对他们职业角色转变,缺乏教育教学经验的劣势,开展了一系列有针对性的教师培训活动,促使他们尽快走上"适应型"阶段。

1. 多导师制,促进全面发展。除了本校的师傅带教外,我们为每位职初教师请了校外的专家作为带教师傅。制定并不断完善《青溪中学师徒带教制度》,并举行"N 对 N 多维导师制"师徒带教拜师签约仪式,加强对师徒互相听课的检查力度,落实于常规工作中。成果展示包括对师徒备课本的比对展示及师徒同课异构课的课堂展示,以及对徒弟获奖等的师徒双方奖励制度。通过"多导师制"师徒带教工作,不但促进了职初教师的成长,同时,也提高了带教师傅的职业使命感,达成了共赢的初衷。

2. 学识测试,提升专业素养。我校组织"适应型"阶段的教师学识水平测试,即各学科中考题型的基础能力素质考试或综合卷命题能力考核等。旨在更好地引导我校教师准确把握任教学科的主干知识体系,全面熟悉任教学科教学内容和学习要求,有效提升学科专业素养。青年教师三笔字大赛展示青年教师风采,增强写好三笔字的意识,提高教师书写水平,锤炼基本功,规范板书设计,提高课堂实效。

3. 规范严谨,扎实常规工作。以"人文课堂　有效教学"为主题,结合区见习期和五年期青年教师考核,进一步提升青年教师的教育教学技能,开展校内见习期和五年期教师教育教学能力评比考核,认真落实组织好备课、命题、课堂教学、主题班队课等考核工作的

每一个环节,做好参加考核人员的统计、考务安排、成绩汇总与反馈等工作,使考核严格有序地进行,实现以考核促发展的目标。

三、我校实例

聚焦课堂,快速历练成长。每学年"青溪源"教师工作室举办新教师教育教学能力展示活动,从备课、说课、上课到课后反思,从教学到德育工作,面向全校进行综合能力成长的汇报。学校从这些亮相课、比武课和汇报课中挖掘新生力量,不断在市、区两级层面上给新教师搭建多种锻炼并展示自我的舞台。我校三年内的新教师已经在市、区域层面开设公开课20余节,集团、跨省市交流等其他层面50余节,在每学年的见习期教师考核中,均有教师荣获优秀奖。2019年12月,教龄仅为5年的数学组青年教师朱瑛洁代表上海市参加全国青年教师教学评比大赛,充分彰显了我校新教师培养的成效。

此外,工会层面安排教师朗诵演讲、才艺展示以及师德培训等活动,定期举行0—3年新教师"倾听成长的声音"座谈会,激发教师的职业归属感和幸福感,提升师德素养。同时学校根据新教师们从教学工作、培育学生、日常生活、人际关系等各个方面讲述的一个个成长路上的小故事,每学年集结出版《倾听成长的声音》。

四、"适应型"教师培养成果案例

论文一　　　　　　　　　**浅谈学校"适应型"教师培养四步曲**

摘要: 新教师作为补充学校新鲜血液的重要群体,这影响着学生的成长,学校的发展,如何培养其成为一名独当一面的专业教师始终是学校绕不开的话题。学校应当运用行之有效的方法来加快"适应性"新教师的成长,提高学校整体的教育水平。

关键词: 新教师　培养

一所学校的发展离不开学校中所有教师的培养与提高,而新教师作为学校教师的重要组成部分,他们的成长更是学校教师培养的重中之重。作为学校未来发展的重要支撑,新教师,也就是"适应型"教师,虽然有着学历较高、知识面较广、思维较活跃、上进心较强的优点,但在责任意识、实践能力等方面依旧有着较大的上升空间,需要学校尽心的打磨和精心的扶植。目前,对于许多学校来说,如何引领新教师加强专业发展,加深职业认同并从师德建设、专业技能、教学风气、共同成长等不同方面对"适应型"教师进行培养依旧是一个较大的难题。本文将从"适应型"教师培养的四个维度明方向、定重点、抓破解,进行初步探究,以期达到具有一定辐射度与广度的研究效果。

一、勤抓纵深,让矢志不渝成为风气

"适应型"教师由于刚从大学走进教师这一神圣职业,对于自身长久保持的学生身份向新的教师身份转变不及时,对于其所应当承担的义务与责任不明确,因此"适应型"教师往往都有着责任心不强、师德建设不突出的缺陷。同时,"适应型"教师虽然大都在大学中学习过教师道德相关知识,但都流于纸面,无法较好地将教师的使命感与责任感渗透至在日常教育工作之中。要破解这一问题,就需要学校勤抓师德纵深,让矢志不渝成为风气。

(一)善学师德省自身

师德发展不是瞬时性的,而是一个长期发展的过程。学校应当帮助"适应型"教师尽早建立自身的师德档案,并将在日常教学工作中师德方面做得满意或不满意的方面以及获奖状况进行记载,成为"适应型"教师师德发展的过程性记录。通过档案,也能使"适应型"教师对于自身做得好的方面进行保持,而对于不尽如人意的方面要做好反思,不断反省自身、不断进步,提高自身教学能力,建设师德素养。

(二)巧学师德树榜样

学校建立完善的考察标准与奖励机制,从日常教学等方面对于师德突出教师进行表彰与嘉奖,树立师德榜样,激励更多教师投身师德建设,引领"适应型"教师进一步增强自身对于教师职业的使命感与责任感的认同。同时也可以设立师德"讲坛",请师德突出教师上台讲述自身经历,以真实事迹感化、鞭策"适应型"教师,巧妙利用"头鸟"效应达到辐射的目的。

(三)常学师德勤建设

习近平总书记曾说过,"师德师风建设应该是每一所学校常抓不懈的工作,既要有严格制度规定,也要有日常教育督导。"学校可以聘请专家来校针对"适应型"教师进行师德专题讲座,引导他们对于师德建设方面进行思考,同时也可以利用教职工大会等方式进行宣讲,将教师的使命感、责任感渗透到教师的日常工作中,使得全体教师与教务人员更加重视对于师德重要性的认知,起到思想引领的作用,掀起"适应型"教师群体乃至全校教师中提升自身师德水平、提高自身师德认识的良好风气。

二、狠抓典型,让以点带面成为经验

"适应型"教师多为刚刚毕业就直接展开教学工作的教师,专业知识水平较高,但教学时间较短,教学经验比较匮乏。并且"适应型"教师在大学的学习经历中虽然对于教育专业理论知识有所接触,但这样的知识在得不到充分实践的情况下是与实际教学情况相脱节的。而学校"一个萝卜一个坑"的现状导致了对于专业教师的需求迫在眉睫,新教师一毕业就面临直接上岗没有适当缓冲的境地。要应对这一现状,需要学校狠抓典型,以教育事业里的前辈作为专业教育教学上的榜样,以老带新,以点带面,做好新教师的培养导向并将这样的带教机制落实为常态,成为"适应型"教师培养经验。

(一) 以点带面,一徒多师速成长

新教师教学经验匮乏的不足,可以通过与经验丰富的老教师建立"师徒带教"关系进行弥补。而"师徒带教",顾名思义就是一种新教师在老教师的指导下,通过观摩老教师的课堂教学,加上自己的感悟与思考,让自己掌握更多教学方面的专业技能,促进自己教学水平提高的培训方式。而学校不仅需要在教学工作方面为"适应型"教师配备经验丰富的"师傅",也需要在班主任工作等德育领域分配资深老练的"师傅",引导"适应型"教师全方位、多角度、高精度成长。

(二) 学习榜样,专家引领提经验

除了学校内经验丰富的老教师外,学校也应让校外教育领域的专家大能"走进来",为"适应型"教师传授经验,传经送宝。专家往往是某一领域的集大成者,拥有着极高的教育知识与专业素养,学校可以邀请专家对"适应型"教师的课堂进行把关,通过听课、评课、磨课的形式真正提高"适应型"教师的课堂教学水平。也可以组织"适应型"教师参与专家的培训和讲座,学习一些课堂妙招以及教学技巧,盘活课堂教学,带动教学气氛。

三、常抓习惯,让滞步不前成为过去

信息化时代,网络的发展令"适应型"教师能够便利地取得网上的教学资源,这对于"适应型"教师的发展可以说是既有利又不利。有利的一方面在于,"适应型"教师能够通过网络得到丰富多样的优秀教学资源,能够在短期内使其迅速成长;但从长期来看,这会使得"适应型"教师溺于"衣来伸手,饭来张口"的不良状态,养成处处依赖网络、停止思考的不良习惯。因此针对这一现象,学校需要常抓习惯,让滞步不前成为过去。

(一) 鼓励开课,启发思考

公开课对教师的专业发展能够起到良好的促进作用。学校要鼓励"适应型"教师多多开展公开课教学,加深其对于教学内容的理解,教学手段的运用。同时要让"适应型"教师的公开课成为常态工作,使其习惯"曝光",推动其不断内化网上的优秀教学资源,使这类资源成为自身的知识储备而不是"拿来主义",真正起到启发思考的作用。

(二) 教研指引,集思广益

教研组是学校的基本教研单位,肩负着教师专业成长、学生全面进步的责任。因此教

研组也是"适应型"教师所能利用的资源之一。"三个臭皮匠赛过诸葛亮",教研组中其他教师往往有着自己对于教学工作方面的独到见解,多与教研组中的教师交流讨论有助于"适应型"教师拓宽教学思路,增进教学手段,加深教学经验。通过教研活动也能帮助"适应型"教师改进自身的教学方法,集思广益,不断提高。

(三) 良性竞争,推进发展

良性竞争是一种所有竞争参与者都能够获得进步的竞争,这种进步不是通过横向的比较来体现,而是通过与自身的纵向比较来体现。学校多展开针对"适应型"教师的教学比武或同课异构等活动,营造良性竞争、积极向上、力争上游的良好环境,促进"适应型"教师迅速成长、克服惰性,取得长足的发展。

四、善抓细节,让精益求精成为常态

"细节决定成败"。追求细节,精益求精是"适应型"教师成长道路上的必修课,他们需要时刻保持对于教学细节上的灵敏嗅觉。因此学校不仅要把好"适应型"教师日常教学工作的大方向,更要培养其对于教学细节的追求。

(一) 优化教学观念

教师的教学观念直接影响着课堂教学效果以及学生知识吸收水平。因此为了促进课堂教学质量的提升,必须实现"适应型"教师教学理念的实时更新以及优化调整。学校需要让"适应型"教师切实认识到核心素养培养的重要意义,特别是在新课改下对学生全面发展的多样化要求,以此推动教学理念与方法的转变。学校可以针对"适应型"教师开展校本化培训,以核心素养为指导,坚持以生为本的原则开展教学观念的优化,实现教学质量的提升。

(二) 调整教学设计

好的教学设计是一节优秀课堂的必要前提,这就需要学校让"适应型"教师认识到课前设计的重要性。而"适应型"教师虽然在自己的学生生涯中可能已经学到了足够的专业理论知识与教育教学知识,但他们缺乏真正的实际经验,因此学校可以采取师徒带教、专家指导、教研活动等多种形式来对"适应型"教师的教学设计进行打磨与提升。

(三) 加强教后反思

对于"适应型"教师来说,保有着教后反思的习惯是必要的,它能让教师时刻认识到自身教学过程的短板,了解自身的不足,并针对其加以改进,再融入进之后的教学设计当中,加速促进"适应型"教师的自身成长。学校应当鼓励"适应型"教师以信息化手段进行复盘,如录制教学视频等。让他们直观地感受到自己的教学过程并加以改进。

国家要发展,人才是关键;学校要发展,教师是关键。而作为学校的新鲜血液,"适应型"教师的培养任重而道远,需要学校多角度、全维度、强力度的支持,也需要学校见底见效、持续用力、不断摸索,形成一套行之有效的科学制度。

【此文作者系青溪中学教师吴昕楠】

论文二　　　　**铢积寸累写成长新篇,日就月将谱青溪华章**
　　　　　　　——青溪中学"适应型"教师培养之我见

摘要

教师是学校发展的基石,教师的成长与学校的可持续、高质量发展息息相关。而职初教师(即"适应型"教师)作为初出茅庐的"新手",更需要学校的细心呵护与不断培养,才能够夯实自身教学基础,为接下来的发展与成长积蓄实力,突破自我。本文从青溪中学对"适应型"教师的培养切入,以笔者自身发展为案例,探索青溪中学"青溪源"教师工作室对"适应型"教师的培养路径与方法。

关键词：新教师　职初教师培养　教师发展

教师的成长不仅关系到教师自身专业水平、职业生涯的发展,更关系到学校的发展与学生的成长。在新课程改革的时代浪潮之下,将不同阶段教师进行"一刀切"来进行培养的做法,是不符合人的发展的,也是不符合时代的发展的。因此,青溪中学将教师分为"适应型"(职初教师)、"成熟型"(一级教师)以及"特色型"(高级教师),将校内教师根据专业水平分为不同层次,并成立"青溪源"教师工作室,对教师们进行具有针对性的培养,推动教师快速成长,达到事半功倍的效果。作为一名2019年入职的"适应型"教师,我将日常工作中感受到的学校对本类教师进行的培养归纳为以下四个方面,并以本人一年多来的在工作中各个领域的成长为案例进行进一步分析与论证。

一、立根固本：突出职业使命感,落实教师责任感

梁启超曾经提出,"知责任者,大丈夫之始也;行责任者,大丈夫之终也。"而要让初出茅庐的"适应型"教师明白自己肩膀上教书育人、立德持身的责任,需要学校展开行动。每一个暑假,青溪中学都会邀请教育领域的专家大能开展讲座与暑期培训,并要求全体"适应型"教师参加培训。以我个人为例,在2019年7月时,我正式入职青溪中学,而在开学前的数十天,还未正式上课的我就接受了师德师风建设、教学能力提升、创新素养培养等环环相扣、层层深入的密集性培训——这对于我即将开展的课堂教学以及未来的职业规划与发展无疑是助力巨大的。也就是说,在新教师刚刚入职、对教育工作尚处于懵懂状态时,青溪就为他们未来的工作注入了一剂"强心针",并通过专家们的讲座"润物细无声"地

达到令"适应型"教师们明确自己身处教育行业、身担育人重任的目的。当然,光是明确自己的使命与责任是远远不够的,"适应型"教师们需要进一步将责任感、使命感落实到自己的教育工作中,提升自己的教学技能与师德水平——而这些如果想仅仅依靠专家讲座就能达到比较大的提高无疑是天方夜谭。"适应型"教师由于刚刚走出大学校园,学科知识与教育理论基础虽然都比较扎实,但在课堂实战中依旧会因为经验不足而显得手忙脚乱。因此,青溪中学开展了"师徒结对"的带教活动,以"成熟型"、甚至是"特色型"教师对"适应型"教师进行带教活动,将宝贵经验倾囊相授,薪火相传,帮助"适应型"教师们进一步夯实学科基础,对日常教育教学得心应手。

二、专业发展:加强职业荣誉感,提升教师成就感

教师专业发展,离不开学校的鞭策与鼓励。人都有惰性,尤其是"适应型"教师,在经历了毕业走出社会、考取教师资格证、考取教师编制等一系列"关卡"后,多会产生自此"高枕无忧",无需"奋蹄扬鞭"的错觉。学校要做的,就是搭建好广阔平台,完善好督促机制,进一步推动"适应型"教师迈好步子,走上奋力进取的光明道路。青溪中学紧抓每次机会,积极鼓励"适应型"教师参与区内公开课、教学比武、各类征文竞赛以及教育类刊物投稿工作。同时,为了不荒废寒暑假假期宝贵时光,学校在每个假期前都会将本次假期教师需要完成的任务进行下发,青溪"适应型"教师们不仅需要完成教学常规的两周手写备课以及学校布置的论文,还需要完成额外的任务。如 2020 学年寒假中,"适应型"教师们就多了"身边的温度"主题案例征集这一任务。这样的安排虽然会给我们带来适当的压力,但也能够督促我们利用假期时光,真正静下心来进行提升。当然,光是一味的布置任务会令"适应型"教师们感到疲惫、乏味,缺乏真正前进的"内驱力"。因此,学校也对"适应型"教师们所完成的任务及时进行评价,组织学校主要行政领导进行审阅,并评选出优秀者,进行颁奖活动。这不仅仅是对获奖者的鼓励,也是对未获奖的"适应型"教师的一种激励。同时,对于"适应型"教师在外教学比武、公开课等所获奖项,学校也别出心裁地将其进行归类,在学期末总结时由学校主要领导进行再次颁奖。通过这类颁奖或表扬,能够充分激发"适应型"教师的荣誉感与成就感,内化成鞭策自己配合学校任务、在个人发展道路上不断前进的动力。

三、文化引领:增添职业归属感,强化教师认同感

一所优秀的学校,势必有着蓬勃向上的校园文化。而校园文化的发展与"三型"教师的成长都是互相影响、互相成就的——只有教师真正认同学校的校园文化,才会愿意为之奉献、为之奋斗,从而获得自身真正的成长。在这一点上,青溪中学坚持每学期开展"倾听成长的声音"座谈会,学校主要行政领导出席座谈,引导"适应型"教师们对本学期所获得的成就进行一次梳理,并对日常教学工作开展过程中所遇到的问题进行答疑解惑。同时,

在"倾听成长的声音"座谈会上,学校也会制定主题,要求"适应型"教师们根据主题进行简短的演讲,培养真正"会写"、"能写"、"会说"、"敢说"的精兵强将。如在 2020 学年第一学期末的座谈会中以"追求卓越是一种习惯"为主题,"适应型"教师们从日常教育教学、培养培育学生、师德工作感悟、人际关系处理等各个方面追求卓越为切入点,通过一个个故事表达自己在青溪的近阶段工作中不断"追求卓越"的体会。学校主要行政领导也通过这一座谈会,倾听心声,答疑解惑,为"适应型"教师指引教师生涯正确方向的同时也加强了"适应型"教师们对于学校的归属感与认同感。不仅如此,在日常工作中,学校也充分信任、充分支持每一位年轻教师,不仅敢于启用"适应型"教师作为毕业年级教师,也敢于将"适应型"教师作为"螺丝钉",辅助学校行政事务开展。依旧以我为例,在入职之初,我就来到了校务办公室助理这一岗位上。初步接手校务助理工作以及教学工作的压力让我一时有些束手无策,也犯过一些错、跌过一些跟头。可与我想象完全相反,我得到的不是责怪与批评,而是帮助与鼓励。从我一年多来的工作中,我感受到了学校对我的信任与器重,也感受到了青溪大家庭的温暖和昂扬向上的积极氛围。这样的校园文化时刻都增强着我们"适应型"教师对青溪的认同感与归属感,也引领着我们不断进取,成为更好的自己。

四、人文关怀:营造职业幸福感,促进教师满足感

校园不仅是教师专注发展、教书育人之地,更是教师的人文家园。"适应型"教师刚从象牙塔中走上工作岗位,可能会经历一段适应与磨合的时期。在这段时期内,学校要关注到"适应型"教师们的心理健康,营造职业幸福感,从而促进"适应型"教师对于教育工作的满足感。青溪中学充分利用学校工会资源,通过节假日发放糕点、水果,组织开展教职工新年团拜会、趣味运动会、开展教职工社团等多样活动,让"适应型"教师们更好地融入青溪这个大家庭中,也在工作之余能够得到身心的放松。如在 2019 学年,我就参加了教职工水墨绘画、英语开口说等社团,不仅能在繁忙的工作中享受到一抹轻松,也能够学习到一些新鲜有趣的技能。在教职工趣味运动会中我也代表行政一组参加了趣味投篮、跳长绳等项目,这些活动不但加强了我们的凝聚力,让我们"适应型"教师更好地融入到青溪中学温馨和谐的校园氛围中去,也一步步加深了我们的幸福感。同时,学校也能够做到重大事项共同决定、重大决策共同商议、干部任免共同选择,充分发挥教师的"主人翁"作用,令"适应型"教师们有见证学校成长与发展的高度认同感,进一步促进我们的职业满足感。

"适应型"教师的培养并不是一蹴而至的,而是需要学校铢积寸累的勉励、日就月将的关怀以及"适应型"教师自己持续发力的成长和久久为功的积累才能够达成的远大目标。青溪中学的"三型"教师培养方案无疑是具有科学性、前瞻性的,相信在这样深植厚培、行稳致远的培养下,无论是"适应型"、"成熟型"亦或是"特色型"教师都能够在青溪这片沃土上找到适合自己发展的方向,迎来切合自己的成长,谱写独属青溪的华章!

【此文作者系青溪中学教师马心怡】

论文三　　　　　　化教师需求为内在驱动力，加速"适应型"教师成长

摘要

不同时期的教师有着不同的成长需求，对于适应型教师来说，他们的需求更是发展的、多层次的、多领域的，给予他们有计划、有目的的指导，能帮助适应型教师更快适应工作节奏，但从适应到成长，还有很长一段路，结果如何取决于教师职后的自觉选择。如何加速适应型教师的成长呢？笔者认为适应型教师应化教师需求为内在驱动力。本文以此对适应型教师成长路径进行初探。

关键词： 教师需求、内在驱动力、适应型教师

适应型教师泛指未定级之前的教师，对于这部分教师来说，教学生涯刚刚起步，但也是未定型的状态，同时也是最具有无限可能的时期。教师会带着自己的"期盼"入职、工作，但这个阶段教师也会面临不同的困难和挑战，例如工作负担、专业支持、师生相处等等，若是消极应对则会让教师感到无所适从，陷入迷茫和失望之中，但若化"期盼"，即教师需求为内在动力，加上这一时期能得到有计划、有目的地指导和支持，能帮助教师减少独自摸索的时间，更好适应工作节奏，实现个人价值。

教师作为一个发展中的人，要经历不同的发展阶段，适应型教师的发展需求更是多层次、多领域的，同样对应的发展空间是无限的。普遍来说，适应型教师为了在教学专业中适应和生存下来，有两方面的需求：教学专业上的需求和心理需求。以"青溪源"教师工作室为例，自工作室成立以来，帮助适应型教师满足多方面需求，从而达到呵护适应型教师进行全面成长的目的。

一、满足适应型教师多样的教学专业需求

适应型教师教学专业需求主要是指加强本体性知识。本体性知识主要是指专业知识，一般涉及学科知识、一般教学法知识、课程知识、关于学生及其特性知识等。由此可看出，本体性知识可分为两大类，教学知识和教育知识，而这两类也并非是割裂的两个个体，这两者之间互相融合，互相促进。

对于提升适应型教师本体性知识，"青溪源"主要从两大层面入手，一为教师个体层面，主要是安排教师参加学科教研活动、学科技能竞赛，参加班主任培训活动、班主任工作坊等；二为学校层面，主要是教师在教研组内上课、听课评课、开展专家指导课，教师跟随经验丰富教师学习，师徒带教等。

这些以活动为载体的提升适应型教师教学知识，有利于教师在大环境中汲取知识，摸索成长路径，可以说教师在一直大步往前走，但短板就是教师底子的不同，带来的成效也

差别巨大。

为了弥补短板,在每年暑假,学校会组织全体教师开展集体培训、假期读书、演讲等,在学校的平台上给予适应型教师更多的机会交流、分享自己的所得所悟,同时也从教师的表现上进行评估,针对每位教师的特点,进行针对性培养。

笔者于 2019 年 7 月加入青溪中学,在适应期的二年里,在校级平台上开展过以"班级管理与学生指导"和"单元视角下的作业设计与实施"为主题的演讲,相比第一年的紧张、词穷、案例少,第二年更显从容,从台风、演讲技巧到案例材料方面都有很大的提升,也在培训结束获得了优秀营员的荣誉。

短短的一年,是什么让一位适应型教师能有飞速的进步?

首先,是要抓住每一次的机会,这也是很重要的一点。不敢跨出第一步,就永远也不知道自己能走多远、能走多快。胆量也并非与生俱来的,跨出这一步也真的不容易,因此教师特别是适应型教师要学会自我激励,除了"我可以!""我能行!"外,教师需求也能成为驱动力,即"我想让更多的人看到我的成长""我想要展示我的才华"等等。

除此之外,还必不可少的就是正视自己,作为适应型教师不出彩或者出现差错自然是不可避免的,不要急着否定自己,也不用认为会在老教师心中留下不好的印象,每个人都是这样一路走来,他们更多的必然是包容和提携。因此,适应型教师首要做的一点就是敢冲。

其次,是要学会过程性资料积累,这其实是在为成长打基础。对每一学期进行总结、反思,但对于适应型教师更要强调的是有过程性资料的撰写。比如课堂点滴、班主任工作得失甚至可以是自己的心路历程,都是很好的积累资料,而这些即时性资料,往往一时之间会被遗忘,但必然是曾经深深触动过内心。因此,过程性资料是成长的台阶,一级一级都在日常点滴的积累,积累越多,你走的必然比他人更高。

最后,是要反思每一次的表现,看清自己的不足。不可否认,预期和实际是存在差距的,无论表现好坏与否,都应及时反思,查漏补缺。一年一年的成长是无法进行精确量化的,但成长中的不足是可以显现出的,填补一个个不足的过程,其实就是在显性地成长,也可以说是在夯实成长之路,让以后的路能走得更稳。

这"三要","要抓住机会、要积累过程性资料、要看清自己不足",其实就是教师需求,就可以作为内在驱动力,加速适应型教师的成长。

二、提升适应型教师的成就感和幸福感

教师产生心理需求,是因为目前的状态与理想的状态有落差。对于适应型教师来说,这一时期会有太多的"期盼",但是职场上的困难和挑战常常让教师陷入迷茫和失望之中,面临着这种"过渡性冲击",适应型教师迫切需要心理上的支持和指导。

针对适应型教师普遍的心理需求,"青溪源"主要从三方面入手,一是"倾听成长的声音",主要是 0~3 年期适应型教师集体访谈;二是师徒带教,主要是适应型教师与其班主

任带教师傅和学科带教师傅的一对一帮扶;三是中层访谈,学校中层关注每一位适应型教师的生活和心理,定期进行访谈,开展心理疏导。

"倾听成长的声音"是青溪中学针对适应型教师开设的特色活动,在每学期末的活动中适应型教师既是主角,又是为他人喝彩者。教师不仅可以总结这一学期的累累硕果和所感所悟,获得工作上的认可,提升成就感;还可以倾听同伴的成长,在人生之路上一个人或许可以走得更快,但一群人一定可以走得更远,志存高远的同伴会是适应型教师成长之路上的良师益友,可以从同伴身上看到他们的成长路径,汲取前进的力量。同时,同伴能与你感同身受,分担苦乐,陪你历经风雨,一起迈向成熟,收获满满幸福感。

如果说"倾听成长的声音"是从心出发给予适应型教师成就感和幸福感,那么师徒带教就是从行入手,让适应型教师真真切切从自己所作所为中感受到成就感和幸福感。

对于适应型教师来说,适应期可能对教师今后自身专业发展有着非同一般的影响,也可能对教学有效性、工作满意度以及职业生涯长度有长期的影响。因此,适应期对于适应型教师来说至关重要,但其中免不了在实践摸索中会产生的些许失落、怀疑,而若是此时有一位熟悉教学实践和学生德育工作的资深教师引领,则会让适应型教师少走弯路,能更平稳走过迷茫无助的过渡期。同时,带教导师会针对适应型教师不同问题给予其不同的解决建议,对适应型教师实践能力和处理突发问题能力有更显著的提升。

适应型教师对于一所学校而言是新生血液的输入,对于新学校,适应型教师的水平能直接影响到学校的发展,而对于老学校,看似不起眼的一批批适应型教师,但若不用心培训,多年过去,教师层次会发生断崖式断层。适应型教师的成长其实并非眼前所看见的每个人成长的成果叠加,更多的长期地、潜移默化地对一所学校的影响。

故学校对适应型教师的培养都放在首位,但这些都是外力,真正能让适应型教师成长的,除了拥有外力的作用,更多的需要适应型教师自身的教师需求推动。

三、适应型教师站在"巨人的肩膀"上实现自我成长

教师需求固然能推动教师向前走,但成长是一个主观动词,实现成长不仅需要教师有成长需求,更需要教师化这份需求为内在驱动力,明确自己的方向和目标,抓住成长的时机,加速自身成长。

"好时机"对于适应型教师来说,一般有见习教师考核、3年期考核、5年期考核、指导学生获奖、学术获奖、教学成绩优异等,相较之下,对于刚起步的适应型教师来说,见习教师考核是第一步,也是其中难度较低的考核。虽然每位见习教师都是带着已有的经验参加入职培训,但彼此差距并不大,基本是在同一起跑线,有比常人更坚定的意志,有比常人更不服输、不怕失败的勇气,愿意付诸比常人多的努力,便能在考核中脱颖而出。笔者于2019年度参加上海市见习教师规范化培训,获得考核优秀,并在2020年度代表区参加上海市见习教师基本功大赛。这段经历告诉我的,就是认真参加区级、校级各类培训,是真的有助于适应型教师能更快适应复杂多样的教学实践,加速专业成长,缩短成长周期。

不想当将军的士兵不是好士兵！同理，不想成长的教师无论是适应型教师、成熟型教师还是特色型教师，都不会是一名好教师。一点一滴的付出或许一时之间并未有任何改变，但质变的前提是量变，没有量的积累，成长便只能沦为一句口号。

【此文作者系青溪中学教师沈林】

论文四　　　　　　　　**强化角色适应，促进教师发展**
　　　　　　　　　　——浅析适应型教师角色适应问题及对策

摘要

适应型教师即为职初阶段（1—5年）的职初教师，处于该阶段的教师需要充分实现角色的转换与适应，这是教师职业生涯的关键期，也是教师专业发展的关键环节。由学生转变为教师，初任教师要逐渐适应教师角色，实现角色的转换并适应这一身份。本文将以初中历史适应型教师视角，剖析该阶段角色转换与适应方面存在的问题及产生的原因，并提出相关对策。

关键词：适应型教师　　角色适应　　解决对策

一、适应型教师存在的角色适应问题

在职初期讨论的诸多问题中，角色问题常常会被学校以及教师个人所提及，教师角色的研究是教师教育研究的基本领域。适应型教师在教师的岗位上，在教师角色学习和角色扮演的过程中，形成对自己所扮演的角色的认识、态度和情感，并且按照自己的方式去实践这个角色，这就是职初期教师角色适应。刚刚走上工作岗位的新教师，身份从学生变成教师，从知识的接受者变成知识的传授者，从输入到输出，角色发生重大改变，适应型教师要转变并适应自己的角色，在此过程中主要会出现以下几种问题：

1. 角色混淆

角色混淆即指个人无法获得明确清晰的角色期望，或因无法形成完整统一的角色知觉而产生的混乱，即角色混淆。适应型教师由于年龄的现实情况在课外与学生关系如朋友，同时也经常不自觉地把这种"朋友关系"带进课堂，失去了教师本应有的权威从而导致课堂教学效率降低，甚至无法维持课堂的基本秩序。适应型教师教龄短缺乏经验，导致在遇到这种情况时没有及时意识到是角色适应出现了问题，对控班失常就情况采取责骂学生，忽略学生的个体差异与身心发展规律，使用不恰当的语言来评价学生，对学生造成心灵上的伤害，这种矫枉过正的行为又把与学生的关系处理得十分不恰当。

此外，适应型教师在学生面前的角色是承担了一个教书育人的教师形象，但在老教师面前,职初期的适应型教师也是处于"学生"的身份,需要很大程度上地输入教学技巧与智慧以提高自身的教学水准,在这样的一种身份之下有的新教师就完全以学生的身份与老教师相处,在听老教师示范课的时候,迷失听课的目的,把学生的学习任务当成自己的学习任务,更多地把听课的重点放在这节课的内容而非承载内容的教学设计上,那么就很难提高自身的教学素养,当面对学生进入教师角色时无法达成应有的教学目标。

2. 角色冲突

角色冲突指在角色扮演过程中,在角色或角色内发生了矛盾、对立和抵触,妨碍了角色扮演的顺利进行。教师在学校不仅仅要负责教学的工作,对学生的学习负责任,同时还是班级管理者、德育工作者、学生的知心好友同时也是家长与学校之间沟通的桥梁。教师必须在角色发生冲突时作出抉择,在不同情况之下精准定位以保证教育工作顺利并有效地开展。职初期的教师一边想要和学生"打好关系"成为他们的良师益友,一边在面对比自己年龄大、社会经验丰富的家长时可能会出现教育理念的不同、家长对职初期教师的不信任、亲子关系处理不恰当等等的一些问题,不同角色之间的相融导致适应型教师在面对诸如此类的家校问题时无法应对,角色冲突是适应型教师工作压力的主要来源之一。

二、适应型教师出现角色适应问题的原因

1. 教师工作角色复杂

教师这一职业当他面对不同的对象、处于不同的工作场景、被赋予不同的工作目标时,就会呈现一种复杂的角色定位。当与学生交往时,教师扮演着教育教学组织者、学生学习指导者、思想品德教育者、课程评价者、课堂管理者、学生学习的楷模等角色;与同事交往,扮演着同事、朋友、领导(或下属)等角色;与学生家长交往,扮演着沟通家校合作,与家长共育的桥梁角色。教师工作的这种复杂性,要求适应型教师不仅要扮演某种角色,而且要扮演多重角色,更要娴熟地在不同角色之间转化。这种工作复杂性就造成了教师角色的混淆与冲突,使得职初教师在角色适应阶段难以招架。

2. 时代发展要求教师转变角色

随着新课程改革的推进,课程功能、课程结构、课程内容,课程实施等方面都对教师提出了更新更高的要求,对教师所扮演的角色也有了新的认识,要求教师在新课程改革中实现"准确识变、科学应变、主动求变"的有效角色转变。就以初中历史老师而言,新中考政策的实行伴随着教材的更新,学法的改变就要求教法必须做出改变,新中考改革之前的初中历史老师更多地是重知识,简单圈画知识点,学生死记硬背就可以考出还不错的成绩,且几乎不会影响升学。新中考政策实行后,历史成绩纳入中考总分,考试题型更加灵活多变以培养学生历史核心素养,教师的教学内容也从重知识要转变为重方法,从知识的传授者更多的是知识的引导者、思维的启发者。同时,由于历史纳入到中考总分后,家长对历史老师的角色期望也会更高。时代的发展要求教师不断发展前进,对于老教师来说有一定难度,那么对适应型教师而言更甚,角色适应难度加大。

三、适应型教师角色适应问题解决对策

适应型教师角色适应问题简单根本上就是要解决"我是谁"、"教师是谁"的问题,明确自己应该要朝着什么样的角色方向去转变,成为怎么样的教师是职初期教师最要明确的目标。教师的职业特性决定着单凭教师个体的努力是远远不够的,学校乃至社会各界的指引对适应型教师解决角色适应问题都应承担起责任,解决适应型教师角色适应问题要从教师个体与学校层面来分析。

1. 制定适合自身发展的专业成长计划

教师专业成长计划是职初教师在踏入教师岗位后对自身发展的主观规划,是对走向一名成熟教师的预想,它包括教师自身对教师角色的理解、对教育素养的主观认识以及履行教师角色的行动设想。在制定专业成长的计划的过程中就能逐渐解决"教师是谁"以及"我是谁"的问题,同时也能对如何成为自己理想中的教师形象有一定的行动指南,在之后的教育教学过程中有更切实可行的措施和清晰明确的目标。适应型教师把专业成长计划付诸实践的过程,就是以成熟教师的要求来提升自己各方面能力过程,实际上也就是主动强化自己的教师角色的过程。由此看来,制定专业成长计划是适应型教师自我促进角色适应的非常重要的途径之一,通过制定专业成长计划有助于教师精准定位自身角色以更快适应教师这一角色。

2. 把握提升自身专业素养的教学实践

对职初期教师而言,当他能够站稳讲台即充分在教育教学工作者这一角色上拥有专业素养且发挥自身能力时,那么面对其他角色时就能够具备最基础的职业素养。如何"站稳"讲台?对处于职初阶段的适应型教师而言就是把握好每一次能够提升自身教学能力的教学实践与培训提高。教学实践最重要的就是把握一节"关键课",许多名师在回忆自己的成长之路时都曾满怀深情地谈起公开课的开设经历,公开课就是一节"关键课",在公开课前全组教师人人参与"磨课",以便让执教者能集中众人的智慧,将课提升一个层次,力求达成一节高质效的课堂。"磨课"的过程其实是对教学理解深入把握的过程,这种深入把握不是简单地将众位参与者的所谓"金点子"搞"拼盘组装",而是执教者要从教学需要和自己对教学的理解出发,在把握其精髓的基础上进行合理取舍,并内化成自己的独特处理,这是公开教学"形神俱备"的必由选择,也是生成教学智慧和创建优质课堂的重要诠释。对适应型教师来说,公开课难但是非常必要,把握好一次重要的教学实践将大大提高自身专业素养,对今后更好地站稳讲台起到举足轻重的作用。

3. 学校层面做好适应型教师培养培训工作

教师的工作特性决定教师个人成长与所处工作环境息息相关,处于职业起步阶段的适应型教师大多都需要学校的培训,这种培训不仅仅能加快适应型教师融入全新的工作环境,了解不同学校的个性化特点与发展愿景以更好地与教师个人的职业发展进行匹配,同时学校的培训能够有效帮助适应型教师树立正确的、符合时代发展的教育理念,形成合

理的知识结构和认知结构,具备初步的教育教学能力,使适应型教师顺利实现从"学生"到"教师"的角色转换。这就要求学校做好教师培育工作,合理利用资源,做好"以老带新"工作,为处于职初阶段的适应型教师进行适合其自身成长发展的培训,对症下药,帮助他们发现问题、解决问题以求更大空间的职业进步,老教师积极给予教学智慧与策略提高适应型教师的教育教学能力。

教师如何从新手阶段的适应型教师到成熟阶段的专家型、特色型教师是一个漫长且需要不断精进的过程,需要学校的培养,更需要教师自身在时间和学习的过程中精准角色定位,强化角色适应,解决好"教师是谁"的问题,并通过主观的教学实践和来自外界的指导引领,在适应角色找准定位后加快成长,促进教师发展。

【此文作者系青溪中学教师孙赟】

论文五　　　　　　**内化提升,加速"适应型"教师成长**

摘要

作为新教师的我们还处在适应期,适应型教师的知识结构中程序性比较丰富,但这种知识运用多为长期练习的结果,条件反射的成分较大,缺乏的是条件或背景性知识。适应型教师反思的重点应是课堂教学策略,具体包括非语言策略、交流策略、组织策略、评价策略和帮助策略。通过认真研读教材,明确教学目标;扎实备课,理清教学思路等方式在立根自身,巩固基础的前提下使自身科学素养得到了相应的提升。为了让自身的提升具有方向性,教师的听课环节也是不可或缺的,只有不断听课,了解自身与他人的差距才能明确自身前进的目标从而让提升有了方向。而教师传授的知识与技能,施加的思想影响,都要经过学生个人的观察、思考、领悟、练习和自觉运用等,才能转化为他们的本领和品德。

关键词:内化提升、教学目标、适应型

随着素质教育的实施和推进,对学生的创新思维和实践能力都提出了更高的要求,同时也对教师的教学方式等提出了要求。作为新教师的我们还处在适应期,适应型教师的知识结构中程序性比较丰富,但这种知识运用多为长期练习的结果,条件反射的成分较大,缺乏的是条件或背景性知识。适应型教师反思的重点应是课堂教学策略,具体包括非语言策略、交流策略、组织策略、评价策略和帮助策略。

在教学活动中,必须充分调动学生学习的主动性和积极性。学生是极富能动性的人,他们不只是教学的对象,而且是学习的主体。教师的教固然重要,但对学生来说,毕竟是外因,外因只有通过内因才能起作用。因此,教师传授的知识与技能,施加的思想影响,都要经过学生个人的观察、思考、领悟、练习和自觉运用等,才能转化为他们的本领和品德。再说,学生学习的主动性和积极性越大,求知欲、自信心、刻苦性、探索性和创造性也就越

高,学习效果也就越好。如何最大程度发挥教师的作用就是需要我们适应型教师不断去努力提升的目标。

一、立根自身,巩固基础

作为一名适应型教师,我们应该立根自身,打下基础,做好教学活动的每一个环节。在不断巩固自身已有的"内容"的同时提升自身科学素养也是我们这阶段应该做的。从自身出发适应型教师可以从如下几方面进行:

(1) 认真研读教材,明确教学目标。

为了使专业教学适应科学大观念下的教学要求、树立起新的专业理念,我们利用了一切能够利用的时间对科学教材进行了深入研读,了解科学教学目的、掌握教学的重点的同时明确专业教学的总目标和各学期的分级目标、理解专业的教学原则、学会了一些科学评价原则等,从而为后面的教学提供了充分的依据、奠定了的扎实的基础、保证了教学的顺利进行。

不同于其他学科,例如:语文、历史等经常进行教材的改革更新,科学学科教材在近几年内没有进行过多的修改,这对于我们而言是一种优势也是一种劣势。教材的不更新意味着我们对于教材的深入、探究等可以一直不断地持续着。我们可以更好地把握住教学目标的重难点,更有目的性的设计教学过程。以初中科学七年级第二学期第十四章《海洋与海洋开发》中的一节——海底探索为例,学习的重难点是人类应用不同的方法对海底进行探索以及海底地形。为了更好的完成重难点的学习,将部分活动进行了改进已达到对于教学目标的优化。"活动 14.7 海底探测的部分成果"——在模拟海底地形的探测中一开始仅仅是按照教材上所提供的实验器材进行准备从而进行授课,在经过了对于教材的仔细深入研读,我们在教材提供的实验器材的基础上增加了一些小小的改变,将一根木棒改为一捆小木棒,将培养皿改为 250ml 塑料杯等,在简化部分实验器材的基础上增加了实验的可操作性,使得实验可以在教室里甚至是在家里进行。同时教材的不更新意味着已经有很多很有经验的教师对于教材进行了一波又一波的解读,我们适应型教师对于教材的解读即使角度不同也不一定能够像他们一样深入透彻,但通过对于同一教材的研读,我们可以学到其他老师的设计思路、从中学习教学目标的设计从而使自己得到提升。

(2) 扎实备课,理清教学思路。

备课是课堂教学的重要环节,我们在备课时需要做到以下几点:

1. 课前备课,做到"有备而来"。认真阅读各种教学参考书,既备教材、教法,又备学生。结合学生的实际和教材的内容,既要考虑知识的纵向联系,又要考虑新知的横向衔接既要突出重点,又要突破难点既要体现出完整的教学过程,又要注意好各环节的过渡自然。备课时需要结合单元目标,分析核心素养阶段达成的特点;结合素养达成的特点,制定单元素养目标达成策略;设计有深度的学习活动,突破教学难点。并结合教学过程中可能出现的知识点,提供给学生配套的实验,为课堂教学做好服务。同时对于一些课时中有实验的课,提前备课可以做到提前准备以防上课时面对实验措手不及。以七年级第一学期的《身边的溶液》为例,提前备课可以提前将一些实验器材例如:水、白醋、苏打水、肥皂水、眼药水等平时实验室不常用的物品准备好,避免上课过程中出现小的漏洞。

2. 课中备课,灵活安排简单易操作的实验活动。我通过演示实验或者视频引入新课教学时,为了不打消学生的积极性,我在实施教学的时候,尽量设计一些贴合学生操作水平的实验,将教学内容层层铺开,把枯燥乏味的课堂变为生动有趣,让他们在快乐中学习,在玩中获得知识,并通过反复的实践操练(如:电路连接、酸碱溶液混合等形式)来巩固所学知识。

3. 课后备课,总结教学经验。每上完一课内容,我们都及时做出总结和反思,写出教后感,肯定本节课当中成功的地方,探讨该单元的不足之处,为以后的教学工作打下基础。做到备好第一节课,讲好每一节课,努力完善、充实自己。

通过课前、课中、课后的备课,我们自身其实也是在不断地提升,正所谓是"不积跬步无以至千里"就体现在日常的每一步中。

二、放眼周围,提升自我

适应型教师的知识结构中程序性比较丰富,但这种知识运用多为长期练习的结果,条件反射的成分较大,缺乏的是条件或背景性知识。对于适应型教师而言抓住一切学习的机会进行吸收、消化是在短时间内得到更大提升的方法。适应型教师反思的重点应是课堂教学策略,具体包括非语言策略、交流策略、组织策略、评价策略和帮助策略。听课则是适应型教师进步发展、弥补不足的最佳途径。听课是一种对课堂进行仔细观察的活动,它对于了解和认识课堂有着极其重要的作用。课堂上许许多多司空见惯的问题经由听课者自觉的观察,就可洞见到很多值得探索、深思的地方。听课是提高教师素质,提升教学质量的重要方式。

同时听课也是起点,在教学过程中经常容易出现一些这样那样不知如何向学生讲解传授,如何使学生学会贯通,如何使学生扎实的掌握的问题。多听课,虚心接受周围其他教师的谆谆教诲,通过听课掌握一些灵活应对课堂的技巧。

对于每一个教师来说,对教材的理解都各有各的特色,教法也各有各的风格,同一节课在不同的教师眼里有着不一样的上课方式。所以讲完后再听课,也是一种进步的途径。听课中,联系自己的教学,看看自己的教学有没有需要补充的地方,并及时地写在教案中,正是这一次次的修正与补充,使我们的教学越来越好。讲前听和讲后听都非常重要,每个人有每个人的教学思路与方法,每个人有每个人的优点,对于我们而言这就是很好地查漏补缺的时候。

然而很多时候课讲了,教师们也听了,效果却并不理想。当然,原因是多方面的,而不会听课,不知听课应该听什么是主要原因之一。所以学会听课是很重要的,听课前的准备、听课时的目标、听课时的记录、听课后的评课与反思等等对于适应型教师有着极大的帮助。

一边听,一边思考这样一些问题:教师对教材为何这样处理?换成自己该如何处理?教师是怎样把复杂问题转化为简单问题的?他的教学有什么值得自己学习的?重难点是怎样突破的?自己应怎样对"闪光点"活学活用?听课,一定要注意看实际效果,看学生怎么学,看教师怎样教学生学的。思考之后,可以和自己的备课思路进行对比分析,大胆地去粗取精,扬长避短,写出符合自己特点的教案。

"适应型"教师通过不断的听课,有效地汲取知识从而将所听、所学内化为自己的能力在明确教学目标的基础上设计出独具个人特色的教学方案。对于"适应型"教师而言,明确的提升方向是前进的基础,有了方向,教师的能力提升也会事倍功半。放眼周围是为了更好地了解自身与他人之间的差距,从而让自我的提升有了方向。

【此文作者系青溪中学教师吴昕妍】

论文六 "丑小鸭"也该用心呵护——以疫情期间中等生心理辅导为例

案例摘要

疫情期间,学生无法来校,缺乏与老师、同学的沟通,同时与家长的相处时间增加,许多家庭矛盾随之而来。班级中的中等生是最容易受忽视的群体,本就需要得到老师和同学的肯定。不少家长缺乏教育背景,很难正确、高效地指导孩子,更有甚者,会让孩子出现逆反心理。因此教师更需要认真分析中等生心理,采用更科学的方法进行指导。

关键词:疫情期间 中等生 心理辅导

一、背景描述

1. 疫情影响

2020年初,突如其来的新冠肺炎疫情仿佛给我们的生活按下了一个暂停键,原本一个月的寒假延长至三月,为了让孩子不荒废这段时间,我们采取了线上教学的模式,确保学习不受影响。

然而,假期延长,孩子缺乏与同学、朋友和老师的面对面接触,与家长接触时间增多,缺少个人空间,各种家庭矛盾也随之而来。

2. 中等生的心理问题

"中等生"从词意来看,就是指在学生前进的队伍中处在中间的学生。疫情期间,这些平时不引人注目的中等生往往更容易和父母产生冲突,我们班的小谢同学就是一个典型的例子。她是一个很腼腆的女生,性格内向,在班里成绩中等,上课从不主动举手发言,老师提问时回答声音小,还结结巴巴。因为八上的期末考试没有考好,她在家经常被爸爸妈妈念叨,使得她自尊心受挫,面对学习,缺乏竞争勇气和承受能力,导致自信心的缺失。

网课期间,她经常不做作业,父母催促之后,竟然多次与父母大声吵架,一天晚上甚至将自己关在房间里,不愿出来面对父母,甚至有轻生的念头。父母这时候急得给我打电话,问我怎么办?

二、案例分析

1. 中等生心理分析

大部分"中等生"在班级里通常都不引人注意,性格内向、孤僻、沉默寡言、不善交际。但是中等生身上也有细心的一面,他们有追求,有较强的自尊心,通常做事很认真、很自觉、很懂事。平时循规蹈矩,严格遵守学校的规章制度。

"中等生"在心理特征上的优点和缺点造成他们自相矛盾的心理,使他们的现实自我与理想自我产生距离。他们想通过努力来改变现状又缺少克服困难的韧劲,他们内心希望得到教师和同学的关注与肯定,但当教师和同学忽视对他们的关注时,他们学习的热情会逐渐减弱,做事缺乏自信,无法意志坚定地去克服困难,他们所做之事往往成少败多信心动摇,能力下降。

2. 个人原因

疫情期间,中等生因为被更多地忽视,学习和工作的热情逐渐减弱,进而会产生不良的、消极的心境。

小谢虽然在现实中是个普通腼腆的女孩,但是她有着绘画方面的才能,因此经常会在网上发布一些自己的绘画作品,受到一些网友的喜爱,她是非常陶醉于这种受追捧的感觉的。然而在现实中,由于各方面都比较普通,并不受老师、同学的喜爱,在家又经常因为成绩差而被父母批评。疫情期间,与父母相处时间更长,这样的心理落差让她接受不了,因而产生了叛逆的情绪,不愿再与父母沟通。

3. 父母原因

小谢的父母都是普通工人,文化水平不高,但是一心希望小谢能出人头地,可以说对小谢抱着极高的期待。然而在教育方法上,他们缺乏专业的知识,面对孩子出现的各种问题,还是采用了打骂的方式来解决,对她的成绩更是格外担忧,假期里给她报名了许多补习班。这样的家庭教育方式令她喘不过气来,作为一个处于青春期的女孩,她觉得自己没有能在父母身上得到尊重和帮助,也使得她形成了自卑的性格,极度缺乏安全感,时常怀疑自己,否定自己。

4. 教师原因

马斯洛著名的需要层次理论就反映了人在生存需要、安全需要、社交需要得到满足后,会产生受人尊重的需要。人本能就是需要得到别人的赞许、尊重的。赏识能让一个人保持乐观、自信的精神状态。尤其是对于像小谢这样的中等生,教师应该更多地提出表扬。

作为小谢的班主任,小谢对于我来说是一个非常令我"省心"的孩子:平时老师的要求她都会按要求完成,成绩总是不需要操心,性格也非常温和,在班里没有存在感,不会惹是生非。因此,相较于光芒四射的优等生和令人头疼的后进生,我经常会忽略这样的一类孩子,对她了解、关注得远远不够,更别提表扬她,或是好好倾听她内心的声音了。可能她也经常会产生失落感,久而久之,变得对自己更加没有信心。

三、提炼做法

1. 开导家长,缓和情绪

小谢的妈妈在给我打电话时候情绪也非常激动,一会儿愤怒地说着:女儿怎么越来越不听话了,一会儿又担心女儿一个人在房间里会不会出事。我先让小谢妈妈冷静下来,小谢长期处于父母的高压之下,此时一个人躲在房间里是出于自我防御的逃避心理,也是与父母对抗的一种心态,因此,她这时候需要的是关怀和爱护,绝对不可以再刺激她。

我建议小谢妈妈不要再和女儿说任何有关于学习的事情,可以和孩子商量明天请假一天,趁着天气好去小公园里散散步,晒晒太阳,先让孩子的情绪缓和下来,之后的几天先让她做一些让自己开心的事情。同时也叮嘱小谢妈妈,小谢有可能是患上了心理疾病,近期千万不要再给她学业上的任何压力了,并且一定要带她去咨询专业的心理医生。

2. 个别辅导,正确认识自我

针对中等生的心理特点,我对小谢的辅导还是让她找自己的优点为主,了解自己也有闪光点,从而增强自信心。同时,也慢慢让她发现自己的短板,引导她虚心听取父母的劝告,发扬优点长处,纠正缺点短处,避免对自己做出过高或过低的评价,以正确的定位继续学习。

在安慰了小谢妈妈之后,我私聊了小谢,她倒苦水一般地向我诉说了很多父母施加给她的压力、学业上诸多吃力的地方,以及对同伴关系的担忧。我以我自己初中时的一些经历为例鼓励她,告诉她,她也有长处,安慰小谢家庭中磕磕绊绊是难免的,父母也是第一次做父母,他们也没经验,其实我们都是在一起长大。最后我真诚地告诉她:很高兴你愿意和老师说这么多,老师也很愿意和你分享生活中的一些点点滴滴,听听你说你最喜欢的画画的事,希望你不要嫌弃老师。小谢给我发了很多爱心的表情。之后她也确实时不时回来找我聊聊天,哪怕是发泄一些情绪,我也都认真地一一回复。

3. 鼓励教育,寻找信心的支撑点

心理学研究表明:人总是希望自己的能力得到肯定、得到别人的信任。尤其对正在成长当中的中小学生来说,他们更是希望得到家长、老师的信任,以此来获得自信以及对自我的认可。其中教师的信任对于学生来说无疑是一份特殊的尊重。

周五的线上班会课上,我通过钉钉直播给学生正在布置了学校的德育活动,同学们都认领了各自擅长的任务,说到有一个绘画征集活动时,小谢居然在公屏里报了名,我心里

非常激动,点名表扬了参与活动的同学。

在她上交了绘画作品后,我大力夸赞了她的作品,她还表现得有些害羞,表示以后还有这样的活动她很愿意参加。

我与小谢的父母进行了进一步沟通,希望他们在家里也多给小谢一些机会,平时多让她出去遛狗,父母不在时可以让她帮忙照顾小狗,与她的沟通以鼓励、表扬为主。

4. 家校合力,促进沟通

几天后,小谢情绪稳定了许多,她妈妈带她咨询了精神卫生中心,小谢被诊断为中度抑郁。为了更好地解决小谢的问题,我校心理老师邹老师还联系了区心理辅导老师张老师,张老师从小谢喜欢的绘画入手,让她帮忙给区心理刊物画几幅插图,并愿意支付报酬。小谢知道这个消息的时候万分激动,给我发了很多条消息表达她的喜悦之情,我也逐一回复,并鼓励她好好发挥自己的特长。

疫情稍平稳一些后,张老师又约了她的父母到区心理辅导中心分别谈话,叮嘱他们在与小谢沟通时需要注意的一些要点。同时又多次与小谢沟通,为她制定未来的人生方向,让她对自己更有信心,也愿意付出努力。

四、思考与总结

像小谢这样的学生其实在生活中非常常见,他们是老师同学最容易忽视的一群孩子,再加之父母对孩子要求严苛,要求他们达到无法完成的目标,他们就往往是因为缺少了自信,很容易会产生自卑心理。因此,教师应该展开以下两方面的指导:

1. 教师对学生辅导

对于这样的一类孩子,作为班主任应该更多的在心理上关心他们,多与孩子进行沟通,在日常的对话中善于发现问题,及时解决问题。

同时我们处于竞争的时代,要使学生敢于竞争、善于竞争,适应时代的需要身心健康的发展,追根求源是要使学生有自信心,有自我教育的能力。教师要在教学中通过多元评价、活动参与,使其自信自强,同时在日常生活中多关注他,爱护他,让他乐于接受教育,这才是成功的教育。

2. 教师对家庭教育指导

针对中等生的心理特点,教师要鼓励学生多与他的家长联系,让家长能积极与学校老师合作,共同担负起教育孩子的责任。

对孩子要敞开心扉沟通交流,不要一味的只是关心成绩,或是看到孩子的缺点就紧抓不放,要更多发掘他们的闪光之处,父母可以与孩子一起参与一些课外活动,或是让孩子承担一些力所能及的家务,塑造完善的人格。

【此文作者系青溪中学教师钱星燕】

论文七　　　　　　　　　　　　**实现理想语文课堂的初探**

摘要

理想语文课堂是基于语文核心素养的课堂模式，为了深化语文核心素养，教师可以通过文本分析、教学过程以及教后反思来得以实现。对于课文的理解直接指向了文本语言、逻辑和文化；教学过程则将内化转化为外显，是让学生进行习得的部分；而教后反思便依托于教学过程中的不足，优化个人的教学实践。

关键词：理想语文课堂　语言品味　教学过程　教学反思

每一位老师在心中有着一定的理想课堂的模样，或共鸣或生动或有趣或充满意蕴，但其中也深知理想和现实之间有着每一步行动的前行。本文主要通过三个方面来设想一下通过这些举动会不会离理想的语文课堂更加进一步。

我将文本分析中的语言作为核心的载体，在语言的运用中，贯穿了作者要表达的思想、逻辑以及其构成的文化沉淀，并提出理想课堂的实现是鼓励学生从作者的语言走向自己能够生成的新语言特色。

由以上作为一个基础要点，辐射到教师的实践操作中，就是将教师的已得变成学生的习得，由文本解读走到课堂教学，这必然要关注文本的价值、个性以及单元整体目标的设计。

那么当以上两个环节都完成后，能够将我们的语文课堂更理想化的就是关注每一节课后的教学反思。在这个过程中，往往会出现偏差，不论是认识上的偏差还是教学行为的偏差，都足以让教师进行反思。

一、培养语言的品味与审美

文学之所以美，原因其一在于文字语言。语言的表达形式多种多样，从而使得其充满了魅力和深度。当文学成为了一篇篇教材被编入课本中时，又将具有一定的教学意义。我认为其中语言二字就是课堂教学的根本，能够带领着课堂的深入。

（一）语言走向理解

语言的通透都将让我们对其文章形成自己的见解。在《藏羚羊跪拜》中，有一句"天下所有慈母的跪拜，包括动物在内，都是神圣的。"句中的"所有""包括"二字又何尝不是一种强调，直击人的内心深处，唤起老猎人对生命尊重的同时，也令学生和读者获得了生存的理解，人类理所应当要平等看待所有生命。可以说，每一篇文章都包含着令人推敲或者赏析的文字，而在教学中学生可能是一种本能的反应，语言却表述不清。那么教师就需要在这个过程中带领学生去品味、去突破。

(二) 语言走向逻辑

文章逐字逐句和段落安排上都能体现作者的独具匠心,是作者谋篇布局的逻辑体现。拿林海音的《爸爸的花儿落了》来讲,文章以父亲心爱的夹竹桃为线索贯穿全文,他呵护的花朵掉落暗示着父亲的离世,也预示着我将不再是一个孩子。虽文章末尾处才将事情昭然若揭,但文前的遣词造句中却饱含着父亲病重时的交代以及我敏锐的感知,本文显然是一篇重在情感的文章,但在语言的前后联系中,能够依照作者的行文逻辑去走进故事,而这就是能在课堂上让学生也能有一个思维逻辑建构的过程。

(三) 语言走向文化

语言的背后大多都是伴有文化色彩的,地域特色、时代变迁和人生轨迹的不同造就所呈现的文化形态不同。在课本中收录了不少能够了解地域文化、古今文化以及中外文化等的课文,如鲁迅的《社戏》体现出了儿时记忆中的乡土风情,《老北京的小胡同》则将京片儿气息带到我们面前,不少的外国作品又呈现跨时代的思想精髓,诗歌和戏剧又是我们传统文化中的瑰宝。因此,在文章语言的处理中,我们大抵就能感知到意蕴的不同,故而在课堂上会更加注重多元的处理方式。如果是高年级的学生,我们可以采取让学生自行探究的方式来教学,让学生梳理所学课文的文化差异,让他们更深入了解文化的内涵表现。

(四) 语言走向新语言

每当我们学习或者阅读某一文章后,不管阅读模式如何,都或多或少形成自我的感知。如果前三种是一种方式过程的话,那么从语言走向新语言可能就是目的。这是自我品味和审美的集中体现,就像我们在做读书笔记一样,阅读后总要通过札记或其他来输出思想。那么学生在学习完后,也可以通过书面或者口头来进行表达,思想和思想的碰撞才更有意思。

二、关注教学的价值与改善

要上好一节课,必须要有教学设计环节。要实现一个理想的语文课堂,更依赖于教师教学设计的完善。作为职初教师,通常我会备 3 次课才比较放心,但即使是这样的情况下也不能做到心满意足,大多也是漏洞百出,但我认为一次次循序渐进和不断摸索才能有所收益。

教学设计涉及多元化,要将文本的核心价值通过教学手段教授给学生,就要考虑到问题链的设计、学生"已知"和"未知"、教学目标的设计等要素。只有当教师清楚了本单元的整体单元目标,确定了本节课的核心问题,梳理清楚了问题链的上下位层次后,才能使这节课有成效,学生也才能更深入地理解课文的导向。

（一）关注文本价值和教学价值

对于文本的理解和教学设计环节,不同的教师都有不同的体验和处理方式,但心中要比较明确文本所指向的核心以及如何将这个核心在教学环节中利用问题链的形式体现出来。在两年多的教学中,我也时常有问题琐碎的坏习惯,而听了组内和其他优质课后,深感要在文本和教学中建立起关联,是一定要把问题的设计做到干练而清晰,并且善于运用总结性语句来使环节和环节之间过渡自然。

（二）关注学习的个性与共性

现在网络和科技资源的丰富,使得学生对于语文课堂的期待值不断上升。在把握好核心素养和文本个性的同时,要让我们的阅读有一定的共性意识。相同的文章如何去教授,如何建立文章与文章之间的联系,培养学生学会读一类的文章。在这个环节中,教学设计也可增添一些思维导图的项目,归纳性的功能会更加有效果。

（三）关注教学中的阶段目标

一节优秀的课堂固然为之称赞,但比起这一节而言,更加重要的是希望每一节都能有所收益。从六年级开始,我都会在心里定下学期或者学年目标,争取在每一个时间段内都能基本达成自己的预期。在实际操作过程中也难免有完不成的情况,但即使这样也不能随意草草结束,比如说这学期要培养学生的阅读兴趣的,那么整个学期基本上就围着这个目标走,一个学期没有达成,那么在下一阶段转变教学方式或者教学活动,可以跟着学生的年龄和理解能力的上升而有所调整。但我始终认为要实现自己理想中的课堂不是一蹴而就的,而是一节课连结着一节课,是应该有一点儿体系的体现的。因此,在这个过程中,教学也要有不断地自我反思,能够及时了解自己的不足会比往前走一百步更有价值。

三、提高教后的回顾与思考

要实现长期的理想课堂的追求,务必是一个系列化的事情,呈现出阶段化的成果。在这样一个冗长的时间里,我们需要在教学后明白自己的教学问题与教学特色。

（一）发现教学课堂的不足

经常有这样的言论:上好一节课,录像一节课,从而发现自己的问题。要做到每一节课能够有一个他人的反馈其实是比较难的,但是冷静形成自我的分析是一件比较容易的事情。通过录像的反馈,最基本的教师仪态和教师素养是比较容易去克服的。然后再重点关注上课的语言和逻辑。在执教《昆明的雨》中,我是采取了任务驱动的方式上课,让学生在一个个任务中得以突破。但在教后发现这几个任务之间是不是能够构成关联?上下位之间的逻辑是不是很清楚?为什么作者要写那么几样事物来表现昆明的雨?这些问题就是通过教后的思考来形成的。而这思考的过程恰恰是下一次教学的进步,是能够内化的存在。

(二) 制定教后反思的表格

吾日三省吾身。每一节课都有这节课的特色,对于还年轻的老师来说是比较难驾驭的,故而可以设计一张反思表格,所对应的是不同文体下思维问题、预设问题、问题链问题等。让自己能够在多元的维度里找到自己的缺点,从而进行改正。如果是开设了一个单元设计的课程,那么在这样的一个单元周期内,可以更加明确自己在同一类中的问题,适当的进行记录会让自己对于教学有更深刻的理解。长期以往,我认为这会更加达到一个理想课堂的目标。

而这样的一种反思形式同时也在帮助我们对于文本的再分析,尤其对于一些短文短篇古诗文的教学,精简的输出能够引起更丰富的输入。与此同时,这会成为一个备课组一起探究的方向,更好地处理彼此的差异性。

(三) 培养教学风格的形成

通过一次次的反思,这是一次次经验的累积,在这个过程中还需要摸索出自己的教学风格。在语文课上,有的老师温文尔雅,有的老师成熟内敛,有的老师更会经据典从而来达成自己的教学目的。在这近五年的教学生涯中,我也在慢慢形成自己的教学风格,让自己能够发挥出自己的教学魅力。在执教散文类课文的时候,我可以将自己所擅长的朗诵和语言功底展示出来,让学生能够感受到文字语言的魅力。令人印象最深的是朱自清的《背影》,这篇文章是学生们从小耳熟能详的,所以在上课过程中,我预留了一部分时间作为留白,再加上我在一旁的"旁白",以低缓的声线去触发学生内心对于父亲的回忆,我觉得这就是老师走进文本,也同时带学生走进文本的表现之一,这样的一种方式就成为了我的教学风格。

不管是解读语言还是设计教学,我只是刚寻得一丝的见解,还有诸多的不成熟想法,但希望我能够慢慢地去实践,不断地去摸索出属于自己的语文课堂模式,能够看到自己的一方小小的天地,能够与学生们一起享受文学所带来的岁月与感动。

【此文作者系青溪中学教师钟晶】

论文八　　探索英语课堂教学　渗透听说能力培养
——听说测试改革背景下的初中英语课堂听说能力有效教学的探索

摘要

由于之前学校的考试内容未将英语听说测试纳入英语的总成绩中,大部分的教师对于学生英语习得的侧重依然放在笔头英语上。然而,在上海新中考改革的大背景下,英语考试部分的内容将听说测试纳入中考总分中。同时在提倡核心素养,综合素养的教育理念下,对于学生听说能力培养的进一步思考迫在眉睫。本文也将对英语课堂中学生听说能力的有效培养进行一定探索。

关键词: 新中考改革　听说测试　课堂渗透　听说能力

一、现状分析

在新中考改革的背景下,英语中考增加听说测试的部分对于英语课堂教学的思考有一定的方向性改革,需要强化初中学生的听说应用能力。同时,在核心素养概念提出的背景下,核心素养的构建中包括必备品格与关键能力,其中关键能力包含语言能力和学习能力语言能力是指在社会情境中,以听、说、读、看、写等方式理解和表达意义、意图和情感态度的能力。

学习能力是指学生积极运用和主动调适英语学习策略,拓宽英语学习渠道,提升英语学习效率的意识和能力。以上背景内容均为今后的英语课堂教学提出了改革的指向性。并且,中考听说测试的四大类题型——朗读,交际应答,复述,表达也为英语课堂教学中听说能力的渗透提供了更为具体的实施方向。

二、听说能力在课堂中的渗透实践

(一) 语音知识点

《上海市初中英语学科教学基本要求》中对于语音部分的考查有明确的列举:单词重音与读音规则,句子重音,意群和停顿,连读,不完全爆破及语调。

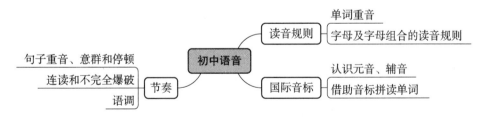

目前,大部分教师能够在课堂中培养学生一定的听说能力,而针对听说测试的改革,教师可以有意识将语音知识点的教学与巩固放在教学活动中,而不单单将听说能力的培养放在听说课型的课堂当中。

首先,在课堂教学的活动设计中,教授单词的环节可以强调重难点单词的发音及重音位置。通常通过单词音频播放的形式,引导学生主动发现重音的读音。并且在每一节课堂单词教授的环境中呈现单词读音及重音位置,让学生多观察多总结,久而久之感知到单词重音规律,并在这之后的阶段教师帮助学生进行重音规律的总结,即简化单词重音教学。

最基本的单词读音的教学主要靠教师示范,辅以音像资料的视听。教师示范时口形、舌位要正确,并适当讲解单词中元音的发音可以在课堂的课件中进行展示并以明显的颜色进行区分,让学生对单词中的重点元音进行规范发音。

而对于语音知识的巩固与提升部分,可以借助牛津教材每个 unit 里的 speaking 部分,将语音知识分块进行系统复习。例如,在 8AU3 的 speaking 部分就系统讲解了动词过去式 ed 的发音。通过听录音跟读模仿,将动词过去式根据发音归类等小活动引导学生能够主动思考-ed 发音的三种类型,并通过归类的单词探索总结发音规律,形成自己的语音知识进行吸收。教师在平时语音知识的巩固中就可以参照书本上 speaking 部分的小练习,以引导学生思考,发现为主进行语音知识在课堂中的渗透。

基础单词的读音教学应当融入课堂中单词教授的环节中,从词到词组到句子的朗读过渡,也需要学生掌握句子意群的概念。如何将句子意群与停顿的朗读也融入课堂教学环节中也成了思考的重点。比如,初中低年级的学生来说,所接触到的句子表达大多简单易懂,结构较清晰。可以将划分意群的学习活动融入到课堂中,同时通过小组读一读的活动,让同一小组的组员之间进行读句子的小活动,比一比不同组员之间朗读句子意群时的不同,提升学生的活动与学习兴趣。此时,句子的流利有意义的朗读就很自然地融入进课堂的教学活动之中。

(二) 听力技能

在听说测试中复述部分的考题对于学生来说是一大难点,150 字左右的文本内容要求学生在听过两遍之后进行 retell,对于初中阶段的学生来说这一题型的操练过少,也同时反映出学生对于英语基本听力技能有所欠缺。

教师可以教给学生一定的听力技巧,在"科学学习"中提高听力。要求学生在听的过程中利用对语境的理解去克服生词障碍,同时要求学生忘掉母语,直接用英语进行思维。也就是说当听力内容呈现后,学生能够反应出相应的具体情境,进行一定的基础判断。

具体来说,首先可以借助书本中已有的内容呈现在课堂教学的 ppt 展示中,利用仅先呈现标题的形式,让学生进行预测。例如,在牛津教材中 7AU5listening and speaking 的文本内容,On a removal day,学生对这一标题都有自己已有的背景知识,他们继而会去猜测这一标题下书本中会有什么样的内容,也就激发了学生的好奇心去认真地听。当然,在让学生猜测根据标题进行听力内容的猜测时,也要注意让学生去说出他们所猜测的内容,在锻炼他们表达能力的同时进一步激发对于文本内容的好奇,从而自发找寻答案线索。

其次,针对听说测试中复述这一题型而言,是需要听短文,力图听完完整的篇段,并进行转述,这就要求学生在听的过程中作简要记录,也就是需要学生在 take notes 以及 catch the key words 这样的听力技能的掌握。

同时,听力技能的提高需要依靠听说结合,提高听力训练与说话训练的协同效应。英语作为一种语言,必须融于一定的情境之中。教师应当给句单元及课时需求创造一定的语言环境,给学生一片自由发展、自由发挥的天地。

(三) 表达能力

本文中所提及的每一部分的能力都是互相联系,紧密相关的。古语云:"纸上得来终觉浅,绝知此事要躬行。"这表明,通过亲身实践要比听和看获得的知识理解更深刻、掌握更牢固。而英语口语表达需要放在真实情境中进行学习才真正有效。就比如听说测试的第二大题型交际应答,原本出现在中考笔试语法选择的题目需要学生通过口语表达来完成,也就能看出改革中对于学生语言实际应用能力的重视。而这一表达能力的培养需要教师在每节课堂教学中的滴滴渗透,渗透在与学生的互动之中。例如,利用课前导入部分进行 Free Talk,培养学生自觉运用英语交流的习惯。以学生熟悉的人、事、物为主线,结合当天课文内容,使学生想说、能说,并且有话可说。这一过程中,教师可以针对学生的 free talk 进行深入的互动交流,可以是对于其中某一个交流话题的进一步交流,也可以对于对话中某一错误的简短探讨,都能够帮助学生达成英语交际的目的。抗压及应变能力在课堂中的积累。

其次,这一表达能力也体现在听说测试的复述部分,上一节讲到了复述部分需要听力技能的提升,而学生学会记下 key words 的同时也要学会转述的能力。

另外,在听说测试最后表达一题中,需要学生能够流利有效地表达。对于表达能力的培养,可以按照书本单元可是教学设计的思路,利用好 reading, speaking, listening, writing 的内容进行教学设计。一味地通过说的多,并不能够表达的流利,表达的好,可能只是内容的松散,停顿,或是不连贯。而通过说说写写,写写说说进行交互性的输出活动。在表达能力的培养上可以采用以写促说的模式更好地培养学生外语思维能力。在写作中学生能够有较为丰富的内容表达,思路比较清晰,逻辑相对严密。这个"写"也就是通过写话把要说的话提前写下来。当然只是要求学生注意表达的内容和流利程度,而不用担心语言的形式问题。学生可不受任何拘束地书面表达内心的构思,以促进英语知识向运用层面的转化。当学生熟悉成段的表达后,可以要求学生直接进行口头的表达。当然这时的课堂活动可以放在小组中进行,当一个组员用几句话描述情景或表达观点是,其他组员通过 key words 的记录进行听的检测,同时能够交互地锻炼到学生在记笔记复述部分的能力。

三、临场应变能力在课堂中的积累

临场应变能力的积累需要学生有较好的英语素养,同时也需要学生对于自身英语能力的信心。

对于人机对话操作的听说测试,需要学生有较好的心理素质,这一素养的体现也可以在课堂中潜移默化的产出。在课堂教学过程中,教师应当关注与学生之间的互动,提升师生间的交流,以及学生在学习中的主体位置。同时,营造一个良好的课堂氛围,培养学生听说的学习信心。

例如,在交际应答的听说测试环节中就十分需要学生的临场应变能力,对听到的问题进行有效的回答。因此,教师平时也可以在课堂中进行渗透,在课前准备的几分钟,准备几个与当天的活动,学生状态,身边事物的问题,和学生进行简单轻松的交流。学生能够在轻松的语言环境里积累日常交际对话的表达,也能够就此积累听说测试中交际应答部分的回答方式。进而学生能够对于此类题型有足够的信心,提高自身在听说测试中的临场应变能力。

四、总结

总之,在考试模式改革下,教师应当与时俱进,把握方向,真正从学生角度出发,从全面素质培养的角度出发,在日常课堂中有效,有意义地提升学生听说能力。

【此文作者系青溪中学教师金玮祎】

论文九　　　　　　　**道德与法治课堂上提问的有效运用**

摘要

道德与法治课堂要求培养学生分析问题、解决问题的能力。然而传统道德与法治课堂上,经常会出现老师为了完成教学任务而要求学生借助于课本直接记录答案,这样的教学方式对于实现教纲所要求的教学目的是具有负面影响的。因此,如何在道德与法治课堂上利用有效的课堂提问,达到教学目的,就成为了亟待解决的问题。

关键词：初中　道德与法治　课堂提问

著名教育家陶行知先生说:"发明千千万,起点是一问,智者问得巧,愚者问得笨。"课堂提问是课堂教学的重要手段之一,是教师开启学生心智、促进学生思维、增强学生的主动参与意识的基本控制手段。只有处理好课堂的有效提问,让师生之间、学生之间进行思维的碰撞、方法的交流、经验的分享,才能使课堂呈现出缤纷的色彩。

然而,与其他课程相比,道德与法治课程具有明显的特殊性,主要体现在课程的教学目标会呈现出明显的直接教育性的特点,即道德与法治课程的知识点(德育因素)都是"显性"的,而不像其他学科的知识点,如语文,数学、英语等,是"隐性"的,必须通过教师的引导或者借助教具来完成。因此,道德与法治的课堂是老师对学生直接地、正面地进行学生的道德观、人生观、政治观和世界观的教育。也就是说,道德与法治的课堂上包含着"直接教育意义",这种"直接教育"能够强化教师原有的教育认知,或者引起教师教育认知的冲突。那么,有效的提问可以解决这种"直接教育"所带来的不足。因此,课题提问需要有启发性,以学生实际生活为出发点,结合实际提出问题,避免教条式的提问。

一、案例描述

在开学六年级上学期道德与法治第四课《友谊与成长同行》中讲解友谊的含义时,提问:什么是友谊?发现很多同学都自然的打开书本去找这个含义,并会直接照着课本回答问题。教师也会顺其自然认同这种回答问题的方式,并以书上的知识点直接来讲解友谊的含义。

这个看似不经意的提问和翻书的小动作,却能看出在道德与法治课堂上,经常会出现老师为了完成教学任务而要求学生借助于课本直接记录答案。同样,开卷的考试方式也让学生的翻书动作成为了他们的一种思维定势,这样就忽略了教育教学的初衷:以情境化教学培养学生自主探索、研究、发现及合作的学习机制。以上这个事件很典型地揭示出了道德与法治课中这一行为深层次的弊端:不少教师在日常的教学过程中往往只注重教学的结果,而忽略了知识的形成过程,忽视了培养学生自主探索、合作研究的教学目的。那么,在平时课堂中,如何更好地去解决课堂上的"翻书"现象呢?

二、有效的课堂提问

有效的课堂提问能够避免类似的事件发生。课堂提问是教学的重要组成部分,没有成功的提问就没有教学的艺术,精彩的提问使课堂生机勃勃,教学有声有色。那么,怎样的提问才是一个好的提问?

(一)有效提问应基于学生真实的学习状况

教师首先要根据学生的实际选择,通过提问可以了解到学生真实状态的起点,学生的学习从他们原有的起点出发。那么,提问既要符合学生的已有知识技能和生活经验,又要紧紧指向预定的教学目标;教师应适时、适度地适用探询性问题,激发新信息,适时重新调整回答,使之朝更有成效的方向扩展。在六年级《认识自己》一课中,可以用一个主问题:"谈谈对自己的认识?"在起初阶段,老师让学生畅谈感受,并大胆板书交流,这个阶段是了解学生真实状态的起点,学生的学习从他们原有的起点出发了。教师珍视这种感悟,并大胆"让学",让孩子们把他们的学习成果放大,板书成共同学习的智慧结果。之后,老师从学生讨论的成果出发,回归课堂的学习,因为源自学生真实的想法,学生的学习热情被充分点燃。

(二)有效提问应引发学生的认知冲突

有效地提问使孩子们原有的知识和经验与所面临的情境之间的发生了冲突或差异。

这种认知冲突会引起学生的新奇和惊讶,并引起学生的注意和关心,从而调动学生的学习的积极性,于是他们产生一种新的学习需要,使他们全身心的潜能得到调动、开发和利用,在紧张而兴奋的过程中全身心投入,通过多种方式、包括具有探究性和创造性的方法来建立心理平衡。于是乎,课堂又重新注入新的活力,学生的思维也逐渐向青草更深处漫溯。在六年级《生命可以永恒吗》一课中,教师提问:"生命可以永恒吗?"以六年级学生的认知,学生回答:"生命不可以永恒。"当老师以反问的形式追问同样的问题时,引起了学生认知上的冲突,从而激起了学生的注意和调动了学生学习的积极性,达到了很好的教育效果。

(三) 抓住兴趣点提问

所谓兴趣点,就是能够激发学生学习兴趣,促进学生思考理解的知识点。由此提问,可以激发学生的求知欲望,发挥非智力因素对教学的促进作用。

(四) 课堂提问要有启发性

所谓提问有启发性,就是要求教师所提的问题能发展学生的思维能力、观察能力,有利于学生勇于发表自己的独立见解,促进学生积极参与教学活动,从而改变学生被动的学习状况。因此,启发性不仅表现在问题的设置上,还表现在对学生的引导上要突出学生的主体地位,要适合学生的心理特征和思维特点。

那么,通过改变提问的方式,来改变这种思维定势是有效的解决方法,在讲到友谊的含义时,教师可以用这样的提问方式:"同学们,在生活中,你所理解的友谊有哪些呢?"学生回答:"同学之间、伙伴之间……。"(老师把学生们说的群体写在黑板上)老师问:"同学们说的很对,在生活中有很多友谊,那么同学们讨论一下,这些友谊的共同特征都有哪些?"(分组讨论)学生回答:"他们都是相互关心中建立的;友谊中有相互尊重;他们相互理解;他们相互信任;……

最后,同学们通过交流讨论,自己总结出了友谊的含义和特质,这样就可以通过提问的方式,把学习由被动学习转变为主动学习,学习效果也更好,同时更能加深学生对友谊含义和特质的印象,比自己"翻书"的印象深、效率高,从而避免了"翻书"这种死板教学的出现,渐渐地,就能纠正"翻书"教学的习惯。

爱因斯坦说过:"提出一个问题比解决一个问题更重要。"美国著名学者布鲁巴克也精辟地指出:"最精湛的教学艺术,遵循的最高准则就是让学生自己提问题。"问题不仅是激发学生求知和创造冲动的前提,而且是学生吸收知识、锻炼思维能力的前提。通过情境,提出问题,使教学信息具有新奇性,从而使学生产生好奇心和求知欲,极大地激发了学生探究动机和兴趣,有利于培养学生的创新所需要的思维素质和探究能力。在探索创新过程中渗透和运用一些创造性的方法提出假设,建立新理论,给出新方法,从而培养学生的创新方法和科学探究的能力。

三、课堂追问技巧探索

"追问"，顾名思义是追根究底地问，它是课堂教学中对话策略的组成部分。与一般提问不同，追问是一个相对完整的教学过程，是一连串提问的组合，是教师有系列、有方向、最终能导致学生自我寻找正确答案的提问。追问能够引发学生深入思考，引导学生针对某一具体问题进行多角度、多层面的分析与研究，提供展示思维过程的机会，培养学生的反思能力，提升学生的思维水平；追问有利于教师及时了解学生的学习过程和学习方法，以便教师调整教学策略，向学生提供具体的帮助和指导。所以，在动态的课堂教学过程中，"追问"无疑是促进学生学习、实现"有效学习"的重要的教学指导策略。有研究表明，高成效的教师更爱对正确回答了一个问题的学生提出另一个问题，以鼓励他进一步思考。因而对于一个成熟的有见地教师而言，必须常常实施"追问"策略，以对学生主体学习过程进行有效控制，努力实现既定的教学目标。

在实际的教学过程中，追问设计的不科学，也会造成"翻书"的现象。

这是一节道德与法治课程《价值与价值观》，在讲到"物的价值和人的价值的关系"时的一个片段，老师问："物的价值的变化是谁带来的？下面设计一个小活动：计划对一间闲置的房间进行改造，你认为这间房间如何改造更有价值？"学生回答："我要把它装修成美术教室，因为美术……；我要把它做成一个书房，因为读书……；我要把它变成琴房。因为音乐……；我要把它设计成一间武术房，因为武术……

当老师又问到："房间的价值为什么会发生变化？物的价值和人的价值的关系究竟是怎样的？"教室里顿时鸦雀无声，学生们你看看我，我看看你，无人回答……。教师为了打破僵局，请同学们看书 X 页，教室里顿时想起一阵翻书声……。教师接着问："找到了吗？"一位学生看着书，并把"物的价值和人的价值的关系"朗读了一遍。教师又接着讲了下去……

以上这一事件，似乎是日常道德与法治课堂上，经常会出现的一个片段而已，已经引不起旁人的关注。但深入想来，这样的一遇到问题就"翻书"的习惯也就形成了。由于问题的指向性不能使得学生顺理成章的指出问题的结论，于是，教师便急于让同学们去书本上寻找答案，这一举动看似落实了三维目标中的"知识与技能"目标，但也造成了"过程与方法"目标的缺失，其结果便是使得以往道德与法治课程中"教条条、背条条、考条条"这一传统的教学现象卷土而来，新课改中"以学生为主体"的教学理念便得不到很好的落实。

细想一下，停留在教学设计中的问题上，终究是教师一厢情愿的产物，任何一个熟悉了解学生的优秀教师都不可能将各个问题设计得切合学生。更何况许多时候，缺乏的恰恰是对学生的了解，因此问题与学生脱节在所难免。问题提出了，学生启而不发，问而无答，怎么办？除了通过让学生再熟悉内容以求得理解的全面深入外，通过追加问题——或降低难度或变换角度，不失为一种有效策略。

　　以调整为目标的"追问",可以从设问所包容的前提问题入手,通过分解问题来降低难度,使学生顺着梯子登堂入室。还有一种情形,并不是设问本身难度大,而是问题提出的角度使学生觉得难以把握或难以作答,这时进行追问主要是调整变换问题的表述角度,提高可操作性的程度。

　　同样的一节道德与法治课程《价值与价值观》,老师这样追问:"房间的改造完成了吗?"学生回答:"完成了。"老师追问:"大家来看看改造的房间的用处大不大?"学生回答:"大。"老师接着追问:"来比较一下,谁的房间的用处最大?"学生接着回答:"我的书房用处最大……;我的琴房用处最大……;我的健身房用处最大……;我的电脑房用处最大……"

　　通过一系列有效的追问学生得出的结论,教师总结:"可见,每个人的房间对他自己来说都是用处最大的。也就是说,房间对他自己的价值是最大的,不喜欢健身的人,不会去健身房;不喜欢弹琴的人,不会去琴房;不喜欢看书的人,不会去书房……。"教师最后总结性的追问:"所以,可以看出物的价值和人的价值的关系究竟是怎样的?"使学生自主探索出教学目标,从而实现了"以学生为主体"的教学理念,完成了学生自主探索、研究、发现及合作的教学过程。

　　在这整个教学问题的设计中,不仅核心问题设计得准确、启发性强,而且每一个问题也设计得自然、简洁,呈现出由表及里的层递性。这样,才有了学生思维流程的自然、流畅。通过这样的追问设计,可以循序渐进的引导学生得出结论,从而达到教学目标。

　　那么,如何设计追问内容? 一方面要根据教学目标和教学重难点确定。追问要为落实教学目标和解决教学重难点服务。要在关键点上追问,无目的的追问和脱离教学内容的追问,实际上是浪费学习时间;另一方面;要考虑学生的实际水平。追问,内容难度要适宜,使问题贴近学生的"最近发展区",从易到难,层层推进,激活学生的思维,让不同层次的学生都体会到成功的喜悦。

　　在运用追问这种教学艺术时,要注意以下几点:首先,学生是学习的主体,教师的提问只是帮助学生去获得理解,而避免提供现成答案;其次,教师只有在学生产生需要时才进行提问,正所谓"不愤不启,不悱不发";另外,在追问的过程中,教师所提出的问题一定要有价值,能促进学生积极思考,寻求答案。

四、道德与法治课堂的"直接教育性"

　　道德与法治这门课有它的特殊性,"直接教育性"是它区别于其他学科的重要特点。道德与法治的许多概念是具有直接教育意义的、需要被情感内化的教学,如果概念仅仅作为教学的知识与技能目标,让同学们记住、记准,而非情感、态度、价值观目标的话,说明教师忽略了道德与法治课程的直接教育性,把对概念的记忆作为整堂课的主要教学内容,说明教师实质上并未完全理解教材的教学目标和教学内容,其导致的结果是教学设计与教学目标的完全脱离。道德与法治课程作为一门科学理论,具有巨大的思想教育功能,它教导人们用正确的世界观观察世界,认识世界的本质和发展趋势,懂得社会的发展规律,进而树立正确的人生观,懂得人生的价值、人生的目标,树立远大的人生理想。而教师在进行课堂教学时,应设法将教材中的知识内化为学生的内部情感,直接传达教材中的教育意义,真正体现道德与法治课程显性的德育功能。

【此文作者系青溪中学教师卫夏锋】

第二节　名师骨干成规模

一、背景与问题

名师和骨干教师指我校"成熟型"教师,是学校教师队伍中的中坚力量和主力军。他们具有良好的学科素养和师德修养,具备较为丰富的教育教学经验,教学效果好;他们在学校的实际教育教学活动中承担较重的工作任务,取得过一定的教育教学研究成果,并对一般教师具有示范作用和带动作用。但通常会碰到一定的问题:在社会高速发展,教育理念快速更迭,教学技术日益更新的时代,部分老师会缺乏冲劲,难以跳出自己已经"定型"的"舒适圈",安于现状,失去对工作的热情。因此,学校如何帮助这一批"成熟型"教师跳出"舒适圈",促使他们在专业上更上一层楼,发挥应有的示范和辐射作用,是学校当下急需解决的问题。

二、具体培育方式

(一) 增加专业对话,加强理论学习

学校借"青溪源"教师工作室平台聘请校外专家,从学习领导力、德育工作、教师个人成长、信息技术应用等方面开展专题讲座,有效提升教师们的理论学习。如在我们校长领衔的"学习领导力"项目中,聘请上海市新优质学校研究所副所长、上海市教科院普教所教育科研与学校发展研究中心主任冯明作题为《学习领导力:推动学校新优质》报告。各教研组组长在思想的碰撞中擦出智慧的火花,如英语组提出用支架式教学培养学生写作能力;理化组认为可以搭建学习支架,提升学生的思维品质;语文组关注搭建学生平台,助力学生学习;音美组强调教师立足本专业,促进艺术学习领导力;体育组注重教师专业提升、运动教育课堂构建和学校运动氛围构建;数学组从师生共同体和师师共同体两方面来思考方法;政史地组以学科结合资源整合为发展方向,让学生开展探究式自主专题学习和活动型课程等。在这样的学习探讨下有一定资历的老师感受到教育回归本原,尊重学生认知规律,育人为先,面向未来的重要性,并积极进行自我调整。各学科教师开始以学生为中心,持续关注学生差异开展有效教学。

针对教师信息技术运用上的短板,学校多次聘请专家进行专题讲座,从信息技术在教

育教学、学校管理、家校沟通、智能办公等方面进行指导。学习之后,教师们运用信息技术于实践之中,在赋能课程、赋能教学、赋能教研、赋能评价等方面有了实实在在的进步。同时教师们结合上海市的"空中课堂"进行线上线下两次备课,促进混合式教学,充分利用公共资源、区域资源、校本资源等优化教学。

(二) 薪火相传,助力他人提升自己

"青溪源"教师工作室每年帮助 0—3 年期的教师结对两位以上的师父(一位是学科带教,一位是班主任带教),作为师父的人选定是学校里的骨干教师。通过师徒结对,让老教师为青年教师指点迷津,为青年教师能顺利过河搭设桥梁。共同探讨研修模式是师父和徒弟彼此之间经常在学习中交流沟通,分享各种学习资源,共同完成一定的学习任务,并在师徒之间形成相互影响,相互促进的人际关系。

为进一步发挥带教师父的作用,近几年我校在师徒结对方面不断完善带教机制及形成多元评价,促进师父带教能力的提升。学校从师德修养、业务能力、教育工作、教学工作、教研与科研等方面制定了专项评价与综合评价相结合、过程评价与终结评价相结合、自我评价与他人评价相结合的评价方案,让带教师父在校本评价活动中不断发展自我、提升自我、完善自我。

(三) 向外辐射,示范引领

我校作为区内集团办学的理事长单位,有责任有义务向集团内学校输送优秀的资源。这时学校鼓励名师和骨干教师利用自己的专业特长、优秀的教育教学经验等送教上门和开设讲座。为激励教师们,学校在绩效考核中有相应的奖励机制作为保障。如我校已向集团内多个成员校分批次分年级分学科输送好课:区卓越工程名师王萍丽送教的语文课《植树的牧羊人》从主要内容的概括,情节的梳理到人物形象的感知,从主题的提炼到顺势拓展,层层推进,有条不紊,王老师教得稳,学生学得实。集团内优秀教师李方送教七年级数学《三角形的内角和》,课堂整体充实细腻又充满激情,设计的小练习既能巩固新知又能引出新的探索。在李老师细腻的教学魅力之下,学生从稍显拘束逐步到完全投入课堂学习中。集团内优秀教师卫晓虹送教的物理课《液体压强大小的比较》充分调动学生的学习积极性,通过实验探究的方式,一步步引导和启发学生得出液体压强产生的原因以及液体压强的特点。集团内优秀教师金颖慧送教化学课《松花蛋腌制中的化学》取材于生活,贴近学生生活实际,用松花蛋创设情景,复习鉴别物质的依据,了解松花蛋的前世今生,书写原料中的化学式、化学方程式、原料混合后溶液中溶质可能的组成。

三、我校实例

贵州省余庆县实验中学是我校的对口帮扶学校,为了达到帮扶的效果,我校先后多次由骨干教师组成帮扶小队去往对方学校。德育部王芸老师认真梳理我校的德育工作整理

成报告,与对方学校教师分享了我校德育管理上的特色。骨干教师汪婷婷带去英语示范课并与对方学校的英语老师们一起探讨英语教学。每一次的报告与交流,不仅给对方带去经验的汲取,同时也使我校的教师有了锻炼与进步。

对于集团内相对较弱的成员校,我校除了送教上门之外,还会安排教师进行现场微报告。我校数学教师唐丹怡前往任青村中学,以"越努力,越幸运"为题分享了自己从教以来帮助学困生成长的点点滴滴。将自己面对学习有困难的学生的一系列做法进行梳理并分享给青村中学的老师们。同样英语教师严悦的微报告"潜心教学,静待花开"也让成员校的教师们受益匪浅。尤其是年轻教师在听了微报告后从"学困"的定义出发,正确认识后进生并充分了解后进生,挖掘他们身上的闪光点,抓住每一个教育的契机,引导他们以积极的心态健康成长。学校正是在向成员校进行经验辐射的同时让我们的教师在教育教学上进行及时地经验整理,整装待发重新出发。

四、"成熟型"教师培养成果案例

论文一　　　假期小队活动:学生领导力培养的第二课堂

案例背景

教育部 2014 年教基(4)号文件明确提出学生领导力是每个中学生应具备的适应终生发展和社会发展的关键能力和必备品格,是学生发展核心素养体系的构成要素之一,是对学生个人、家庭和社会最具有生存和发展意义的核心能力。此外,"领导力"不仅是未来公民社会性发展所必需的通用素养之一,更是未来高竞争力人才所必备的品格之一。开展学生领导力教育,不是要强化学生的"官本位"意识,而是要培养和提升他们在以后的专业领域、社会工作岗位上的影响力以及服务他人、团队合作与沟通等处理人际关系的能力。"学生领导力"不仅包括创新能力、沟通能力、合作能力、实践能力、社会适应能力,也包括积极的人生态度、主动学习、主动帮助他人的服务意识和社会责任感等。因此,在核心素养的导向下,对学生领导力的培养应当是基础教育阶段的重要任务之一。

另外,处于初中阶段的学生无论是在生理还是在心理上正处于从不成熟到成熟的过渡阶段,同样也是个性形成与自主发展的黄金时期。初中阶段的学生具有非常强的可塑性,积极正面的引导将带领学生实现自我探索、激发潜能,从而提升综合素质、实现自我价值。而领导力作为学生综合素养的体现,对领导力的培养不仅需要课堂中的接受式学习,更重要的是在实践中进行体验式学习。而在假期小队活动的开展过程中,学生将在实践中学会如何进行活动策划、如何进行有效沟通、如何进行团队协作等,这正为学生提供了一个促进领导力更大发展的平台。

关键词:假期活动　团队协作　能力培养

一、案例描述

经过一个寒假的休整,学生纷纷来校注册报到。当我翻开几位队长上交的《雏鹰假日小队活动记录本》时,不免令人感到有些失望。活动的记录三言两语、潦潦草草,我不得已请来几位队长口头向我具体阐述假期活动的主要内容。从与几位队长的交谈中,我感受到这个假期所开展的小队活动是没有实效的。首先,开展小队活动的地点以图书馆与敬老院为主。当我问及为何都选择这两个地点时,学生们面面相觑,不知该如何作答。有一位队长给出的理由是"小队活动不就是去图书馆和敬老院吗? 也没有别的地方可以去啊。"当我继续追问,那你们对这两个地方感兴趣吗? 学生们不作答。当我又继续追问,那在这两个地方你们具体进行了哪些活动呢? "在图书馆看书、写作业。""去看望老人。"再无其他。由此可见,本次寒假的小队活动是没有经过精心策划的,且开展的过程也是没有组织性,较为松散的。甚至在与个别队长的交流中了解到,部分学生根本没能参加此次活动,只是为了获得社会实践分"搭个便车"罢了。

二、案例分析

从假期小队活动的开展情况看,主要存在以下两点问题。

1. 学生对开展小队活动的目的不明确

无论是对于组织者还是参与者,小队活动在学生看来是一个在假期必须要完成的任务。组织者被动地接受老师分配的任务,参与者则为了完成社会实践内容。消极被动的心态导致组织者缺少组织活动的主动性与积极性,参与者则缺少对活动本身的参与热情。

2. 活动的组织缺少精心的策划与周密的安排

首先,学生对于活动主题与活动地点的确定受到固有思维的影响,缺乏创新意识。其次,学生在组织活动前没有精心的策划与周密的安排,导致活动过程中状况频出,而活动的开展也是虎头蛇尾,流于形式,质量不高。

三、辅导策略

由于小队活动缺少前期的准备,导致活动的开展从一开始就预示着活动的失败。因此,针对班级中学生小队活动的开展情况,进行了如下工作。

1. 活动前准备

"凡事预则立,不预则废。"因此,在活动开展之前必须要做好详尽的计划与准备。首先,教师需要做好学生思想上的准备。利用班会课的时间在班级中明确小队活动开展的意义,扭转学生对于小队活动的错误认识。

学生作为参与活动的主体,活动的开展必须体现学生的主体性。因此,在活动前需调查并收集学生对活动主题与活动地点的意见与建议,了解学生自身的兴趣与真实的想法。在讨论中激发学生的创造性,并激发学生对组织活动与参与活动的热情。

小队队长的确定也不再以教师分派任务为主,而是根据学生自己的意愿开展自己感兴趣的活动,向学生明确"只要你有组织活动的意愿你就能成为队长"。在经过对主题的筛选后,明确本学期内将会开展的几项活动,并指导相应的队长对小队活动制定具体的活动方案。在方案的制定过程中,学生需要对活动资源、活动时间、活动内容等做周密的安排,学生的活动策划能力在方案的制定中得到提升。

活动前准备的最后一步要求几位队长在班会课上对自己将要开展的活动进行宣讲并且招募队员。在完成了一系列的活动前准备后,相信对于活动的开展已做好了充足的铺垫,而活动的顺利开展也将不再是难事。

2. 活动后展示

在各小队进行活动后,教师将利用班会课组织学生对假期小队活动的经过与结果进行展示与总结。当每一组在向班级同学展示的过程中,同学们往往对活动中做得好的地方津津乐道,对于活动中的不足之处感到遗憾惋惜,甚至提出下一次改进的方向。学生在对小队活动的审视和分析过程中发现活动策划中的不足,活动过程中值得改进的地方,学生能够在反思中不断认识自我。而学生这种对小队活动成果的主动思考,正是学生反思能力提升的体现。

3. 教师评价

活动展示后,教师的评价也是帮助学生探索自我、完善自我的一个过程。教师的评价不仅需要关注活动的结果,更应当着眼于活动开展的过程,关注每一位队员在活动中的表现。通过多元的评价方式去发现不同学生的闪光点、挖掘学生的潜能,点亮学生的心灯,引领学生更加积极、健康、全面地发展,从而使得每一位学生都能够在小队活动中有所收获。

在经过一次具有实效性的假期小队活动后,无论是对于组织者还是参与者,学生的能力在多方面得以提升。在活动前的准备过程中,学生的思维在碰撞中萌生新的创意;在小队活动的实践过程中,学生之间的团队合作及沟通等处理人际关系的能力得到提升;在活动后的展示过程中,学生通过对本次活动的反思提升了自我反思与学习的能力。

四、案例总结

通过对学生小队活动的指导与实施,学生开始乐于组织并积极参加各项小队活动。并且能够在活动过程中学会寻找资源、精心策划、周密安排,真正在活动中有所感悟与成长。

在此之后,学生们自发组织参观了奉贤巴士公司与轨交五号线展示厅,真切地感受到了家乡的快速发展,激发着孩子们对家乡的热爱之情。学生们去到护理院进行送"福"活动,而这些"福"字全都由班级中的同学自己书写,通过共同合作,将书写的 36 个不同字体的"福"字贴上了护理院的每一间房门。孩子们穿上显眼的红十字会黄色志愿者背心,在百联南桥购物中心的服务台旁进行了一次红十字调查问卷的发放,孩子们体验着作为一名宣传员的辛苦,同时也用自己的行动传递着自己的爱心。在学雷锋的日子里,孩子们在古华公园南门口广场,参加了一场由红十字会组织的志愿者活动,孩子们积极发放红十字宣传资料并积极担任起了做伤病员模特的任务,在传递爱的同时也学会了三角巾包扎等急救知识。孩子们带着玩具来到来到一名七岁的脑瘫儿童"恺恺"的家中,陪他一起玩玩具、画画等,为孩子实现了他的梦想——与小朋友一同玩耍。在接触了有先天疾病的孩子后,孩子们更深切地体会到自己现有生活的美好。五一劳动节之际,孩子们来到了"上海广慈残疾儿童福利院"开展志愿服务活动。孩子们一对一地教着福利院的孩子们折纸飞机,为福利院的孩子辅导功课,为福利院的草坪除草,并纷纷拿出自己的零花钱购买由福利院孩子亲手制作的饼干。此次的活动让孩子们懂得了"珍惜",学会了"关心"。

在这一系列的活动中,学生不仅得到了能力上的提升,更是一种心理的健康成长。"教育不是灌满一桶水,而是点燃一把火。"每个孩子都有着无限的潜能,每个孩子都能成为团队的领导人物。小队活动的开展不仅帮助学生提升了沟通、协调与合作等能力,更能够帮助学生探索自我,提升自我领导力,实现个人价值。

【此文作者系青溪中学教师丁倩文】

论文二
家班合力,为孩子成长助力

案例摘要

家庭教育是学校教育的支柱和基础。家庭和学校作为儿童教育过程中的两种主要的教育力量。如果形成合力,就能互相支持和配合,强化教育作用;如果不能形成合力,就会互相削弱和抵消,学校的教育作用就无法充分发挥。家校合作是社会发展的需要,是"应试教育"向"素质教育"转轨的保障。因此作为班主任就要协调好学生在家庭当中受到来自父母的教育和在班级当中受到来自老师的教育,使它们相互统一、相互配合、相互补充。

关键词: 家班合力 学生发展 班级文化 共同成长

在如今的现实教育中,我们常常听到家长对老师说:希望老师能够对我家孩子严格一点,在学校对他要求高一点,而老师们又经常会遇到这样的情况:在学校里对学生进行苦口婆心的教育,刚使学生在思想行为上有了一点进步,但经过周六、周日两天或暑假、寒假的休息,就削弱或抵消了教师几天或几个月的教育。是因为父母不重视孩子的教育吗?事实并不是如此,天下哪个父母会不重视孩子的教育问题呢?但是确确实实存在的问题是很多父母忽略了教育中不能缺失的家庭教育。

马卡连柯说:"从最广义的教育来说,它是一个社会的过程,所有的人所有的事物和现象,都在教育着儿童,但其中最重要的是人,在人当中,父母和老师占首要的地位"。可见孩子这棵小树的苗壮成长是父母和老师协同合作,科学合理的浇水、施肥的结果。本着这样的教育理念和班级管理方法,我在五年的班主任工作中都非常重视家班对于学生的共育,以此形成老师和家长之间的助力合作,从而使学生得到更好的教育。

一、家班合力,完善了家校沟通机制

为了让家长和老师双方都能够更加了解孩子在家庭和学校两个不同场合下的学习行为情况,家班需要形成良好的沟通从而使双方能够形成助力。家班沟通是一切家班合作的根基,因此对于所带班级,班主任应首先做好以下几点工作:

(1)搭建交流平台:建立"班级大家庭"QQ群及时发放通知任务,以及学生在校参加学校活动的照片和比赛情况,通过每人一册的"家校联系册",一对一实时通报学生在学校的表现,对于表现优异的同学给予肯定,对于表现进步的同学给予表扬,对于表现存在不足的同学指出问题,让家长及时了解并配合工作。之前班中有一位同学晚上作业几乎都要做到10点左右,由于孩子一直在自己房间里做作业,家长没有关注孩子在房间里的情况,因此家长以为只是作业比较多,后来我关注到家校联系册上记录的作业完成时间了解到这一情况后及时联系家长,家长发现了孩子其实在房间里做作业的时候思维不集中,在完成作业时翻看课外书,影响了学习效率,在经过与孩子的沟通教育后,也及时纠正了这个问题。

(2)开通评价和建议渠道:制定家班合作周末评价手册,每周周末要求让孩子和家长完成一周在校在家的表现评价,在校包括学生自评、学生互评和老师评价,在家包括学生自评和家长评价,从学习态度、行为表现等多方面进行评价让班主任和家长全方面了解学生在家在学校的表现。

(3)明确家校协商的操作规范:班级家委会委员职务分工明确,参与班级管理,发现问题时能及时讨论并协商处理意见,负责收集意见的家长随后向班主任反映。使家长能通过参与班级的管理参与孩子在学校的成长,引导家长配合班级的教育教学工作,学生将会有更大的动力用心学习,班级朝着良好的方向发展。

二、家班合力,繁荣了班级文化建设

班级文化对于学生是一种潜移默化的教育力量,它是一个班级朝着目标迈进的过程当中所创造的精神财富和物质财富。温馨舒适的班级环境文化布置,科学合理的班级制度文化建设,班级丰富的文化活动开展,都对于同学们的健康成长起到了非常重要的作用,为了促进家班共育,我不断邀请家长们参与到班级的文化建设当中,让学生们感受到家长们的关爱,让家长们参与到孩子们的成长环境建设中,同时班级文化的建设也能给予家长们对于家庭文化建设一定的思考借鉴。

（1）改善班级环境文化建设：开学初，我邀请班中一部分家长一起参与教室环境清洁，几位家长和我们的同学们一起齐心协力将上学期原九年级使用过的教室进行了打扫，家长们把教室墙壁门窗瓷砖、风扇、走廊地面全部清洗一番，打扫的过程当中家长和孩子共同配合，齐心协力，促进了感情，学生们也能够感受到洁净明亮的教室背后是家长们辛勤的付出。

除了教室的打扫，教室环境的布置当中学生们的创意想法需要一些物资来落实，每位同学的家长们捐赠了许多盆栽植物和绿化，以及一些用来装扮教室的小物品，班级的书香小屋里也有家长们为所有孩子们捐献的书籍，同学们看到的不光是一个温馨舒适的环境，还有布置过程中父母对他们的关心和爱。有了家委会的积极参与，我们的环境建设就没有了后顾之忧，学生们才能一起精心设计，布置一个典雅的班级环境，从而使班级物质文化逐步内化为一种促进全体学生奋发向上、团结拼搏的精神品质，有力地推动班风、学风建设。

（2）促进班级制度文化建设：前文提到的家班合作周末评价手册为家长和老师之间提供了沟通平台，而为了更好的建设班级制度，我与家长们召开了一次"家委会网络会议"，对班级制度的完善与家长们进行了商讨。家长们结合各自孩子的性格特点出谋划策，制定了"班级积分制"的策略，这是具有我班班级特色的学生个人成长评价制度，包括了纪律、卫生、学习各方面的评价，还包括了文体活动的参与程度、班干部课代表职务加分、好人好事、班级服务以及家长考评等一切细则，将学生的所有行为进行量化管理，同时为了促进学生的积极性，他们所获得的积分可以用来换取奖品。

（3）丰富班级活动文化建设：对于一个只有32名同学的班级来说，要开展丰富多彩的活动是有所限制的。但有32名同学就有64名家长，这些家长的家庭条件、工作性质都属于不同的社会领域，这就为班级活动文化建设的丰富程度提供了很大的可能性。在我们开展班级活动时，家长们利用自己的社会关系、专业特长为我们的活动搭建平台，提供帮助和支持。比如去年班中有一位中医院工作的家长带领小队前往中心医院献血站参观学习，并带领孩子们在人民路南奉公路路口进行献血科普宣传。借助家长资源，组织一些有益学生身心健康的团队活动、亲子活动，这些活动的开展增进了学生之间的友谊，改善了亲子关系，为形成班级凝聚力搭建了桥梁，使学生产生了自豪感、责任感和集体荣誉感。

家长们在参与班级事务的过程中，给孩子做了良好的榜样，以身作则地培养了孩子的责任感，让自己和孩子都得到了成长。在活动中，亲子关系也得到了进一步改善，班级凝聚力得以进一步增强。

三、家班合力，提高了家长合作意识

随着不断有家长积极参与到学校各项活动中，主动为班级管理、为孩子成长出谋划策，家长的责任感和使命感发生了变化，他们的合作意识得到了进一步提高，也形成了"教育同盟军"。同时，线上、线下的交流丰富了家长的家庭教育知识以及家庭教育方法，为家长和家长之间搭建了沟通的平台,增加了家长与家长之间的情感系数,使家庭与家庭之间相互影响,也形成了有效的教育影响力。具体做法如下:

(1)家长孩子同台授奖:每次阶段考试学校都会邀请家长参加家长会,在家长会上我让家长和成绩优异以及取得进步的孩子一起上台领奖拍照,感受荣誉;同时也邀请家委会成员为学生颁发奖品,让家长一起感受分享这份喜悦。

(2)家长表彰:在平时当中我随时在QQ群里对所有热心的家长进行表扬,及时发出表扬信;定期评选优秀家长;在每月的小结中,对为班级提供服务的家长进行表彰,颁发荣誉证书;在家长会或者班级活动中,对利用自己职业或者专业特长为班级开展讲座的家长,颁发"班级导师"聘书,让付出的家长得到认可。这样融洽的家班共育的氛围也会感召其他家长一起参与班级服务。

(3)家长分享交流经验:在每次的家长会上邀请当月取得进步的孩子家长分享经验,为这些家庭教育有心得的家长提供展现的机会,更为其他的家长提供了学习的机会。

(4)每周一会:在每周五晚上利用QQ群进行一次交流会,让家长们互相交流,相互解惑,互帮互助,让"在行的"指导"有困惑的",让家长们的教育水平都得以提升。

在我的班主任工作生活中,我积极探索家班合作这一"课题",在合作中,我也得到了充分的帮助和理解。在"家班共育"的探索道路上,我的班主任工作有了家长这一"推力",学生感受到了多方的关爱和肯定,家长通过参与也得到了充分的肯定和对孩子、对教育的理解,可见,"家班合作"不是一纸空文,也不是空洞的口号,而是家长、学校、教师为了孩子茁壮成长而开展的合作共赢的崭新局面。

【此文作者系青溪中学教师陆彬】

论文三　　　　　技术,让数学学习从"会学"走向"乐学"

摘要

眼下,我们已经步入网络时代,而它正悄然改变着我们的生活、学习、教学方式。尤其信息技术与数学教学的有机融合,改变了传统的"教与学"模式,改变了数学教学内容呈现形式,提高了课堂教学效率,突破了数学教学的时空限制,改变了学生的学习方式,加强了学生的探究性学习,改善了学生的接受性学习,解锁了新的课堂教学技能。本文基于网络教学平台的混合教学模式,通过了解数学教师在利用多样化的线上教学工具和平台开展教学中的困惑和难题,关注初中数学课堂线上互动的实际需求,从而整合有推广价值的在线教学攻略、信息技术应用等资源,为后期的在线教学、日后日常教学或者寒暑假师生交流的补充工作的有序有效开展提供借鉴与启示。

关键词: 数学　信息技术

一、线上教学的制约因素

基于网络教学平台的"教育＋互联网"模式,为了充分了解数学教师多媒体背景下,线上教学工具、平台使用中的困惑、难题,同时,为了探索信息化大环境下,拓展课堂教学效果的有效方式和途径。我们进行了 2019 学年第三次上海市初中数学网络教研活动方案的制订和实施,主题是《网络教学平台下实现数学互动教学模式的探索与实践》,全市初中数学教师积极参与了本次话题讨论。网课之初,很多帖子都是关于直播互动效果不佳,教学方式、手段单一,信息技术应用能力不足等。而最引人关注的则是如何运用多元化的教学工具处理图文、音频课件,来提高教学质量、教学水平。而线上教学离不开信息技术的辅助,那么如何在教学中融合信息技术是我们一线教师一直在积极探索、努力解决的问题。

二、线上教学与技术融合的策略

线上教学期间,我有幸成为上海市空中课堂七年级数学录课小组的一员。在线上教学录制过程中,我也在不断地学习、尝试、探索新教法、新工具,将信息技术与学科教学相融合,优化教学过程,增添教学乐趣、提升课堂质量。

众所周知,信息技术与学科教学的融合并没有固定的模式让我们套用。因此,在教学中我们要注重日常教学实践,结合实际教学目标,来选择最简单、高效并易于实现教学目的的技术手段;选择提升教学质量、提高学生学习兴致的技术手段。不过,值得一提的是,二者的融合不单单是简单的技术手段叠加学科教学,如果这样理解就有失偏颇。二者应该是深度、有效的融合,这样才能发挥出最优效果,将线上教学提升一个新台阶。

(一) 巧用"新工具",提升教学质量

初中学生的记忆能力很强,但理解力欠佳。如果我们线上教学只局限于让学生"死记硬背"一些知识点,不去引导他们掌握真正内涵,就会导致学生只知其然不知其所以然,尤其对于那些比较抽象的学习内容更是如此。那么,我们可以恰当运用信息技术工具助力数学教学,将抽象、晦涩难懂的数学知识,生动化、具体化,增强趣味性,将数学教学从单一的"会学"到"乐学"。

比如,数学中几何画板软件,它虽是一款作图软件,但极具动态化和形象化。在几何、函数教学中借用它,可以将比较抽象的知识进行直观地显示,将"动画"和"移动"功能经过巧妙的组合后,所制作出的点、线、面都可以在各自的路径上以不同的方向进行转化、移动,并且所度量的角度或线段的长度及其他的一些数值也可以随着运动而不断地发生变化,更好地展现数形结合的奇妙之处。让学生有更直观的体验、认识,形成了一个良好的教学氛围,达到了良好的教学效果。如:在探索平行线间距离的意义时,我利用几何画板

让学生理解概念中"定值"的含义;在探索一点沿着与坐标轴平行的某一方向平移后点的坐标变化规律时,利用几何画板直观显示横纵坐标的变化情况;利用几何画板帮助学生在变化的图形中,发现恒定不变的几何规律。

(二) 融入"云互动",丰富课堂体验

线上教学最大的劣势就在于师生缺少互动。由于不是面对面的上课,所以没有了实时的互动、反馈。缺少互动性让我们难以把握上课内容的深浅快慢,容易变成单方面的"教",而学生的"学"会大打折扣。因此,我在设计教学时,尝试了一些新的方式来增强学生的课堂互动体验,推动"乐学"教学实践。

比如,课堂活动中把学生活动适时融入,加强学生云互动。在测量书本两边距离的教学活动中,改变过去由教师主导的分析和传授方式,让学生展示自己的想法和操作,更好的体现了学生学的过程;在《一种新的记谱方法》一课中,组织学生进行线上语音五子棋比赛,不仅使每个学生都有所思考,而且能提高学生的网络交流能力。此外,我们学校数学教研组也在积极开展学生线上讲题活动,加强学生之间的线上互动。

课堂活动中利用信息技术的丰富性,加强师生云互动。在平面直角坐标系的建立一课中,由于课程时间受限,我将笛卡尔建立坐标系的历史小故事录制成微课形成二维码,给学生一种神秘感和促使他们一探究竟的求知欲,学生通过扫码就可以进行知识的延伸学习;在学习根据平面中由点的位置确定点的坐标时,我利用 flash 软件制作游戏"寻找灰太狼",丰富学生"学"的体验,加强了师生之间的线上互动。

(三) 创设"小场景",营造趣味课堂

良好的开端是成功的一半。线上教学更是如此,一节课的开始,如果就能牢牢地锁住学生的注意力,对于余下教学环节的进行有着至关重要的作用。因为"乐学"的效果是无形的,只要教师少加点拨,学生就会沉浸在知识的海洋里。可以恰当地运用多媒体将问题情境再现,为学生提供丰富的感知对象,既能提高教学效率,又能激发学生学习兴趣。

比如平面内点的位置表示,我从学生熟悉的三只小羊开始,复习直线上点的位置表示,从而引出平面内如何表示村长的位置,将直线上的点的确定过渡到平面内的点的确定;在平行线间距离的学习中,从生活中的接力跑、冲刺跑引入,复习了如何刻画两点的相对位置和点与直线相对位置,进而提出问题"如何刻画两条平行线的相对位置"。通过一些小场景再现,为单一的数学教学增添趣味,使学生乐于参与、勇于探索,主动获取知识。

(四) 叠加"多效果",呈现有序过程

在线上教学中,由于时间、空间等多种因素的制约,单凭教师空洞的说教、抽象的描述,很难达到预期教学目标。因此,课件的构思对教学效果起着事半功倍的作用。而且它在一定程度上体现了教师对教材的把握以及对各个环节的思考,课件的制作要利用多媒体效果合理设计图、文、色彩、动画等环节,呈现有序的分析问题、解决问题的过程,进而突

破重点、难点。将难懂的知识点进行优化、升级,增加"乐学"途径。例如线上教学中一些操作活动,可以通过层层动作效果的叠加、路径的设置,体现出直观有序的操作过程。

(五)探索"新平台",实现高效教学

疫情的突如其来,让我们不得不转战线上教学,改变传统的板书教学模式。而信息化技术再一次彰显了其个人魅力,让"云教学"成为了眼下主流教学模式。作为一线教师,我们都会进行尝试、创新、摸索、完善,在同伴们的协同下,信息技能有所提升。特别在各平台的使用中,相信很多老师和我一样对钉钉、腾讯课堂、晓黑板等网络教学平台已经驾轻就熟,平板电脑投屏、希沃助手、电子教鞭、问卷、notability 等教学辅助工具信手拈来。从一开始的手忙脚乱,到现在的轻车熟路,熟练利用多元化线上教学工具、平台实现教学,让我们转变了教学观念,改进了教学方法。这些信息技术手段和方法,在今后的教学中也可以很好的辅助我们的学科教学,让数学教学更高效!

疫情下,很多行业都受到了冲击,教育行业在这些信息化技术辅助下,影响相对小些。在微信、钉钉、腾讯会议的协助下,孩子们如期开始了线上学习。跨越了时间、地点,教师、学生进行了面对面的交流,虽然带有一丝的尴尬、生疏,但被随之而来的新鲜所取代。而这次的疫情,也让我们看到,信息化教学已是大势所趋。过去一根粉笔一个讲堂的教学模式已经无法适应当下的教学环境,未来广大教师需要破旧立新,转变教学思维,通过先进的信息化技术来播撒知识。而我们身为人民教师更要怀有满腔热忱,书写教书育人理念,用创新理念将"乐学"进行到底,用智慧担当呵护学生成长。

【此文作者系青溪中学教师朱瑛洁】

论文四　　　　　浅述初中英语阅读教学如何提升学生思维品质

摘要

初中英语阅读教学除了培养学生阅读能力,也可以通过各种教学活动来提升学生的思维品质。本文拟从提升学生思维品质的必要性,所遵循的原则,初中英语阅读教学中如何提升学生思维品质的实践运用以及成效与反思等四方面加以探讨。

关键词: 英语阅读教学　思维品质

思维品质是英语学科核心素养之一。在英语教学中,尤其是阅读教学中,思维品质与语言能力的培养同等重要,都应贯穿于教学的每一堂课中,体现在每一个教学环节中。初中英语教学不仅培养学生的阅读能力,也要培养学生的思维品质,如创新性思维,批判性思维和发散性思维。笔者结合自身教学实践,拟从提升学生思维品质的必要性,所遵循的原则,初中英语阅读教学中如何提升学生思维品质的实践运用以及成效与反思等四方面

加以探讨。

一、"核心素养"和英语阅读教学目标决定了促进创新性思维的必要性

在急剧变革的 21 世纪社会中,教师制定的教学目标从以往的三维目标转向了"核心素养"。所谓"核心素养"指学生应具备的适应终身发展和社会发展需要的必备品格和关键能力,突出强调个人修养、社会关爱、家国情怀,更加注重自主发展、合作参与、创新实践。"思维品质是英语学科核心素养之一。英语作为一门语言,不仅是交流的工具更是文化的载体。在英语课堂中,教师通过培养学生的英语听说读写能力来进行教学。在不同的英语课型中,教师注重的能力培养有所不同。如在听说课型中,教师通过两人对话,小组讨论等活动培养学生的听说能力和合作能力。而在阅读课中,教师通过教授各种阅读策略来让学生读懂文章,教师往往重视对学生各种阅读技能的培养,而忽视了学生思维品质的培养。对于处于信息爆炸时代的学生,思维品质的培养尤为重要。思维品质的培养有助于鉴别信息,更加有助于社会进步,所以在初中英语阅读教学中提升学生思维品质迫在眉睫。

二、英语阅读教学中促进创新性思维的原则

当然,在英语阅读教学中提升学生的思维品质不是随意,无原则的,笔者以为对于英语阅读教学中提升学生的思维品质应遵循以下原则:

(一) 基于阅读材料

在英语阅读教学中提升学生的思维品质首先要基于阅读材料,可以基于阅读材料的文字,还可以基于阅读材料的体裁,或者阅读材料提供的图片。在英语阅读课中,阅读材料提供的图片往往能够先让学生进行猜测,激发学生的阅读思维。而阅读的文字可以让学生在读懂的基础上进行批判性,发散性,创造性思维。

(二) 考虑学生实际情况

在英语阅读教学中提升学生的思维品质,在基于阅读材料的基础上还要考虑学生的实际情况,包括学生的认知水平,常识判断等实际情况,要有理可依,有据可循。

三、英语阅读教学中提升学生的思维品质的实践

英语阅读教学分为读前活动,读中活动和读后活动,根据这三个不同的活动提升学生的思维品质。笔者根据不同阅读课的活动设计,根据读前,读中,读后活动浅述如何提升

学生的思维品质。

（一）读前如何提升学生的思维品质

1. 引出主题，激发兴趣，促进学生发散性思维

在开始阅读课前，要让学生进入良好的阅读状态，就要激发学生的阅读兴趣。有了阅读兴趣，学生就能全神贯注，认真阅读，积极思考。所以在教学开始之前，教师需要想方设法激起学生的求知欲。学生有了兴趣，会积极思考，在此基础上教师可以设置任务激发学生的发散性思维。比如在《英语（牛津上海版）》6A Module 3 Unit 10 的阅读课上，教师一开始出示了两张图片，分别是 Miss Chen 和 Mr Lin 在乡村和城市的不同的生活方式，老师先让学生猜两个人物的关系，学生基于图片进行大胆的猜测，可以是朋友，可以是亲戚，等等。然后让学生根据图片猜测接下去会发生什么，学生再一次基于图片的观察进行猜测。教师通过这个活动激发了学生的阅读兴趣，促进学生发散性思维。

2. 介绍背景，激活学生背景知识，促进学生发散性思维

背景知识是指学生在阅读英语文章时，要理解阅读材料所需要的背景知识，包括内容背景知识，语言背景知识和形式背景知识。通过读前活动，可以激活和填补学生所缺乏的背景知识。铺垫好了背景知识，学生在深入阅读课文时，更加容易理解文本，减少阅读障碍。如在《英语（牛津上海版）》8B Module 3 Unit 6 Reading France is calling，本课是一篇介绍法国的文章，通过介绍法国的景点、饮食、文化等来展示法国的魅力。在导入环节，教师先让学生观看一段介绍法国景点、饮食、时尚和艺术方面的视频，然后让学生进行头脑风暴（brainstorm）罗列跟法国有关的词汇，学生通过已有的背景知识，积极思考，进行发散性思维。

3. 复习旧知，引出新知，促进学生批判性思维

学习是循序渐进的，在掌握较低层次知识的前提下，才能保证与此相联系的较高层次知识的理解和掌握。因此以已知的知识作为切入点，会使学生感到新知识并不陌生，降低学习的难度，同时让学生让旧知融入到新知的学习中，把旧知重新思考再利用。如《英语（牛津上海版）》8B Module 1 Unit 2 Reading Water Talk 本课的主题是水，通过水与人之间的对话来讲述水是如何净化后进入家家户户，激发学生保护水资源的意识。教师利用水知识的小测试导入，联系学生日常生活中关于水的知识，并且追问水是如何进入家家户户，引发学生思考，学生通过常识对本文中水的新知进行消化，从而真正理解水是如何进入家庭和如何离开家庭去往何处。

（二）读中如何提升学生的思维品质

1. 利用问题链帮助学生理解文本信息，促进创新性思维

英语阅读课上的阅读材料主要是书本上的课文，课文的主要功能是用来阅读的，如果一味关注语篇中词汇、句型、时态等零碎知识的讲解，语篇逻辑就被人为地割裂开来，学生很难享受阅读的快乐。所以我们要提倡"整体阅读"的教学模式，这样可以有效帮助学生理解文本信息。"整体阅读"教学模式,是指在英语阅读教学过程中侧重对于文本的整体把握和整体理解的一种教学模式,要求学生拿到一个阅读语篇时,首先从宏观上把握文章,领会文章的主旨及内涵,理清内部的相互关系。而教师在其中所起的作用是通过一个个的问题链帮助学生理解文本信息,并激发学生的思考,从而促进创新性思维。如《英语(牛津上海版)》6AModule3 Unit10 Reading,教师在处理第 2～3 段时,教师利用图片,问学生 Mr Lin 和 Miss Chen 的食物金字塔,展示两者截然相反的两个饮食习惯。然后追问学生,If you are Mr Lin, how will you feel? 学生通过共情常识等判断,猜测可能是 surprised,angry,disappointed 等。教师通过问题链激发了学生的思维,不同学生有不同的思考和感受,同时也帮助学生理解了文本信息。

2. 利用有效的阅读策略提高学生阅读能力,促进批判性思维

有效阅读策略掌握得越多,对所阅读文章的理解也更深入,如略读,寻读,预测推理等。学生通过这些阅读策略提高了自身的阅读能力,也能促进学生批判性思维。如《英语(牛津上海版)》8BModule 2 Unit 5 Reading Blind man and eyes in fire drama,教师让学生快速通读全文,找出文章第一句"John Dancer's troubles began as soon as he walked into the Dragon Hotel with his friend, Charlie. "中 troubles 是指什么,有几个 trouble。学生在阅读的同时判断什么是 trouble,促进了批判性思维。

(三) 读后如何提升学生的思维品质

1. 利用观点性讨论促进学生创新性思维

对于一些观点性比较强的文本,可以在读后活动中设计观点性讨论。学生由于爱好,生活环境,家庭背景,知识背景等不同,对待同一问题的观点和看法也不同。教师可以从文本中挖掘探讨点,给学生创设一个平台来表达自己的观点,以此来发展学生的思维,促进创新性思维。如《英语(牛津上海版)》9A Module 1 Unit 3 Reading Head to head,讲述了 Emma 和 Matt 对于养宠物狗的不同观点和看法,It's good/bad to raise pets. 学生结合自己的生活经验,提出理由来支撑观点。这样的活动拓展了学生的思维,促进了学生的创新性思维。

2. 利用表演形式促进学生创新性思维

故事性或对话性的文章适合利用表演的方式作为读后活动。在这些活动中,教师鼓励学生开拓思维,利用生活经验和知识作一定的拓展。在这个过程中也能促进学生创新性思维。

四、成效与反思

在英语阅读教学中通过读前、读后、读中活动,教师通过不同的教学设计来提升学生的思维品质,使学生更加主动阅读,在读中有效思考,让阅读更加高效。当然,在此过程中,笔者越来越清楚的体会到了要因材施教,学会从学生的角度换位思考,注重学生的兴趣,尊重学生的个体差异,钻研教材,挖掘教材的深度广度,尝试利用身边其他的有用的教学资源,真正做到用教材服务学生,开拓学生的思维,提升学生的思维品质。

【此文作者系青溪中学教师徐成成】

论文五 提高初中生思考与运动技能有效性的实践研究

摘要

好的教育必须重视思考技能的培养,它能帮助学生成为负责任的并能有效解决问题的人。体育学科很多时候忽略了作为主体学生的信息接受和思考处理,造成学生技能的掌握产生了明显的差异性,并恶性循环,差的越差,严重挫伤了学生对体育锻炼的积极性。体育课堂中的思考技能从知识、领会、应用、分析、综合、评价六个层次进行分类研究,并要在每个层次让学生学会思考的方法和技能,并和运动技能进行整合。达到自主学习的目的,对运动技能的掌握和提高起到帮助和巩固,从而提高课堂的有效性。

关键词:初中体育教学 思考技能 运动技能

一、体育课中的思考技能和运动技能的关系

思考技能是通过分析,综合、概括、抽象、比较、具体化和系统化等一系列过程,对感性材料进行加工并转化为理性认识及解决问题。运动技能是通过巩固下来的,自动化的,完善的动作活动方式,它主要表现为外显的骨骼肌的操作活动。从学习动作技能的过程看,可以分解为复杂的刺激与反应过程。从刺激到反应之间需经历5个环节:1.输入:刺激引起神经冲动。它通过感受器这个换能装置,把物理能转化为神经冲动,再由感觉通道把所接受到的信息传递到神经中枢的过程。2.编码:识别信息,并把信息转化成概念。3.信息加工:运用联想和思维从信息中推导出以符号陈述的行动指令。4.译码:符号的指令转化为神经冲动。5.输出:神经冲动引起肌肉作用于外部世界,它是由传出神经和效应器来完成的。

从一步步有意识的尝试到自动化地完成动作技能,思考技能是学习的基础,它借助于内部言语在头脑中进行认识活动。如:感知、抽象思维,然后由心理过程所控制的肌肉进行反应,表现出的就是体育活动中的一系列动作。运动技能是思维能力的体现者,思维技能又是运动技能的动力和源泉。所以任何一项技术动作的形成,都需要思考技能与运动技能的紧密配合。

二、思考技能与运动技能如何有效整合

(一) 领会层次上的思考技能与运动技能有效整合的研究

在领会层次上,学生理解、说明和讲解某种给定的信息,领会层次的思考,包括解释或者说明图表、动作概念等。它对学生产生新的信息,要求不高,这种思考能力主要反映在低年级的同学,他们受认知水平、理解力的影响,对问题的发现和理解都会有一定的局限性。还有就是一些难度小、有规律,易于掌握的动作技能上。如:广播体操、基本体操等动作技能,这些动作技能在学生思考理解的基础上,反复练习,直到达到标准的的模式和自动化程度。在中学生广播体操跳跃运动的教学上,经常听到老师们说学生这节操学生最难掌握。在学习这节操时我在教法和学法上注重了批注、思考、引导、学习。

如:教师教法:1. 引导学生观看图解,积极思考,找出跳跃运动的规律。2. 提问学生"这一节有何特点?"并请学生模仿尝试练习。3. 把学生分成四组讨论。4. 和学生一起分析广播操第三节并提出基本动作和要求。5. 分解动示范并讲解。6. 完整示范练习。学生学法:1. 观看图解,根据老师的提问,积极思考,小组成员讨论,带着问题去寻找跳跃运动的规律,找出正确的路线方向。2. 看图模仿学习。3. 跟老师分解学习。4. 完整练习。5. 优秀学生示范。要求:积极思考,发现问题。态度端正,认真练习,听从口令。

整节课的教学设计我把内容简单化,又特意在图解上做了批注,注重对学生的观察、思考的引导。通过学生自己观察后到动作技术的真正领会,学生学习讨论的气氛很活跃。学生的积极思维,帮助他们很快就掌握了这节操。如果教师从一开始就培养好学生的思维技能,并能教给学生正确的动作技能,这将为日后的熟练表现起到很大的作用。

(二) 分析层次上的思考技能与运动技能有效整合的研究

在分析层次上的思考,要求学生必须思考如何将一个整体分解为不同的组成部分,这就包括发现部分和整体之间的关系并进行比较。要求学生将复杂的信息或者观念分解为简单的成分,辨别复杂的观念或信息背后的结构,并通过找到相同和相异之处。

如:八年级投掷《原地侧向推实心球》,动作方法是:预备时,二脚左右开立侧对投掷方向,持球紧靠锁骨窝处,抬肘转体时重心降低并后移,推掷时蹬脚转髋再抬体,以胸带臂,伸臂拨指将实心球推出。九年级的投掷教材《侧向移动推实心球》,它的动作方法是:二脚左右开立侧对投掷方向,持球紧靠锁骨窝处,用交叉步、滑步、垫步方法迅速向投掷方向移动并保持正确的最后用力预备姿势,右脚及时蹬地,转送髋,抬上体,以胸带臂,伸臂拨指将实心球推出。球出手后两脚交换位置,维持身体平衡。

仔细对这两个教材进行分析,会发现它们有很多相同之处。如:二脚左右开立侧对投掷方向,持球紧靠锁骨窝处,推掷时蹬脚转髋再抬体,以胸带臂,伸臂拨指将实心球推出等。不同之处是:一个是原地,一个需要用交叉步、滑步、垫步方法迅速向投掷方向移动,

球出手后两脚交换位置，维持身体平衡。我在九年级教学中针对这两个教材的相同处和不同处，引导学生去思考，让学生去发现部分和整体之间的关系并去比较，为正确掌握这二种动作技术打下基础。此外我在教授九年级的投掷教材《侧向移动推实心球》的单元设计上注重了对学生分析层次上思考能力的培养，以及和运动技能的结合。

通过对教材的学习，教师在教学中积极引导学生对动作技术的特点进行仔细的观察和分析，让学生通过已有的知识水平发现任何一种动作技能都具有在时间上的先后动作顺序和一定的空间结构。九年级的学生从原有知识的积累和认知基础上，对动作技术重新进行了梳理。他们通过研究和思考发现，原地侧向推实心球这一动作技能，从持球、蹬腿、转体到最后出手用力的动作顺序是不变的；动作的空间结构也具有稳定性。不过，它在原型的基础上有多种变式，如：侧向移动推实心球。在实践练习中，他们对两种技术做了总结和归纳，这种积极的思考问题，并主动解决问题的态度，对动作技术的正确掌握起到很大的帮助。

（三）应用层次上的思考技能与运动技能有效整合的研究

在应用层次上的思考，要求学生能够运用已知的信息，思考和决定如何将信息运用能到具体情境和事物中，也可以将已知技能迁移到另外的领域中去解决问题。

实例：篮球比赛中技术动作和裁判规则的学习。

初中学生，尤其是男生，喜欢对抗性的体育项目，尤其对篮球的兴趣极高，他们会经常自己组织比赛，可是在比赛中，他们常常会为了一些犯规问题争的面红耳赤。

第一步：组织学习，积极思考。

教师和学生一起学习《篮球竞赛规则》和《篮球裁判员手册》。让学生对篮球运动的认识更全面、更深刻，这样才能由表及里，融会贯通地进行思维活动，提高篮球意识。教师和学生在学习过程中，要研究规则、理解规则和通晓规则的解释，并能思考这些规则的正确使用。

第二步：现场实践，提高技能。

教师要采用"老师带学生"、"有经验的带新手"等模式进行教学裁判培训。在临场过程中，新手缺少经验，多数有怯场心理，鸣哨、宣判不及时，观察不到位，错判、漏判等这都是正常现象，教师在场上要配合学生，纠正错判、补上漏判，使比赛顺利进行。比赛结束后再给学生指出不足及其做得好得方面。要鼓励学生"敢判"，不怕"错判"，减少"漏判"，不断提高执法水平。

第三步：总结反思，思考提高。

在裁判的实施中，有的学生裁判基本功差，表现在手势不规范、鸣哨不及时。区域分工配合不默契，主要路线跑动不明确，不积极。这时老师要引导他们观察优秀裁判员的执裁过程，让他们主动和老师同学交流，发现自己存在的不足，并改进提高。

这种应用层次上的思考技能，学生能把现有的知识和经验开发出来，通过新的学习和思考，再把新的知识和技能结合起来，加大自己的信息量。将已学习到的知识技能运用到运动技能中来。

(四) 综合层次上的思考技能与运动技能有效整合的研究

综合层次上的思考要求学生处理先前学到的信息并创造出新的东西,这个层次的思考包括归纳和推理,提供给学生正反两方面的例子,要求他们运用思考的技能将这些具体的例子形成概念,并实践到运动技能中,使动作正确、规范和并能巩固练习。

案例分析:

七年级双杠教学《杠端跳起分腿坐——分腿坐前进》的技术学习。此教材动作要领是:杠端站立,跳起支撑两腿前摆超过杠面左右分开坐杠;挺身展髋重心前移,二手换至体前握杠,两腿伸直压港后摆并腿进杠,向前摆动成分腿坐。重点与难点是分腿坐前进过程中展髋,两腿伸直内旋压杠、后摆并腿进杠和两臂向前支撑的协调配合。

七年级的学生上肢力量薄弱,对于长时间的支撑控制力很差。由于平时对器械的接触少,造成胆怯,心理素质差,自信心不足。学生对动作的理解力稍差,这些都影响了对动作的学习和掌握。

教学中出现的问题:1)分腿坐前进时展髋不够。2)学生在内旋压杠时,大腿内侧疼,所以他们不肯积极去内旋压杠。3)分腿坐前进时容易屈膝,滑杠困难。4)过杠后两腿不能伸直并杠进杠。5)换握杠时手撑的太近或太远,造成心理障碍,不敢做动作,或者造成分腿坐前进后前摆上杠上肢力量不够,容易掉下来。解决的方法和手段:针对分腿坐前进时出现的这些问题,我们首先让学生对正确和错误二面的动作示范进行分析,然后又结合正确视频,让学生对动作进行梳理和归纳,让他们去发现别人的问题,再找出和自己共性存在的问题,然后大家讨论、思考如何解决这些问题。以下是师生通过综合思考而对动作技能进行针对性的改进练习方法。

1) 针对分腿坐前进时展髋不够的错误,我们采用了地面展髋练习,杠上双人配合展髋练习。学生思考如何做到展髋? 关键是什么? 讨论结果是:大胆顶髋,身体重心上抬。在二人的互相配合下,对展髋不够这个动作进行了改进提高。

2) 针对学生在内旋压杠时,大腿内侧疼,所以他们不肯积极去内旋压杠这个困惑。学生和老师思考的主要问题是:如何让学生敢去内旋压杠? 从学生心理出发,去思考什么辅助器械可以帮助解决这个问题? 我们利用了薄体操垫,把它放在双杠上,先让学生在垫上学习内旋压杠,等动作掌握基本熟练,有了自信后,我们就取掉垫子,让学生再杠上练习。通过这种尝试,学生敢于挺髋,压杠,教学效果有了明显提高。

(没有放垫子时的练习,身体前倾)(放垫子后的练习充分压杠)

3) 针对分腿坐前进时容易屈膝,滑杠困难。过杠后两腿不能伸直并杠进杠的错误。我们首先思考:整个动作的关键其实是在脚尖,如果在练习中,一直把注意力和意念放在脚尖上,让它从开始到结束都是绷直的,那屈膝的错误就会好很多。对于过杠后两腿不能伸直并杠进杠的错误动作,我们采用地面分腿、并腿练习;二人合作在杠上练习。

4) 针对换握杠时手撑的太近或太远问题,我们尝试用加标志物,固定手撑的位置;分腿坐,两手换握在体前,再做挺身向后摆腿成分腿俯撑,体会挺身前倒撑杠和两腿向后伸直,内旋压杠的动作方法。

综合层次上的思考让学生在以前信息的基础上,进行了创新实践,使动作技能能更好地规范、巩固。

(五) 评价层次上的思考技能和运动技能有效整合的研究

评价层次上的思考技能,要求学生对质量、信度、价值或可行性做出评判。评价层次的思考要求学生用到前面各个层次的思考技能。学生能在评价中提供证据来支持自己的结论。这种思考就是我们常说的课后反思。

学生在体育课上的评价反思主要是审视自己在课堂上,是不是对教材进行思考,去发现问题并积极解决问题?自己对运动技能的掌握度、理解度、熟练度到底有多深多高。还存在什么问题,并在今后的动作技能练习中,如何克服缺点,扬长避短?还有思考如何将学到的动作技能如何运用到新的技能中来。如:篮球、足球等个人技战术如何运用到比赛中?如何在篮球比赛中和队员默契合作?如何用现有的素质训练知识来提高自己的综合素质等等。

三、总结与思考

学生一旦掌握了解决问题的能力,当他面临新的问题时,他不会再向以前那样无从下手,他会深思熟虑的去联系以前的学习信息,会把新的问题放到新的情境中,再次按照问题解决的步骤去实施,这样新的动作技能又有了新的提高。

思考技能的培养应该是学习的前提和基础,教学中如果缺少了思考,那么学生就会很难有自己的感受,就会缺少观点,学习就形不成交流互动。在体育课堂中,只要教师善于去培养学生的思考技能,学生才会有针对性的观点出现,才会有目的性的去讨论,才会达到自主学习的要求,才会对运动技能的掌握和提高起到帮助和巩固,提高课堂的有效性。

【此文作者系青溪中学教师李文杰】

论文六 **信息化手段在初中英语情境教学中的实践研究**
——以《初中英语(牛津上海版)》7AM2U6 为例

摘要

当今社会信息化技术日趋发达,在教育教学领域,信息化教学手段的利用使教育教学活动变得更加生动,提高了学生的参与度和主动性,初中英语教学活动中通过信息化手段可以将教学内容更直观地与贴近生活的情境相联系,从而取得更好的教学效果,为学生的学习提供了丰富的教学环境和有效的学习工具。

关键词：信息化手段；初中英语；情境教学

一、案例背景

《初中英语(牛津上海版)》共8册书,每一单元的主题内容都与我们的社会生活有密切的关系,十分贴近学生的生活实际,能够让学生将书本知识与实际生活相结合。在日常教学中,我们经常会设计丰富的教学活动使课堂精彩,但如果一节课只是一些零散的活动累加,整节课就会显得不切主题,因此,将课堂活动的设计放置于符合主题的情境中,使活动相互强化和巩固,从而使学习达到教师的教学目标与学生的学习目标。无论我们教师采用何种教学形式,都要将教学内容融入到教学活动中,使每个活动都要有明确的目的性,达成教学目标,这样才能有助于知识的学习、技能的掌握和运用能力的提高,才能使学习与活动实现有机结合,使教学任务在活动中得以完成。

在六、七年级的牛津教材中,教材内容以对话为主,课型基本上都是听说课,因此如何通过设计有效的听说活动来提高初中起始年级学生的英语学习兴趣是我一直关注的问题。通过对每一单元的教学活动进行精心设计,易于学生理解,切实可行并富有成效。只有这样,才能使课堂教学活动从"表里不一"走向"表里合一",从而真正有效地提高课堂教学效果,共同追求真实、有效的课堂教学。

二、案例分析

以7A Module 2 Unit 6 Life in different places 为例,我通过采用如今人们广泛使用的微信,围绕不同地方的生活为主题,将文本内容放置于使用微信的情境之中,融入信息化手段,设计有效的教学活动,激发学生学习的兴趣和参与课堂活动的积极性。经过认真的磨课、细致的文本解读,紧紧围绕单元教学目标,深入探讨如何将现代化技术手段有效地运用到英语教学中,以激发学生的学习兴趣和充分体现学习主体作用。

(一)围绕课时主题,在 pre-task 环节引出情境

在 pre-task 环节,先让学生观察我截图的朋友圈,鼓励学生表达图片中朋友所做的事情,有的活动在郊区,有的在市中心,学生对于这样既贴近生活又形式新颖的环节很感兴趣,从而激发他们口语表达的兴趣。Pre-task 环节见下页图1所示。

(二)重组文本内容,在 while-task 环节教授新知

对本课时新知教授的活动设计中,我将单调的文本内容改编成 Peter 与 Kitty 在微信里的对话,十分贴近学生生活实际。同时,训练本节课的重点与难点,将过去与现在形成

图 1

对比,领悟一般式与过去式的用法区别,如图 2 所示。

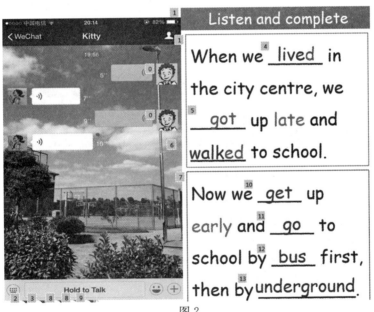

图 2

Kitty 通过朋友圈来展示自己搬家后生活的变化,将书本上的图片与文字内容在朋友圈中呈现,十分符合当下人们通过发朋友圈来发表自己的感受,如下页图 3 所示。

在 pair work 设计中,还是围绕微信这个情境,让学生对图片进行对话描述,训练过去式与 when 引导的时间状语从句的用法,如下页图 4 所示。

(三) 拓展情境内容,在 post-task 与 homework 环节巩固操练

为指导学生阅读时捕捉"what,when,where,why,how"关键信息的能力,利用 information gap 的教学手段。

图 3

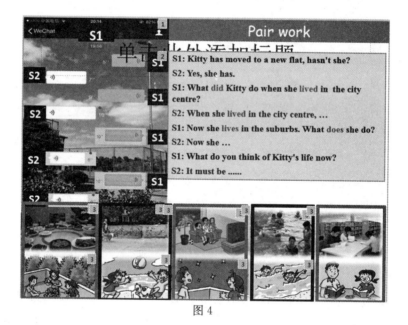

图 4

　　回家作业其一让学生通过在微信朋友圈分享自己不同地方的生活，用新颖的手段来提高学生的写作能力。整节课从导入→新授→家作将朋友圈贯穿教学始终。

三、案例反思

　　在设计整节课的过程中，依托如今流行的微信，巧妙地将单调的文本内容转化为新颖的微信语音内容,使教学更生动,更具有真实性,从而激发学生的学习兴趣。此外,家作布置也延续微信朋友圈的设计,让学生对自己的真实生活通过晒朋友圈进行表达,体现英语输入与输出的过程。

由于低年级英语教学的趣味性对学生学习英语积极性有着很大的影响,枯燥的课本文字可能会让学生觉得无趣,因此作为教师我们应该合理地创新丰富文本形式来激发学生的学习兴趣,同时,通过有效利用信息化手段来辅助课堂教学,激发学生的学习兴趣,从而提高课堂的有效性。

【此文作者系青溪中学教师严悦】

论文七　　**抛锚式教学在初中体育田径教学中的应用**

摘要

体育教学坚持"健康第一"的思想指导,并注重学生运动能力的培养与提高。良好的体能是学生学习的基础,但是很多学生对初中体育田径教学没有足够的兴趣,部分学生对待田径消极的态度势必影响体育教学的效果。因此教师要重视对于体育教学方式的创新,更加要使学生了解学习体育知识的重要性,促进学生参加体育锻炼的积极性,提高学生的身体素质以及心理素质。在初中体育田径教学中,通过抛锚式教学的应用,能够让学习者在真实环境中获得感受、体验(即通过获取直接经验来学习),获得主动发展。

关键词: 抛锚式教学　初中体育教学　田径教学

一、转变教育理念,促进学生内化教学

在初中体育田径教学中实现抛锚式教学,体现了二期课改的理念,实现教学重心的转移。通过教学,不仅要求学生由外部刺激的被动接受者和知识的灌输对象,转变为信息加工的主体、知识意义的主动建构者;而且要求教师要由知识的传授者、灌输者转变为学生主动建构意义和主动发展的帮助者、促进者。传统的教学强调以教师为中心,强调知识的灌输和技能训练,忽视学生的内化教学的主动作用。

(一)学习情境的创设

传统的学习是教师、学生和教材的相互作用。尤其是突出教师中心倾向或教材中心倾向。而以建构主义理论为基础的现代教学原则,强调学习情境的建构。其教学过程的各种因素都是为了建构社会文化背景。通过师生、生生之间的协作,主动内化教育教学要求,引发学生的主体建构。抛锚式教学的教学改革意义,主要在于强调学习环境是一个支

持和促进学生主动学习的场所。各项措施都是为了支持学生的学,而非单纯满足教师的教。

以障碍跑为例,传统的学习是学生先学习跳、绕、爬、跨、钻,然后选择不同的方法合理通过,而建构的学习则通过主体实践情境的创设,帮助学生实现对障碍跑的意义建构和内化,如在快速跑中对障碍物准确判断减少过障碍和停顿的时间并与快速跑衔接好,首先判断用什么方法过障碍,正确的判断和合理地越过障碍的方法是保证安全、快速通过障碍的基本条件。

(二) 学习内容的更新

教师在实施抛锚式教学时,必须确认教材所提供的知识不再是教师传授的内容,而是学生主动建构意义的对象;教育资源也不再是帮助教师传授知识的手段、方法,而是用来创设情境、进行协作学习和会话交流(作为学生主动学习、协作式探索)的认知工具。

同样以跳跃为例:蹲踞式跳远、跨越式跳高这些内容和过去相比在内容上有了更新在动作技术要求上有了很明显的提高。而跳高过杆作为学生学习的问题情境,提供给学生体验适合自己的健身方法。

(三) 学习目的的转变

在传统教学设计中,教学目标是高于一切的,是教学过程的出发点和归宿,是检验教学效果和学习效果的依据。而抛锚式教学,则强调学生的主动内化教学实现主体建构,并将其视为整个学习的最终目的。因此,教师教学设计的理念都是紧紧围绕学生的意义建构开展的,突出学习情景的设计。

因此,教学目标也由检验学生对"双基"掌握的达成度,转向注重学生在学习中的过程和心理感受,以及人与人人与环境之间的相处,在指向问题的学习中内化教育教学要求,实现主体建构。而教学的设计,也随着学习目标的转变指向学生的主动学习,而非教师的教。

二、革新教学环节,强化主体建构

运用建构主义理论,实施抛锚式教学,引领学习者意义建构,教师必须摆脱传统班级授课制教学模式的束缚,重新设计有助于学生意义建构和主动发展的教学流程。

(一) 创设情境

使学习能在和现实情况基本一致或相类似的情境中进行,是抛锚式教学与其他教学相区别的一个重要特征。它提示了体育教学与学生生活的一致性,教学目标与学习目标的一致性。通过情境创设,有助于激活学生生活经验,从而有利于学生的意义建构,促进学生主动发展。

如：在课堂教学中，教师请每组学生用40厘米正方形的小地毯拼成一长条说："同学们，前面修路工人施工时留下一条水沟阻挡了我们，我们该怎么办呢？"请各组学生用小地毯拼成各种各样的图案说："同学们，我们马上就要到海豚馆了，前面的一大滩水塘妨碍了我们的去路，为了不使鞋子弄湿，我们又如何跨越它呢？"这种贴近学生生活的问题情境为学生的学习提供了一个真实的体验环境。

（二）确定问题

在上述情境下选择出与当前学习主题密切相关的真实性事件或问题，作为学习的中心内容，即让学生面临需要立即解决现实问题。确定问题，有助于增强学习和意义建构的方向性。

如：以上面为例，碰到小水沟我们怎么办的问题，是为了让学生面对如何解决情境的问题。是跳过去呢？还是跨过去了呢？是使用双脚，还是单脚呢？等等。学生可根据情境和自身的能力要求，选择适合情境和自身特点的解决问题方法。当同学们面对水塘时，由于水塘的面积比水沟大，让学生思考用什么样的跳跃方法问题：是原地跳越呢？还是跑几步的跳跃呢？等等。好的问题的设定更能激发起学生学习的兴趣和热情。

（三）自主学习

教师向学生提供解决问题的有关线索（例如需要搜集哪一类资料、从何处获取有关的信息资料以及现实中专家解决类似问题的探索过程等），并要特别注意发展学生的"自主学习"能力。自主学习能力一般包括：确定学习内容表的能力（学习内容表是指，为完成与给定问题有关的学习任务所需要的知识点清单）；获取有关信息与资料的能力（知道从何处获取以及如何去获得所需的信息与资料）；利用、评价有关信息与资料的能力。

以跳过小沟和水塘为例，当学生碰到问题时，教师的提示、启发是帮助学生解决问题的线索。从观看别人所采用的不同方法进行比较，以及教师对其他学生过障碍时的评价等等，都有利于学生思考解决问题。最后教师的示范（表现在蹬地有力、用力摆臂、落地轻巧）从直观上也给了学生有力的启发和帮助。

（四）协作学习

学生意义建构和针对性情境相关，往往需要创设合作学习的时空。教学中让学生进行讨论、交流，通过不同观点的交锋，可以补充、修正、加深每个学生对当前问题的理解。

如学生在结伴学习或小组学习中对跳过小沟方法上的争论、比较，后得出："我认为我力气大，采用立定跳远的方法就足够跳过小沟了。"有的说："我用跨过去的方法比较省力。"有的还说："我用跑几步一脚起跳的方法跳得更远"等等。合作过程中，学生展示了不同的方法，这有助于加深学生各自对面临问题理解，各自寻找出适合自身解决问题的办法。

（五）效果评价

对抛锚式教学效果的评价,因其突出的情境针对性与主体适应性,往往不需要进行独立于教学过程的专门测验,只需在学习过程中观察并记录学生的表现。

体育教学效果的评价应从学生的身体健康、心理健康和社会适应能力这三方面来评价,观察学生是否积极地投入到身体锻炼的活动中,是否与伙伴友好相处以及面对困难所采取的正确态度。总之在体育教学活动作为身体活动的背后,更深刻地反映着心理活动和社会活动的方面。

综上,笔者尝试着将抛锚式教学引进初中体育田径教学,还只是还是刚刚起步。其中的诸多理论与实践的难题,还有待我在实践中不断去克服。但是,从初步实践来看,抛锚式教学以其所体现出的教育教学理念,所产生的较好的教学效益,对学生主体建构和主动发展的促进,已经越来越得到广大体育教师的重视。初中体育抛锚式教学的明天一定会更加灿烂、美好。

【此文作者系青溪中学教师朱莉苇】

论文八   **因材施教,助力男生英语学习的新成长**
——激活初中男生英语学习兴趣,提升男生英语学习成效的策略

摘要

在大多数人的固有思维中,英语是一门女生比较擅长的学科,大部分男生对英语学习存在着一种天然的恐惧和抗拒。笔者通过对所任教的这一批现读九年级的学生考试的数据分析中发现男生女生在英语学习中存在的差距明显。本文以结合笔者的工作实践分析男生在英语学习中的不足,从而探索如何针对差异寻求教学活动的侧重点,探寻行之有效的方法,扭转初中男生的英语学习中劣势。

关键词:初中男生   学习兴趣   课堂教学   课后活动

一、案例背景

青溪中学九年级学生共 126 名,其中男生 64 名,女生 62 名。很清楚地记得六年级第一学期期中考试区统考时,我们备课组就有计算过男女生的分差,当时是 4.96,对于这么大的分差感到震惊之余,也启发了我们进一步地思考。上学期期末的绿色指标测试,男女生分差缩小到了 3.29,虽然依然有差距,但是有逐步缩小的趋势,我们感到非常欣喜。

在 3 年多的教学过程中,我们备课组不断反思造成男女生差异的原因,通过课堂教

学、作业布置以及课外活动等方式一直在积极探索解决这些问题,激活男生英语学习兴趣,提升男生英语学习成绩的策略。

二、问题与原因分析

(一) 课堂学习欠活力

在课堂教学的过程中,教师发现男生易呈现"三不"状态,即专注力不够,积极性不大,兴趣不浓。男生在课堂上参与度、积极性都要弱于女生,尤其到了高年级,男生更加不愿意在课堂上开口说英语了。

(二) 课后作业欠态度

在日常的作业反馈中,男生的平均作业质量也明显低于女生。男生更加讨厌机械枯燥的背默作业,没有良好的预习复习习惯,尤其是纠错、笔记整理等能力都弱于女生,这也是导致双方学习结果差异存在的主要原因。

(三) 课外学习缺环境

生活中,男生更容易受到电子产品、电脑游戏等的影响,甚至沉溺于此。而大部分男生的兴趣爱好更多的在体育运动、科学地理等方面,许多男生原本就对语言学习不感兴趣,他们语文学习水平就要弱于女生,英语作为一门外来语缺乏语用环境,更是增加学生英语学习的困难。

以上的这些问题,导致男生在英语学习中一直处于弱势地位,恶性循环的是,失败又催生了消极的学习态度,如此一连串的连锁反应让他们逐渐丧失了信心,从而产生了"阴盛阳衰"的现象。

三、策略与方法研究

(一) 精心设计教学环节,吸引男生参与课堂

1. 巧设话题,激发男生学习兴趣。

在平常的教学中,我们会设计一些男生感兴趣的话题,如一些科学地理知识,体育运动明星等,投其所好,帮他们打开话匣子,并给予他们更多的课堂发言的机会,提升他们英语学习的信心。在话题的设计上,我们也是充分挖掘教材,注重跨学科融合,减少男生对英语学习的距离感。

这是我校教师开设的一节 Geography in English 的听说课,课堂中男生的回答比较踊跃,教师激活了他们在地理方面原有的背景知识,已知的知识储备让其学生更加自信,也可以更好地转化到英语学习中去。

此外,在 9AU1 的 More practice 中,涉及物理知识的学习,阿基米德的浮力定律学生们在八年级的物理课中就已经学习过了。这次以英语阅读进行复现,也激发了男生的学习兴趣。教师在课堂上让学生撰写英语版的实验报告,让学生找到新鲜感趣味性的同时,很好地检测了学生对文本的理解。

2. 巧设活动,激活男生竞争意识

英语课堂中,教师经常采用一些小竞赛的活动,老师可以设计成男女生对抗的形式,激活男生的竞争意识,从而带动男生参与课堂。低年级的时候,教师会设计男女生角色朗读的活动,以此一较高下。9AU1 The night of the horse 一课学习中,设计知识问答的方式,让男生女生进行大对决,因为是男生比较感兴趣的话题,所以极大地调动起了男生学习的积极性。在 9AU3 Head to head 的教学中,我们也准备设计男女生辩论的活动。此外,在 pair-work 和 group-work 活动中,我们尽量设计男女生组合小组,男女生可以互补,也可以互相学习,女生带动男生更加积极地参与到课堂中。

(二)加强课后作业辅导,夯实男生英语基础。

1. 个性作业,巩固日常训练

相比其他学科,英语学习更加体现在朗读、背诵等非书面的任务完成上,而有些男生对于这些口头作业往往有所畏惧或马虎应付,因此我们会设计一些针对男生的个性化作业。

我们在六年级时每个班级就建立了 Mr. Gentleman 微信作业分享群,此群延用至今。主要是让男生定期上传课文的朗读背诵,并要求其进行视频的拍摄,让他们不得不开口。此外,教师在配音作业中,会从男生的兴趣出发,每个月上传 3 到 4 分钟的漫威电影片段分有声版与无声版让男生学习并配音。

2. 家校携手,加强日常辅导

针对男生作业习惯不佳,敷衍潦草的情况,我们英语组特别注重与家长的沟通。除了个别与家长单独交流之外,我们也会以整个年级组为单位定期召集一些学习状态不佳的男生家长,开展小型年级会,主要也是分析学生的学习情况,给予家长适当的建议,寻求家长的配合。此外,对于年级中英语学习的后进生,我们备课组的老师会分工协作,为他们私人订制专项巩固练习,并利用固定时间进行集体补差。

(三)充实丰富课外活动,激活男生学习潜能。

1. 搭建平台,提升男生学习动力

除了课堂教学与课后巩固之外,我们也会依托学校德育活动,给学生搭建英语学习平台。疫情之前,我们学校为拓宽学生国际视野,借助奉贤区"开启世界之窗"项目,结合学校"寻根·放眼"主题活动,会在每年的寒假暑假带领部分学生开启海外研学之旅。此外,我们学校还会组织学生赴马勒科技公司等此类奉贤优秀企业进行参观,马勒公司是一家跨国企业,主要的业务是汽车及发动机零部件,这样的一家公司对于男生的吸引力是极大的。公司的技术工程师带领同学参观了发动机实验室,声学实验室等,让学生对科学实验有了更直观的认识。而作为一家跨国企业,几乎每周都通过 Skype 进行越洋的会议,全英文的工作环境,交际方式也让那些对汽车行业很感兴趣的同学深深感知到了英语是他们今后进入这些跨国企业的必备条件。此外,马勒还在我们学校发起了未来汽车的设计大赛,我们要求学生在图纸旁边进行英文的讲解,学有所用,创设真是的语用环境。

2. 挖掘潜能,提升男生学习成就

对于一些英语学习方面非常有潜力的男生,老师也会给他们更多展示自己的机会。在一年一度的英语文化节中,我们会专门提供一些由男生挑大梁的课本剧的剧本让学生合作演出,比如 Nobody wins 里的两大男主 Captain 和 Gork 就是很好的课本剧素材。

对于一些口语格外出挑的男生,我们也会让其成为各大晚会比赛的男主持人,给予他们最大的信任与帮助。

我们都知道一位才华横溢的英语男教师是不可多得的,一段口音浑厚的男声格外动听很可惜我们学校暂时还无法拥有。所以,我们会邀请一些男同学和老师一起进行英语听力的录音(此处播放录音),成品的展示会帮助学生产生自豪感、成就感,学弟学妹在听听力的同时也会对学长的优秀表现油然而生出崇拜感,起到榜样的作用。

四、总结与思考

教师总是会根据成绩将学生分层,忽略了性别带来的个体差异。而事实上,男生和女生在英语学习的过程中,确实会有不一样的学习困难和需求,如果教师一味追求一视同仁,忽略男女生英语学习中的优劣势,所获得的成果也会大打折扣。因此,教师需要有这样的敏锐性,针对差异扬长避短,寻求策略,找到不同增长点,以达到英语学习中男生与女生的齐头并进。

【此文作者系青溪中学教师陈枫丹】

论文九　　　　　　　　　**优化生物作业设计,提高教学质效**

摘要

作业不仅仅能够使学生及时检查自己近阶段的学习效果,同时也能帮助检测学生的学习情况和自己的教学效果,从而立马调整自己教学方式。因此,在初中生物教学中,作业设计是非常重要的一部分。目前,初中生物作业中普遍存在着的一些问题使得学生学习的主动性较低。所以,通过优化生物作业的设计来激发学生的学习兴趣,从而提高学习效率是非常重要的。

关键词: 作业设计　作业评价

一、初中生物作业现状分析

目前初中生物作业方面的问题主要是：一是学生对作业的完成缺乏主动性，都是被动完成教师布置的作业；二是教师布置的作业过于依赖教材或者练习册上的习题，习题多为填空、选择，形式比较枯燥、单一，缺少对学生思维的训练，且都是书面作业。这些原因会使得学生的学习兴趣降低，缺乏主动性，对学生的学习效率产生影响。

二、如何优化生物作业设计

（一）优化作业内容和形式，激发学生的学习兴趣

1. 设计实践类的作业

初中生物的内容与我们自身、以及周围的环境息息相关，因而实践类作业是生物教学中必须要采取的教学方式。实践类作业是能够激发学生学习主动性、积极性的良好措施。不同的学生在实践过程中会有不同的体验，不同的收获，也能得到不同的发展。教师在学生学习学科知识的同时，必须培养学生动手能力，学会实验操作、观察记录、整理记录等方面的能力。对于这些能力的培养和提升肯定不能仅仅依靠教师来讲解传授，一定要在相应的实践活动中才能够得到升华。因此，教师可以设计一些较为简单、动手操作性强的实践作业，让学生完成。例如，在生命科学第一册内容中，学生通过图片等方式认识了四大类群的植物，并且学习如何使用检索表。教师可布置课后作业让学生利用课余时间，对学校里的植物进行观察，并对学校植物的种类做一个小调查，还可以制作植物名牌。通过这样的形式，不但能够辅助学生更好将学到的理论知识运用到实践过程中去，巩固学到的基础知识，还能够激发学生的主动性，体会实践的快乐。

2. 小组合作型作业

初中生物课程的教学目标除了培养学生的动手能力以及运用能力之外，通过实践活动培养学生的合作意识也是新课程标准下初中生物实践作业的一个重要目标取向。小组合作学习最大的特点是在于创设一个民主、轻松、愉快的氛围，减少学生的负担，使学生完成起来更加轻松，从而进一步激发学生的积极性和主动性，并有效激发出他的学习潜力。小组合作学习的方式能够进一步突出学生的主体地位。在这个过程中，学生和学生之间是合作交流的关系，能够更加轻松，更好的表达自己的想法，有效提高学生合作意识和学习的自主性，加强学生的学习能力。例如，在上述提到的"校园植物小调查"中，就可以小组分工合作，这样的分工合作可以有效的减轻学生的作业负担，从而减轻学生的学习压力。

3. 作业内容具有层次性

由于学生受到家庭、天赋、教育等各方面因素的影响，使得每个学生的学习基础和学习能力是存在差异的。如果让这些学生完成统一的作业，学习能力比较强的学生能力得

不到提升,而学习能力相对来说较弱的学生难以巩固基础,这样大部分学生就不能在自己原有的基础上得到进一步的能力提升。因此,在生物作业的设计上应站在学生的角度思考,从学生的实际情况出发,针对学生之间的差异设计有层次、有梯度的作业,从而使得不同层次的学生得到不同的提升。通过这样的形式才能在减轻学生的学习负担的同时,又能巩固所学知识。

4. 作业内容具有趣味性

学生的兴趣活动是教师指导学生学习的主要动力。因此,生物作业的设计也要从学生的角度考虑,从学生的兴趣入手,激发学生的学习兴趣,从而提高学生的学习效率。教师在设计作业时,应该与学生的实际生活相联系,贴近生活,也可与当今社会的时事热点相结合,这样能够有效的提高学生的主动性。例如,在学习微生物这一节知识内容时,教师可以布置前置性预习作业,内容可以与当下全民关注的"新冠病毒"疫情相结合,让学生来搜集相关资料,并将这些内容进行整合,这样可以让学生对"新冠病毒",乃至"病毒"有更进一步的了解。

5. 作业答案具有开放性

作业的设计不仅仅要帮助学生巩固基础知识,还要帮助学生拓宽思维。传统的生物作业答案有且仅有一个,比较死板,且有局限性,这样使得很难体现出发散性思维。因此教师可以设计一些开放式的问题,抛弃"标准答案"。例如,在学生学习"基因",认识"转基因"之后,往往会有疑问:"转基因食物是否安全呢?"对于这样的开放性问题,教师可以安排一场辩论赛,让学生以小组为单位利用课余时间收集相关资料,并对其进行梳理。最后,以辩论赛的形式呈现学生的学习成果。这样的形式能够很好的帮助学生拓宽、以及锻炼思维逻辑能力,增加学生的学习兴趣,同时也能够提高学生的语言表达和组织能力。

(二) 优化作业评价方式,鼓励学生主动学习

在目前的初中生物教学中,教师对于学生作业的评价缺少多元化,且忽略过程性评价,且评价的主体过于单一,常常是教师作为权威的评价主体,学生处于被动的位置。这种评价容易让学生产生应付的心理,只要过了老师这一关即可,不利于学生的整体发展。从而使得学生失去对获得教师评价的渴望,降低了学生的学习主动性。因此,在作业设计的过程中,作业评价也是不可忽略的一部分。

1. 评价形式多元化

教师能够在课堂上及时的关注学生给予评价,但是对于学生的作业的评价,往往只能看到学生作业最后的呈现结果,教师再对这些呈现的结果进行评价。评价的主体就只有教师,学生处于被动的位置。这样的评价方式所得到的结果相对来说是比较片面的。而在学生实践学习、小组合作完成作业的过程中,同学之间的互动、交流要比教师与学生之间的多很多,由此,教师可以设计作业时加入小组内组员之间的评价、组长对组员的评价,由此才能更进一步了解每个学生在完成作业过程中的表现。对于一些家庭作业,也可以让家长参与其中,由家长来对学生的表现做出评价并提出意见。不仅如此,教师还应当设计自我评价环节,让学生对于本次作业的表现、达成度等等方面作自我评价。最后,教师再将这些方面的评价进行汇总并进行肯定和提出建议,从而帮助学生更好的认识自己,从而朝着明确的方向继续努力。

2. 细化评价内容,注重过程性评价

在实践类的作业过程中,过程性的评价尤其重要。教师在制定评价方案时,不能够仅对学生是否完成自己布置的作业或者是完成度进行评价,这样大大地忽略学生在学习过程中各个时期的努力程度,使得教学评价的促进作用难以发挥。因此,在这设计评价方案时,教师应当多个角度考虑,结合多元化的评价形式,对学生的各个时期的表现多出评价,鼓励学生努力学习。

三、结语

总之,生物作业是生物教学的重要组成部分,老师在探索生物课堂教学改革的同时,也应对生物作业的改革加以重视,只有优化作业内容和形式,激发学生的学习兴趣,优化作业评价方式,鼓励学生主动学习,使设计与布置的生物作业全面、合理、有趣、生动,才能激发学生学习生物的兴趣,增加学生产生探索生物的动力。

在初中生命科学教学中,作业是教学中必不可少的一个环节。作业不仅仅能够使学生及时看到自己的学习效果,并对其作出相应的改变,同时也能帮助教师及时发现学生的不足,从而对自己的教学方式、教学进度等方面进行调整,进一步提高教学质效。因此,教师要深刻明白作业设计的重要性,同时学会充分利用作业评价的功能,不断提高教学效率,为促进学生长远发展和综合能力的提高而努力。

【此文作者系青溪中学教师沈梦微】

论文十   落实学情分析   优化教学设计   提高课堂实效
——以《合理利用网络》一课为例

摘要

学情分析是做好围绕学生、关照学生、服务学生的前提基础。只有深入研究学情,密切关注学情,才能有的放矢,以学定教,顺学导教,最大限度地提高课堂教学实效,培养学生的学科素养,增强学生获得感。本文以初中道德与法治《合理利用网络》一课为例,谈谈基于学情分析的教学设计优化,从而落实学科核心素养的培养。

关键词: 学情分析   教学设计   核心素养

在日常教学实践活动中,许多教师都是依靠自己的经验来臆断学情,一般都不会想到用某种方法去了解具体的学情。而身处教学一线的道德与法治教师们,往往需要任教不同班级、甚至不同年级的学生,这也就意味着同一个教案经常会被运用于不同的班级。但学情不同,所产生的教学效果自然也不同。面对鲜活的学生群体,教学实践不该一成不变,而应考虑学生已有的生活体验,关注学生的认知起点,并及时调整教学活动,优化教学设计,方能实现以学定教,顺学导教,培养学生的学科核心素养,提高课堂教学的有效性。本文着重结合一线教学设计学情分析案例,谈谈基于学情分析的教学设计优化,从而落实学科核心素养的培养。

一、设计——前后教学方案

在进行部编版《道德与法治》(八上)第一单元第二课第二框"合理利用网络"这一课的课堂教学前,凭借自己以往的教学经验和一个多月与八年级学生的相处,设计了本课的教学活动方案。经过一节课的实践尝试,由于效果不太理想,又对原有的教学设计进行了修改,前后教学环节的调整如下表所示:

教学环节	原设计	再设计
环节一 课堂导入	教师出示网络漫画和文字片段 提问:看完漫画,你有哪些感受?	出示课前调查"网络使用情况"
环节二 理性参与网络生活	播放视频《群主须实名,谁建群谁负责》,提问:我国为什么要这样做? 引出:要提高媒介素养,提问:什么是媒介素养?	出示小林的生活片段一 说一说:小林"东点点西看看"的网络生活带给你什么启示? 引导学生得出:要学会"信息节食"
	小调查:你有手机吗?你一般用手机做什么? 出示 P17"探究与分享",提问:你有没有遇到过图中的问题?网络还给你的生活带来了哪些困扰? 我们应该怎样对待网络中的信息? 引导学生得出:要学会"信息节食"。	出示小林的生活片段二 出示"重庆公交坠江事件"的警方辟谣文件 想一想:如果你是小林,你会怎么做? 引导学生得出:要学会辨析网络信息,让谣言止于智者。 出示女司机家人的采访片段 提问:我们如何辨析网络信息?
	出示网络谣言中的部分内容,提问:这些信息,你会转发吗? 播放视频《2017 上半年微信十大谣言》,提问:面对网络谣言,我们应该怎么做? 引导学生得出:要学会辨析网络信息,让谣言止于智者。 出示"法律条文",提问:我们如何辨别网络信息?	出示小林的生活片段三 议一议:小林的行为准确吗?为什么? 出示"法律条文",引导学生得出:恪守道德,遵守法律
	出示教材 P19"探究与分享",提问: 1. 你怎么看待贴吧里的这种现象? 2. 如果你是小林,你会以其人之道还治其人之身吗?为什么? 引导学生得出:恪守道德,遵守法律是网络生活的基本准则。提问:怎样遵守网络规则? 板书学生的回答要点,并提问:网络无限,自由是否也无限?	出示思维导图,解释"媒介素养"的概念 出示小林的生活片段四 试一试:小林的忙碌是什么原因造成的? 引导学生得出:要提高媒介素养

（续表）

教学环节	原设计	再设计
环节三 我的困扰 我来解决		出示课前调查"网络带来的困扰" 组织学生小组讨论 板书重要内容,出示方法建议

二、比较——前后教学效果

课前,我对自己原来设计的这份教学方案还是比较满意的,但在将它首次运用于课堂教学时,所产生的教学效果却不尽如人意。就教师自身的授课体验来说,并不理想。将修改后的教案也在课堂上实施了以后,发现教学效果的确有所改善。

环节一:原课堂导入中,看到老师出示的网络漫画和文字片段,学生都非常兴奋,积极举手发言,表达对漫画内容的看法,但大家的关注点都集中在图上,特别是女生,发言的点都偏重于网络的负面影响上。学生不是空着脑袋进入课堂,他们的头脑中有从日常生活中获得的知识,这些知识有些可能是错误的、不充分的。鉴于此,对教学内容进行了调整,以课前问卷调查的结果作为课堂导入,当三张数据图呈现于学生眼前时,他们马上进入角色,开始议论,观察数据结果的过程就是发现问题过程,同样是上网找资料,为什么有的同学是搜时政新闻,有的同学就是查作业答案;又为什么同样 QQ 聊天,有些同学就用它来互传家作答案呢?通过分析图表,让学生直视问题,反思不足。调查的结果让学生全面直观地看到了网络的作用,老师的引导更让他们体会到了是利是弊,关键不在网络,而在于使用者。调整后的教学环节在顺理成章引出课题的同时,也培养了学生辩证看待问题的能力。

环节二:原设计主要是围绕"群主实名制"和"2017 上半年微信十大谣言"两个视频展开,学生在对第一个视频进行原因分析时,提到的理由是:为了不让成员在群里发不好的内容,群主可以"踢掉"发不良信息的成员。学生的回答有道理,却与"媒介素养"一词的概念理解有距离。调整后,我弃用了原来的视频通过情境创设"小林的生活片段一、二、三",在学生理解"信息节食、辨析信息、恪守道德、遵守法律"这四个合理利用网络的具体要求后,教师借助思维导图将这四个要求细化为选择、理解、质疑和评估四个能力,以此来解释"媒介素养"的概念,继而出示"小林的生活片段四",引导学生思考"为什么小林的生活这么忙碌?"学生在分析原因时,都提到了"小林只是在收藏获取信息,他缺乏筛选信息的能力",最后老师稍加点拨,学生自然而然就得到了"小林需要提高媒介素养"的观点。通过"小林的生活片段四"的分析,以讲练结合的方式,让"学生将新知识建立在牢固和准确的已有知识之上,在已有知识和新知识之间形成连结,从而帮助他们建构更加复杂和牢固的知识结构"。

至于"2017 上半年微信十大谣言"这个视频,大部分学生观看时还是有点兴趣的,但学生缺乏生活体验。所以后来选择将"重庆公交坠江事件"放到课堂上来讨论,学生的参与性立马提高了,当老师出示网友造谣的截图时,学生们个个义愤填膺,纷纷表示网友的行为是不对的。之后再播放受害女司机家人的采访片段,网络谣言的危害不言而喻,学生就能自行体会。不少学生一边看视频,一边就在窃窃私语,"这绝对是网络暴力,太可怕了"、"朋友圈转发需谨慎"……当学生的情绪被调动起来,在情感上产生共鸣后,教师提出"要学会辨析网络信息"也就水到渠成了。

环节三,调整后的教案中增加了"网络困扰,我来解决"的内容,教学资源来自于课前的问卷调查,要求学生针对自己在问卷中反映的网络困扰,小组讨论提出解决方法。还在我稍加解释这些网络困扰时,有些活跃的男生就已经频频点头,跃跃欲试。课前的问卷调查中,学生反复提及"一旦开始上网,就容易忘记时间,停不下来",课上学生们深表同感。对此,小组给出的解决方法最多,也最有意思。有小组说可以"设闹钟",立马就遭到了其他小组的否决,"这方法没用,拔网线更靠谱。""让爸妈提醒,他们一定很愿意。""把手机收掉,爸妈妥妥控制你上网时间"……轻松愉悦的课堂氛围中,思维碰撞出火花。他们提的这些,很多是我们老生常谈的方法,但由他们自己说出来,和由我们老师说出来,意味完全不同。

三、思考——学情分析方法

(一) 课前有心了解学情

所谓学情是指学习者在某一单位时间内或某一学习活动中的学习状态。学情分析是预设教学活动的前提和依据。课前教师除了要把握课程标准,研究教材内容,还要了解学生的已知、未知、想知、需知,这样才能设计出行之有效的教学活动方案。

苏珊·A·安布罗斯在《聪明教学7原理》一书中写道"备课时,理解或考虑学生已有的知识,有助于我们把教学设计得更恰当。"一线教师备课时,获得学情最常用的方法应该是已有的教学经验和教师的参考用书,当然所得出的学情分析也能反映出学生的部分情况,但却很有可能"放之四海而皆准",不能为创设教学活动提供有力的支持。想要设计出合理有效的教学活动方案,课前教师一定要做个有心人,利用各种机会和渠道去了解学生。在此次的教学实践中,我在课前对学生进行了问卷调查,调查内容和调查结果如图所示。

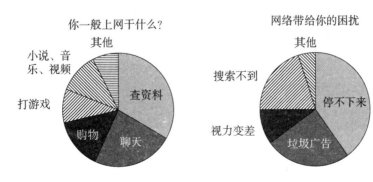

你每周上网多长时间？你一般上网干什么？上网过程中你碰到的最大困扰是什么？简单的三个问题，已经折射出学生日常的上网时长、上网内容和网络影响。通过整理调查结果，初步了解和分析学情，根据问卷反映的学生情况来设计教学方案，针对学生的实际创设教学情境，作为课堂教学资源进行导入，在上课一开始就引起了学生的兴趣，课中针对问卷反馈的结果设计了"我的困扰，我来解决"的教学环节，旨在通过学生的互动交流，培养学生运用学科知识分析和解决解决生活实际问题的能力，从而提升课堂教学的有效性。

当然问卷调查并非是了解学情的唯一途径，课前做个有心的教师，多留心观察学生课间的行为表现，多和其他任课教师沟通，及时掌握学生的思想动态和生活经历，都能帮助教师进一步把握学情，设计符合学生实际的教学方案，有效利用学生正确的已知促进其学习，实现以学定教，达成教学目标。

（二）课中有意关注学情

《学习的本质》一书指出："对学习者的现有概念的考虑必须成为一切教育计划的出发点。在课堂教学中，只有重视学生的学习起点，把学习活动建立在学生的先有概念基础上，学习才得以真正发生。"在前一次的课堂教学实施中，我发现在介绍网络公益行动时，学生都表现出了极大的兴趣，但当我向学生提问"你还知道哪些类似的网络公益活动"时，只有一两个学生举手发言，但都局限在爱心捐款上，可见学生们的知识面还是比较窄。所以二次授课前我给学生布置了课前作业，要求学生以小组为单位上网搜索与网络公益相关的活动和组织。在学生有所准备的情况下，课上邀请学生代表上台介绍各类网络公益活动，提高了他们的课堂参与性；同时又通过小组间的互动交流，拓展了他们的已知，满足了学生的学习需求。

在介绍网络公益时，正好有学生代表分享了中国网络植树公益网的信息，想到课前的学情分析中，看到不少学生都有淘宝的经验，应该对蚂蚁森林不陌生，由此在学生介绍完后，我顺势补充了"蚂蚁森林获地球卫士奖"的时政新闻，引起了学生的兴趣，特别是让玩过蚂蚁森林的学生产生了共鸣，纷纷表达了参与蚂蚁森林活动的意义。在这一环节中，师生互动共同拓宽了教学内容，学生也把已有的生活体验和理论知识相结合，实现了知情意行的统一。

学情分析是一个持续动态的过程，真正有效的学情分析不能仅停留在课前，课中教师还需要时刻关注学生的学习状态，及时捕捉学生的课堂生成，也能帮助教师更好地调控教学进程。

（三）课后有必反思学情

反思这一节课的活动实施和学生的行为表现，课堂教学中，为了突破引导学生如何面对网络谣言的教学难点，我借助了"重庆公交坠江事件"，刚刚展示当时的网友留言，立马就激发了学生的学习情绪；之后，我又出示了警方辟谣的新闻报导，接着向学生提问，"你认为网友应该怎么做?"学生的答案都是不能随便转发网络谣言。如此简单的问题,学生应该都会给出上述的标准答案。可以在出示了网友留言之后,现场调查有没有学生转发过这条信息,再出示警方的辟谣文件,然后让转发过的学生交流心理感受。如此处理,应该更能在情感上获得学生的共鸣;在有了情感基础的条件下,再进行引导,就能起到事半功倍的效果。

课后,教师对学生习得情况的反思,是对学情分析更为深化的研究。除了对课中学生习得的反思,还可以通过学生作业的反馈和个别学生的课下交流,都能帮助老师在反思教学行为的过程中深化对班级学情的把握。通过分析学生作业和考试中的错误类型,顺学导教,安排针对性的教学,纠正学生错误的已知,填补他们在理解上的间距,就能加强新知和旧知之间的链接,进而完善和巩固学生的知识体系,实现有效教学。

四、结论与思考

习近平同志明确指出,思想政治工作从根本上说是做人的工作,必须围绕学生、关照学生、服务学生,不断提高学生思想水平、政治觉悟、道德品质、文化素养,成为德才兼备、全面发展的人才。学校方面如何全程育人、全方位育人,如何围绕学生、关照学生、服务学生;学生方面如何有序参与、如何发挥主观能动性、实现教学相长,都需要通过创新互动机制积极探索、形成共识。学情分析是做好围绕学生、关照学生、服务学生的前提基础。只有深入研究学情,密切关注学情,才能有的放矢,以学定教,顺学导教,最大限度地提高课堂教学实效,培养学生的学科素养,增强学生获得感。

【此文作者系青溪中学教师杨卫晨】

论文十一　　　　　　　**凝心聚力、"跨"越成长**
　　　　　　　　——在跨学科研讨中落实历史学科核心素养

摘要

当下的学习方式已经从"知识核心时代"转变为"素养核心时代",核心素养强调的不是学生的知识和技能,而是获得知识的能力。在教育改革的新形势下,如今核心素养教育模式将取代传统的知识传授体系,这是教育发展过程中的一个重要节点。我们教师也要与时俱进,改变教育理念和教学方式,提升自身素养,努力追随教育转型的步伐,关注学科育人、关注核心素养,为学生的终身发展打好基础。

关键词:核心素养　跨学科研讨　终身学习

一、基本情况概述

历史学科核心素养包括核心理论(唯物史观)、核心思维(时空观念)、核心方法(史料实证)、核心能力(历史解释)、核心价值观(家国情怀)。历史核心素养之间是互相关联的,说明五个核心素养是一个相互联系的整体。

2019学年开始,由于我校教研组的重组,鉴于学科众多,我们凝聚教研组集体智慧,组内开展了史地、政史跨学科结合,以及校内开展了跨组的文史结合,和语文组组织了跨学科教研、磨课、评课活动,取得了良好的效果。从时代、社会对综合人才的需求来看,多学科结合是最大的趋势,教师也需要与时俱进,在日常教学中要注重锻炼学生的自主学习能力、历史思维和发现、解决问题的能力,为学生的后续学习做好铺垫。

教研组内的道法、历史、地理三门学科是互相独立又相辅相成的,在教学中是相对独立的课程,但是在备课和教科研中我们注重"跨学科结合"研讨,组织组内、校内多方位的跨学科研讨活动,以促进学生的全面发展和终身发展为原则,研究跨学科结合的教学方法和实践活动,提升教师教学能力,并增强课堂实效。

确定教研组主题:在跨学科研讨教学中落实学科核心素养:以跨学科研讨为教研活动形式,在教学活动中注重把握课程内容主旨,关注学生学习经历,落实学科核心素养。

以新中考、新课程改革为指导,形成先进的课程教学理念,着眼于学生的发展,注重弘扬中国和世界各民族的优秀文化,重视学生的思想情感教育,以"立德树人"为目标培养正确的世界观、价值观和人生观,提高学生的综合分析能力。

二、在跨学科研讨中落实历史学科核心素养的实践探究

具体在以下几个方面展开实践探究:

(一) 在文史、政史结合中渗透"家国情怀"

"家国情怀是学习和探究历史应具有的必备的社会责任与人文追求。我们每一个人学习和探究历史应具有价值关怀,要充满人文情怀并关注现实问题,以服务于国家强盛、民族自强和人类社会的进步为使命。"

历史课程对"家国情怀"的培养目标是:通过历史学习,学生能够从历史的角度认识中国的国情,具有家国情怀,形成对祖国的认同感;能够认识中华民族多元一体的历史发展趋势,形成对中华民族的认同感,具有民族自信心和自豪感;了解并认同中华优秀传统文化,认识中华文明的历史价值和现实意义;认同社会主义核心价值观,树立道路自信、理论自信、制度自信和文化自信;了解世界历史发展的多样性,理解和尊重世界各国、各民族的文化传统,形成广阔的国际视野;能够确立积极进取的人生态度,塑造健全的人格,树立正确的世界观、人生观和价值观。"家国情怀"是立德养身的根本,每一个人都应该具备的

责任感和使命感。

（1）通过文史结合可以让语文课更有内涵，历史课更有情境，引用语文课中的典型古诗可以进行情感教育，创设情境。

语文教材中很多课文是以历史为背景的，而脱离历史背景的语文课常常让语文老师觉得疲于应付。因此让历史题材的语文教材和历史课相整合、使得语文和历史两门学科相辅相成、互相促进。

如杜甫的诗句"国破山河在，城春草木深"，体现了处在安史之乱中的杜甫，在颠沛流离中，心中有"家"，更有"国"，他忧国忧民的情怀在诗歌中体现的淋漓尽致，感人至深。而学生通过了解"安史之乱"的背景和影响，对杜甫的诗歌也有了更深层次的理解和感悟。

（2）通过政史结合，在教学中注重渗透国情和时事教育，增强学生的实践意识。

历史和道法和爱国主义教育的重要基地，充分利用历史、道法课程的德育教育优势，因势利导，对学生及时进行情感价值观教育。教师在日常教学中要把教材内容和社会生活中的实际问题联系起来，提出问题，让学生自主学习讨论交流，在解决问题中激发兴趣、树立信心，培养钻研精神，提高表达能力和交流能力。落实跨学科研讨，设计史政跨学科教学设计，通过组内研讨、跨教研组研讨等活动，在跨学科研讨教学中落实学科核心素养。基于核心素养，进一步开展跨学科教研。

比如"改革开放"这一内容在道法课和历史课中都是重难点，教师需要让学生了解改革开放政策实行的历史背景，了解改革开放是对前一个时期的继承、改革、更是发展，为之后的社会主义实践积累了条件，要让学生深刻理解其历史发展的连贯性。因此道法和历史老师需要史政结合，培养学生的"家国情怀"核心素养。

（二）在史地结合中强化"时空观念"

"时空观念"是了解和理解历史的基础，是指对事物与特定时间及空间的联系进行观察、分析的观念。是认识历史所必备的重要观念，也是学习历史和认识历史所特有的思维品质；任何历史事物都是在特定的、具体的历史时间和地理条件下发生的。只有将史事置于历史进程的时空框架当中，才可能对史事有准确的理解。

历史课程对"时空观念"的培养目标：通过本课程的学习，学生能够知道特定的史事是与特定的时间和空间相联系的；能够知道划分历史时间与空间的多种方式，并能够运用这些方式叙述过去；能够按照时间顺序和空间要素，建构历史事件、历史人物、历史现象之间的相互关联；能够在不同的时空框架下理解历史上的变化与延续、统一与多样、局部与整体，并据此对史事作出合理解释。在认识现实社会时，能够将认识的对象置于具体的时空条件下进行考察。

对于七年级学生的认知水平和知识储备来说，掌握时空观念核心素养是有一定的难度的，需要长时间的学习积累和思维训练。而"史地结合"是让学生掌握"时空观念"核心素养的有效办法。

地理空间的学习对历史时空观念的培养有着重要意义。比如：战争、民族迁移和民族交融,比如通过丝绸之路的地图了解其形成过程、以及通过朝代变迁的地图分析地理环境的改变对历史发展产生的影响等等。因此教师在教学中要引导学生结合地理信息学习历史地图,并引导学生能够结合地理空间学习分析历史事件、经济发展情况以及政治制度的演变等,从而加强历史思维的训练,完善"时空观念"核心素养的培养。

(三) 在文史结合中落实"历史解释"

"历史解释"是指以史料为依据,以历史理解为基础,对历史事物进行理性分析和客观评判的态度、能力与方法。对史料的理解是学生学习历史的基本技能,也是发现、分析、解决问题的关键能力,因此学生的阅读理解能力至关重要,这也和学生日积月累的语文学习和课外阅读息息相关。

历史叙述在本质上都是对历史的解释,但是不同的人、不同的时代解释是有深浅和正误的,理解也是有差别的。人们通过对史料的搜集、整理和辨析,辩证、客观地理解历史事物,不仅要将其描述出来,还要揭示其表象背后所折射的深层因果关系。从而通过对历史的解释,不断接近历史真实。

历史课程不能单独存在,需要文史结合,首先提高学生的阅读理解能力是基础,让学生先要能够读懂历史材料。通过对学生"历史解释"的能力培养,能够让学生懂得对同一历史事件,在不同时代、不同历史背景下会有不同理解和解释,并能对各种历史解释加以内容分析和价值判断;能够有理有据地根据所学知识表达自己的看法,在一定的锻炼之后能够有自己的见解。从而在今后的学习和生活中,面对现实社会与生活中的问题,能够以全面、客观、辩证、发展的眼光加以看待和评判。教师要帮助学生创设情境,给学生思考、探究的情境,让学生能够对历史学习触类旁通、举一反三,并运用到其他学科的学习中,养成辩证思维。

总之,历史学科核心素养的培养最终需要强化历史的教育、德育功能,帮助学生自主学习和探究历史,以史为鉴,形成良好的道德品质素养,培养民族自豪感和民族精神,形成家国情怀。

总结反思,"跨"越成长,后续我们将继续有目的、有选择性的和其他学科实行跨学科教研,从不同角度、不同领域,实现多渠道多方位合作。并进一步发挥集团联盟体的联动作用,共享优质资源。从时代、社会对综合人才的需求来看,多学科结合是最大的趋势,教师也需要与时俱进,锻炼学生的能力、思维和解决问题的能力,为学生的后续学习、终身发展打下基础。

【此文作者系青溪中学教师刘红】

论文十二 　　　　　　**初中名著阅读教学以读促写初探**
　　　　　　　　　　——以《草房子》名著阅读为例

摘要

　　全国初中语文统编教材实施后,各地教师注重名著阅读教学,在如何指导学生读方面下了很大功夫,但却忽略了名著阅读读写结合教学板块,学生名著读的多,但虽然读了名著,在写作中仍然出现不知道写什么,怎么写等问题。写作教学是初中语文教学的重点,更是提升学生思维品质的重要途径。因此,笔者将名著阅读与写作进行结合,尝试指导学生"聚焦性写"、"多角度写"、"深层次写"三个视角培养学生形象思维、逻辑思维和创造性思维,提升学生写作能力。

　　关键词: 名著阅读　读写结合

一、初中名著阅读教学存在的问题

　　名著阅读教学中教师的问题:统编教材实施以来,教师们非常关注名著阅读教学,尤其名著教学中整本书阅读教学。教师在名著教学中花了大量精力,但是写作教学没有渗透其中,没有读写结合的意识,因此导致名著阅读教学与写作教学完全分离;学生只关注名著中写了什么,虽然对于情节,人物和名著的主题能够有所认识,但是对于作者如何写的关注甚少,因此学生学习终点还是停留在对名著的"表面"认识;名著阅读教学中教材的问题:教材中在单元综合板块设计中,有"名著导读"教学板块,其中包含读书方法指导,但是却缺少名著阅读读写结合板块设计,因此教师很难依据教材进行名著阅读以读促写的教学实践。

二、初中名著阅读教学以读促写的必要性

(一) 读写结合是名著阅读教学的有益尝试

　　阅读名著与写作结合弥补教材写作方面的不足,提高学生写作水平。中学生处于思维、语言发展关键期,帮助学生在名著阅读中模仿与积累写作技巧,内化写作知识。

　　另一个方面《课程标准实施建议》中也指出:"提倡多角度、有创意的阅读,利用阅读期待、阅读反思和批判等环节,拓展思维空间,提升阅读质量;为学生的自主写作提供有利条件和广阔空间,减少对学生写作的束缚,鼓励自由表达和有创意的表达。鼓励写想象中的事物,增强平时练笔指导"。对名著阅读要深入理解文本,积累语言,在写作实践中又要善于内化文章阅读的知识,通过写作输出更好地理解文本内涵,反过来促进名著阅读品读能力。

（二）初中名著阅读以读促写的理论依据

《语文课程标准》第三学段"5—6 年级"要求指出："阅读叙事性作品,了解事件梗概,能简单描述自己印象最深的场景、人物、细节,说出自己的喜爱、憎恶、崇敬、向往、同情等感受;能写简单的记实作文和想象作文,内容具体,感情真实。能根据内容表达的需要,分段表述。学写读书笔记。"。初中生认知能力有很大提升。观察能力较强,思维发展。意义识记与抽象逻辑思维占主导;意志情感方面,模仿能力较强,情感丰富。初中生这些心理发展规律,为名著以读促写提供了理论条件。

因此,笔者以名著阅读指导为抓手,读写结合,尝试从"聚焦性写"、"多角度写"、"深层次写"三个视角培养学生形象思维、逻辑思维和创造性思维,提升学生写作能力。

三、初中名著阅读教学以读促写策略

（一）通过"聚焦性写"培养形象思维

叶圣陶先生曾明确指出"阅读方法不仅是机械地解释字义、记诵文句,更紧要的还在多比较、多归纳、多揣摩,多体会,发现它的语言特征。"

聚焦词、句、段理解,激发学生形象思维。学生在阅读名著作品的过程中,通过对词、句、段的揣摩体会,对人物形象的认识更加生动、具体。名著中的形象,个性鲜明,饱含着人物和作者的丰富情感,具有激动人心、扣人心弦的艺术魅力。笔者在学生阅读名著过程中帮助学生激发形象思维,聚焦词、句、段理解,边读边写,入情入境,丰富他们在阅读名著过程中的语言体验,进而提升学生的形象思维品质。

笔者在让学生读《草房子》时,针对每一章的词、句、段进行批注。学生读第一章时要求每读一页要有三处批注,一处感悟,字数不限,只要把所想表达出来即可。

以班级夏梦涵同学读《草房子》第一章《秃鹤》的第二小节为例,选取她写的批注：

36 页：感受到桑桑对这个新褂子的期待;37 页：桑桑对这件白大褂做了许多准备,就如生活中,对什么事都是充满期待的;38 页：感受到像纸月这样的小女孩很文静,不爱说话。但这是不好的,要做一个活泼开朗的女孩;39 页：我们要像纸月一样不骄不躁;40 页：桑桑突然又变了个样子,说明人是可以改变的,不要气馁;41 页：暴风雨来临,同学的样子就如同现在的我们……

从学生写的标注来看,学生聚焦名著中的内容"词、句、段"进行揣摩和体会,积极思考,但聚焦点的写法还不够,"聚焦点＋人物性格/心情/景特点＋感受"进行了建议修改。

例：37 页：通过描写桑桑一系列的动词,可以看出桑桑对这件白大褂做了许多准备,内心很开心充满期待。就如生活中,对什么事都是充满期待的;38 页：通过这段中纸月的行为描写的句子,让我感受到像纸月这样的小女孩很文静,不爱说话。但这不一定是好的,也许活泼开朗的女孩会更容易受欢迎。

引导学生把聚焦的点写清楚,并且感受这一过程体现出人物的特点,心情的揣摩,可以有自己独到的看法。这一过程,学生对词、句、段的理解就更深刻了,对人物形象有了形象体验,通过边读边写,"聚焦性写"提升了形象思维品质。

(二) 通过"多角度写"培养逻辑思维

1. 多角度表达感受

思想感情是贯穿任何一部名著内容的主线,从不同角度出发感受文章所蕴含的思想感情不同面,以此拓展学生写作视角,使学生跳出固有认知体系,为学生灵活感受思想情感并为写作奠定基础。

例如,笔者组织学生阅读《草房子》第一章《秃鹤》,并在阅读结束后,鼓励学生以"我通过阅读《秃鹤》感受到了……"为话题进行小随笔练习。然后明确依据文章内容、带有感情色彩句子、含义深刻的词句、含义深刻的段落等角度,进行选择一种角度,进行 200 字写作。

第二组成员	选择角度	写作表述内容摘要
方＊＊	依据文章主要内容	从第一章文章内容来看我感受到了作者对秃鹤既是喜欢又是同情。也因此感受到秃鹤对待别人很善良。
申＊＊	依据带有感情色彩的句子	在读到秃鹤要把戏演好,对他演戏时的描写"秃鹤演得一丝不苟"这句明显对秃鹤的赞美。我感受到了秃鹤为了演好戏,真得很认真和卖力。为了油麻地小学,也为了自己能够在同学们鹤老师面前抬起头。
刘＊＊	依据含义深刻的词句、句子	我读到秃鹤为了更好把戏演好,对他的打扮描写的词、句。"那个连长出现时,是在夏日。秃鹤就是按夏日来打扮自己。但眼下却是隆冬季节,寒气侵入肌骨。秃鹤不在意这个天气,就这么不停地走,不停地做动作,额头竟然出汗了""但""不停""不停""竟然"让我感受到了秃鹤为了演好这部戏,克服很大的困难,让我感受到秃鹤地坚毅和勇敢。
葛＊＊	依据含义深刻的段落	在小节 3 最后一段"当天夜里,熟睡的秃鹤被父亲叫醒,朦朦胧胧地见到了看上去可怜巴巴的桑桑,并听见桑桑吭哧吭哧地说:'我以后再也不摘你的帽子了……'"这段让我感受到了秃鹤作为孩子有着很强的自尊心,并且对待朋友心怀善意。

笔者在肯定学生分析思考、探讨交流学习行为同时,需通过名著阅读引导学生从思想情感不同侧面出发进行写作,"多角度写"丰富了写作内容,提升学生逻辑思维品质。

2. 多角度感受人物

《草房子》中描写的人物有很多:草房子主要人物有桑桑、陆鹤、杜小康、纸月等。每个人物的形象鲜明,但如何让学生更加立体认识人物、通过写提升逻辑思维品质呢? 在写作设计中,笔者让四个人为一组,每个人从不同角度来分析"桑桑"的人物形象,300 字。小组成员写好,组内成员探讨,提炼关键点,再由组长汇总并形成书面报告。

例：

第一组成员	选择角度	写作表述内容摘要
夏＊＊	依据人物描写感受人物性格	善良的孩子。他虽然顽皮，经常做出一些匪夷所思的事情来，但就其本性是善良的，他会给同学们做恶作剧，但也常做一些好事。
周＊＊		有自尊心的孩子。秃鹤"带帽子"抢走了他"穿棉衣"的风头，使他被冷落了，他会生气，和班上的同学一起捉弄秃鹤；杜小康在很多方面比他强，桑桑会有点嫉妒他，玩捉迷藏游戏时桑桑不愿意带他玩。
王＊＊	依据情节补充感受人物性格	真诚淳朴的孩子。杜小康家落败后，桑桑没有嫌弃，而是仍然把他当做好朋友；没人敢靠近细马，桑桑却愿意与他为伴；秦大奶奶去世了，他会非常伤心。
顾＊＊	依据环境补充感受人物性格	坚强的孩子。坚强的孩子。桑桑面对病魔的折磨，所表现出来的坚韧、刚强的灵魂都在作者笔下淋漓尽致地展现出来。

学生从不同角度思考人物特点，来写人物特点，随后小组进行讨论，再进行汇总和提炼，这个过程，就是帮助学生通过"多角度写"来训练多维思考，从不同角度看问题，让人物形象更加完整，提升学生逻辑思维能力。

(三) 通过"深层次写"培养创造思维

"读书贵有新得，作文贵有新味，最重要的是触发的功夫。所谓触发，就是由一件事领悟到其他的事……这种触发就是作文的好素材。"这里的触发指的就是联想。为了达成"深层次写"，培养学生的创造性思维，鼓励学生敢于发表自己的意见，提供抓手，充分合理想象，形成自己的观点和文字。笔者让学生改编小说的情节，增补文中空缺的情节，添加小说中的人物对话，续写小说中的人物故事。如：《草房子》第二章最后省略的部分，设计成主题为"纸月的结局"，让学生充分想象，培养发散思维；根据《草房子》前两章内容，设计"秃鹤遇到纸月后"为主题的练笔等。

为什么要写这些人物？通过人物塑造想要表达什么主题？《草房子》的塑造人物很多，作者想要表达的主题涉及的方面有很多，有关成长主题的、有关真善美主题的、有顽强主题的，要让学生敢于批判现有的观点，培养创造思维。学生不拘于一个主题，一个点，发表自己的观点，并且敢于批判传统观点，有自己的想法，这个正是培养学生发展创造性思维的过程。

学生每读一章，笔者尝试设计不同专题，让学生进行"深层次写"。如：第一章开展以系列主题随笔"我眼中的秃鹤""作者眼中的秃鹤""不合理的秃鹤"；在整本书阅读基础上设计"《草房子》主题之我见"等主题随笔，对整本书主题进行深入思考和探讨。

例如学生写：我认为《草房子》通过写桑桑的所感所见，让我感受到了不同人物身上的闪光点，无论是秃鹤，还是桑桑，还是纸月，他们内心都很善良，向上。然后我又觉得，我比他们要幸福得多，他们遇到的困难，我都没有遇到，他们身上体现出的坚强和不屈服的品质深深打动了我。然而我觉得小说有些细节有些造作，为了表现人物美好而表现，比如秃鹤，为了班级，出演了"连长"这一角色，如果是我可能会选择不出演，也更符合秃鹤真实的内心。

除此以外还可以设计问题链，进行"深层次写"。可以设计四个问题："第一，整体来说，《草房子》本书到底在谈些什么？这个问题关涉的是书的主题、作者表达主题的思路及主题的发展与分化。第二，作者细说了什么，怎么说的？这个问题涉及的是书主要的想法、论点和声明，从中可看出作者要表达的内容。第三，《草房子》本书说的有道理吗？是全部有道理，还是部分有道理？要回答这个问题就必须先读懂全书，否则便无从谈起。第四，《草房子》这本书跟你有什么关系？这个问题是要求学生能够懂得《草房子》内容的意义。"在答案的撰写过程中，学生通过"问题链"为导向逐步掌握读写结合的方法，将其内化为自动化的读写结合路径。

总之，开展名著阅读，以读促写，是很好的教学方法，通过在教学实践中，笔者指导学生从"聚焦性写"、"多角度写"、"深层次写"三个视角入手，以此提升了学生写作能力，提升了学生思维品质。还可以让学生改写成剧本等形式，通过阅读经典名著，学生不仅仅汲取写作经验、拓展知识视野，最重要的是在读中感悟、思考、提升写作能力。

虽然在实践过程中遇到时间紧，名著读写结合内容任务重；如何客观全面地评价学生读写结合写作质量等问题。但是相信在以后的实践中，注重内容精简设计、使用高效评价工具，重视学生名著阅读与写作结合，提高学生"思维发展与提升"的语文学科素养，将是我们一起努力的方向。

【此文作者系青溪中学教师孟丽丽】

论文十三　初中信息科技适应型与成熟型教师课堂互动的比较研究

摘要

《基础教育课程改革纲要(试行)》提出："教学过程是师生交往、共同发展的互动过程，教师在教学过程中应与学生积极互动，共同发展。"师生互动往往受到老师知识储备、教学经验、教学风格等影响，因此不同阶段教师的课堂互动往往差异较大。本文将比较适应型教师与成熟型教师在课堂互动中存在的差异，并探讨两类教师间如何取长补短，以便更好地促进教师专业发展。

关键词：师生互动、适应型教师、成熟型教师、比较研究

一、问题的提出

师生互动既是课堂教学中的重要环节，也是师生共同进步的关键。在信息科技课堂

中,师生课堂互动又有所不同。信息科技课堂中多学生操作少教师讲解,因此课堂中的师生互动(如师生问答)仅占其中一小部分,更多的是师班互动与师组互动。课堂的开展离不开师生间的互动,师生互动高效与否也必然直接影响着课堂的效率,而如何在课堂中实现有效的师班互动和师组互动在信息科技课堂中则尤为重要。

此外随着学校教师队伍的逐渐壮大,我校也成立了两人的信息科技备课组,分别为适应型教师与成熟型教师。在日常的备课组活动中,发现了两类教师在教学设计、课堂教学过程中显著的差异,尤其在师生课堂互动中,两类教师的侧重不同,产生的结果、效果也不尽相同。适应型教师作为新教师往往有更多的创新但也容易忽略与班级、小组的互动,成熟型教师注重知识点的讲解但互动形式较为局限。在这样的背景下,本文将分析不同类型教师的课堂师生互动模式比较优劣,针对这两类教师的课堂互动提出一定建议,促进教师的专业发展。

二、课堂师生互动差异分析

为了深入研究适应型教师与成熟型教师在课堂师生互动中的特征与差异,分别选取适应型教师与成熟型教师的初中六年级信息科技第二单元"演示文稿图片编辑"为课例进行研究,以期提供切实可行的建议。根据信息科技课堂的实际情况,课堂互动方式可分为教师讲解、课堂提问、课堂讨论和课堂辅导四个部分。本文将从以上四个部分比较不同类型教师的课堂互动情况。

(一)教师讲解

在课堂讲解次数方面,根据课堂实录比较发现适应型教师的讲解时间少于成熟型教师。在上课过程中,适应型教师对于信息科技相关知识点的讲解更为简单,学生的操练时间更长,而成熟型教师关注概念的传授,更倾向于使用生活实例进行讲解,但学生的操练时间也相应减少。

(二)课堂提问

教师在课堂上的提问是师生互动的主要方式之一,是知识传授的必要手段,启发学生思维的重要途径。课堂提问的类型多样,不同的问题类型也会产生不同的效果,能否通过提问达成教学目标是判断师生互动是否有效的重要标志。在"演示文稿图片编辑"这一课的授课过程中,两类教师都非常注重课堂的提问,提问的互动形式会贯穿整节课,但两者在提问类型中仍有一定差异。根据教学设计统计如下表:

问题类型	适应型教师提问次数与内容		成熟型教师提问次数与内容	
记忆性问题	3	1. 如何插入图片？ 2. 如何修改图片？ 3. 本节课你学到了什么？	1	1. 总结一下本课学习内容？
思考性问题	3	1. 这个演示文稿有什么问题？ 2. 在演示文稿什么地方能加入图片？ 3. 那么我们要怎么加工图片才能让他们更加好看呢？	4	1. 演示文稿中图片的主要作用是什么？ 2. 你认为每张幻灯片图片的数量多少为宜？ 3. 图片具有哪些属性？可以修改这些属性吗？ 4. 为了让图片与文字更好地展示内容，还可以增加哪些效果？
探索性问题	0		1	这里有一张幻灯片，结合本课学习内容以小组为单位讨论如何改进？并说说你的理由。

　　根据上表统计所示，两类教师设计的问题数量相当，主要差异在于问题类型的占比。其中适应型教师的记忆性问题占比较高，占整体的一半左右，缺少探索性问题的设计。从问题内容上来看问题较单一或是问题范围太广缺乏引导，学生难以思考回答，如"这个演示文稿有什么问题"这一提问没有增加适当的情境，学生的回答就会天马行空，难以得出教师想要的结果，课堂就无法顺利开展。成熟型老师有更为丰富的教学经验，熟悉学生的学习特征，故而设计问题更具针对性，注重问题思考性与探索性，且紧扣教学重难点。在让学生思考如何修改图片的提问中，适应型教师的提问是"那么我们要怎么加工图片才能让他们更加好看呢？"，成熟型教师的提问为"图片具有哪些属性？可以修改这些属性吗？"，针对同一知识点，成熟型教师的提问让学生从已有的知识中进一步思考，这样的提问无疑更有指向性。

（三）课堂讨论

　　课堂讨论是教学过程中必不可少的环节，在讨论中学生能够自由发表见解并与同伴碰撞思维，老师也能及时获得反馈。在课堂讨论次数方面，两类教师的组织次数相当，平均1—2次，但成熟型老师的讨论时间更长。此外，通过教学录像的比较发现适应型教师在课堂讨论的过程中，很少参与融入到各组的讨论，也没有给学生足够的时间讨论得出结论，总体而言形式大于实际需求。课堂讨论的开展需要教师足够的教学经验与管理班级的能力，在这一点上适应型教师还需要提升。

（四）课堂辅导

　　信息科技课堂有大量的学生自主操练时间，从时间上来看，适应型教师给予学生自主操练的时间更多，任务自由度也更大。而成熟型教师给予学生的操练时间较短，且相对而言操练时间更分散，较少整长段时间的学生操练。而在这占据课堂二分之一的时间里，也是师生互动的时机。适应型教师在学生操练时间里更多的关注学生个体的完成情况，在此过程中会花大量的时间巡视辅导学生完成情况,但并不对小组或整个班级发布指令或言语提醒。在这一点上成熟型教师就做的更好一些,成熟型教师除了与学生个体互动外,也会关注小组及班级情况。在互动过程中,有时会以两人或多人一组进行组内的点评,让学生在相互比较的过程中发现自己的不足。同时在巡视过程中在发现较多相同问题时,成熟型教师会及时发出指令打断,作进一步的讲解或操作示范。

三、课堂师生互动建议

根据对两类教师在课堂互动方式的比较分析,两类教师各有其优缺点。适应型教师讲解、课堂讨论时间少,学生自由操作时间长,学生能够更好地在作品中展示自己的想法和特点。但适应型教师由于缺少足够的讲解可能导致个别基础薄弱学生在学习中比较困难,此外新教师对问题设计时缺乏层次性、导向性和思维性,在课堂辅导中缺乏对小组和班级整体的关注。成熟型教师注重知识点的剖析、学生思维的锻炼、关注学生个体的同时也随时监控班级整体情况,这些都可以从课堂讲解、提问和辅导环节得到验证,但成熟型教师更偏重对课堂和学生的管控,与学生互动过程中缺少轻松愉快的氛围。针对两类教师在课堂互动中提下出的问题,并通过分析差异原因得出建议如下:

(一)教学观念

适应型教师要认识自己从学生到教师角色的转变,以学生为主体进行课堂教学设计。对于概念、知识点的教学不能以自己的角度一笔带过,注意从学生角度联系实际,帮助学生建立知识点间的内在联系。

(二)教学经验

适应型教师要注重自身教学经验的积累,不断借鉴其他老师的优秀做法,及时通过反思实践的过程更好地与学生互动。成熟型教师则应该在已有的经验上不断尝试积累新经验,不能一味重复过往的做法,设置新颖符合当下学生兴趣的互动形式,吸引学生参与到课堂互动中。

(三)学生观

成熟型教师应转变学生观。成熟教师虽然教学经验丰富,但往往也会出现弊端,在课堂教学生往往更多命令式的语言和动作,这无疑影响着和谐的师生关系和有效的师生互动。新教师也应关注自身是否建立了正确的学生观,在融入学生的同时也要时刻注意班级管理,才能更好达成互动目标。

四、结论与反思

本文通过分析不同类型教师的课堂互动，了解不同阶段的教师的课堂互动特征与差异进而提出可行性建议。适应型教师应关注自身经验积累、知识的储备，从学生角度开展教学，加强对班级的管控；成熟型教师则应摆脱已有经验的束缚，关注新时代学生的学习特征和兴趣爱好，建立民主轻松的师生互动关系。本文也存在许多的不足，在分析师生互动情况中的研究对象有限，案例也比较单一，使得研究结果代表性不强。其次，对于课堂互动的分析维度比较局限，仅仅分析了互动形式，对于互动语言、互动技能等其他内容没有做全面的分析，在研究角度和研究领域上都需要进一步拓宽。

【此文作者系青溪中学教师周丹】

第三节　育人楷模有引领

一、背景和问题

一所成熟的学校想要朝前迈进一步,就需要提高学校管理团队整体的领导力和促使骨干教师的能力提升,这也是实现学校内涵更好发展的关键。其中如何促使骨干教师在专业上形成特色,继而充分调动这些"特色型"教师是实现学校内涵更好发展的突破口。因此寻求更高目标,如何培养"特色型"教师,推动这些教师朝着专业学术、智慧育人的方向发展是我校当前的问题。

二、具体培育方式

(一) 鼓励课程开发设计,提升综合素养

我校鼓励"特色型"教师开发和设计拓展型课程,这在很大程度上提升了教师们各方面的能力。拓展型课程的开发和设计成为教师专业成长的重要推动力。课程的开发可以拓宽知识传播的途径、渠道,使科学知识和人文知识交融,对教师提出了挑战、迫使教师重新评价自己的知识结构和素质要求,不断推动自己的专业成长。

课程的开发和设计促进了"特色型"教师教育认识水平的再提升。在课程过程中,"特色型"教师要去认识课程资源的种类、分布,去认识课程资源开发与实现课程目标的关系,设计开发的程序和方式,估计开发所产生的效果。这些思维过程是一种对教育和教学重新认识的过程。这一过程为他们提供了组织学生获取知识的方法和渠道,也有助于学生获得比较完整的实践过程和学习过程,"特色型"教师因此也获得了一种体验的过程。他们在资源开发过程中不断修正自己的观念和价值体系,不断提高对教育教学的认识水平,课程资源的开发还有助于培养教师开放的思维和意识,使自己从资源的无意识状态向全面认识和积极开发转变。

课程的开发和设计促进了"特色型"教师知识结构的优化。课程的开发设计过程中迫使他们关注自己专业之处的知识领域,接触各行各业的社会人士,使他们在社会生活知识也有一个较大的增长。与他人的交往使教师更容易获取别人的价值观,也可使教师获得与人交往的知识。设计课程资源开发方式、研究课程资源开发方案、组织课程资源的开发

活动,也促进了他们在设计、协调、管理等方面知识的增长。这种过程使"特色型"教师的知识体系得到扩展和改进,最终实现教师结构的重整与优化,不断地促进他们的专业成长。

(二) 大胆运用项目引领,彰显特色发展

学校的发展依托于项目的开发与建设,我校大胆启用有一定能力的教师作为项目负责人,这也是帮助"特色型"教师进一步提升的好方法。从项目申报开始,"特色型"教师就需要详细的计划与周密的安排,并结合自身的工作经验可以很大程度上促使教师多角度、多方位规划项目的实施方案。在项目的实施过程中,不但自身得到了能力上的大幅度提高,帮助自己走出教育教学的"小圈子",心中装进学校这个"大工程";而且作为项目的负责人,需要组织项目中的人员进行研讨——实践——反思——总结等环节,在这些环节中整个团队的能力也在不断提升。

通过对项目的总负责,以及教师自身内驱力的作用下,这一批教师在育人育德方面成为了更好的典范,有良好的引领作用。同时学校进入良性优质地发展,这表现在学校涌现出更多的具有优秀的师德修养、先进的教育理念、宽阔的学术视野、厚实的专业素养,在学校发展中勇于承担任务,挑起大梁,逐步成为"特色型"的优秀教师,以此推动学校内涵发展。

(三) 开展工作室研究,形成学校品牌

学校鼓励在教学上有特长的教师创建工作室,让这些"特色型"教师的专业化能力得到最大的提升,并招收青年教师进入工作室,帮助他们找到和培养适合自己教学上的特长。每个工作室根据自己工作室的特点结合自身最擅长的教学技能与工作室全体人员一起讨论制订本工作室的活动计划。工作室负责人明确自己的职责,每一个参与工作室的教师在参与工作室活动中明确此工作室将开展的一系列活动,通过组织和实施本工作室活动方案,让负责人,即"特色型"教师发挥引领作用,使自己的个性特长更多地得到发挥,使参与工作室的其他教师在活动中得到锻炼,在活动中得到提升。

三、我校实例

我校包蓓姹老师以教育部《中小学教育质量综合评价指标框架》、《上海市中小学生学业质量绿色指标》、《上海市中小学课程计划》、《青溪中学课程方案》为指导和依据,提出"学分制＋《学生成长记录册》"进行学生综合素质评价,以建立青溪中学学生综合素质评价模式。包老师作为这个项目的负责人付出了很多心血,从根本上转变本校师生与家长的学生综合素质评价理念。通过"学分制"评价学生综合素质,转变广大师生、家长重视学业考试成绩而忽视学习过程、重视结果而忽视学生进步和努力程度、重视升学率而忽视学生品德发展和个性发展的评价观念,引导师生和家长树立科学的学生综合素质评价理念。

并通过实践研究、不断诊断和改进,逐步建立"学分制十《学生成长记录手册》"的学生综合素质评价模式。

我校卫勤老师抓住自身的教学特点与教学特长,领衔承担美术工作室任务,以我校为工作室基地,面向集团成员校招收工作室学员,开展教学研究实践。工作室同时也是带教阵地,开展对青年教师的带教指导工作。如教学活动的设计、学校文化布置、艺术节等都一起策划,由卫勤老师进行主持。在一系列活动中,"特色型"教师处处想在前,其他教师有疑惑及时予以解答指导,通过指导,其他教师的能力得到提升。而在这过程中,卫勤教师的引领作用也得到了进一步的发挥。

优秀班主任王萍丽老师开设班主任工作坊。工作坊主要围绕"引领、研讨、交流、实践探索、共同发展"的宗旨,开展专题研讨、班情的分析、经验的交流和案例的研究等活动来相互学习和探究,从而积极探索班主任工作策略与育人的方法,努力发挥班主任工作室的辐射效应,以打造出一支优秀的班主任团队,促进班主任专业化的发展和优秀班主任的自我提升。

四、"特色型"教师培养成果案例

论文一   **打破学科边界,提升课程活力**
                    ——以青溪中学《上海之鱼探查课程》为例

摘要:

打破学科边界,聚焦跨学科,青溪中学构建融合课程,推动学校育人模式变革,以种子课程《上海之鱼探查课程》建设与实施,提升学生跨学科学习能力,培养教师跨学科课程领导力与执行力,扎实探索新形势下融合课程建设的新路径。

关键词: 跨学科   融合   课程建设

一、案例分析

学校于 2020 年初修订学校课程方案,凸显学习领导力提升的核心理念,以建设融合课程为目标,构建青溪育人新模式。《上海之鱼探查课程》作为种子课程成为第一批建设项目,基于新中考 15 分跨学科案例分析聚焦生命科学与地理学科的融合,全面梳理国家课程中地理与生命科学学科的课程标准,充分挖掘奉贤标志性生态景点"上海之鱼"的丰富场域资源,以问题导向、情境体验、任务驱动为主要学习方式,让学生亲历知识发生和应用的过程,并综合运用知识、合作、创新、加工处理信息等能力,解决实际问题,完成小课题的探究,从而实现跨学科素养的提升。

二、问题描述

《上海之鱼探查课程》作为种子融合课程，是生命科学与地理信息学科的跨学科、融合性尝试，旨在以种子融合课程的建设，来带动整个课程群、项目群的深度发展。在课程建设的过程中，产生了如下问题：

1. 行政跨学科课程领导力欠缺

作为一门新课程，需要总体架构课程的目标、内容、实施及评价。学校行政团队对于跨学科融合的新理念还没有很深的理解，也没有丰富且实际的经验案例可以借鉴或学习。作为跨学科融合的试点课程，它突破了传统的课程模式，需要与全新的课程理念相适应匹配的教学模式和学习方式，需要行政团队有敏锐的发现问题和及时解决问题的能力。

2. 教师跨学科课程建设力欠缺

我校的地理和生命科学学科主要是教龄 5 年内的教师。他们对自己本学科的教学实践还尚处在探索、积累、学习阶段，对于高标准的跨学科课程统整缺少方向，自身的专业素养以及跨学科素养也有待提升。对于基于新理念的新课程，一定要采用新的教学模式和评价模式。教师不仅需要更新理念，更要通过创新性地实践来有效地推动课程的实施。

3. 如何达成学科知识学习与跨学科素养培养有效融合

跨学科学习的最终目的是帮助学生在不同学科领域之间形成有意义的关联，达到整体理解和对多个学科的深度理解，从而让学科素养和跨学科素养共同提升。在课堂实践中，如何进行实施才能真正达到知识与素养并重，避免重知识，轻方法的低阶思维训练，或者是重形式、轻知识，看似热闹，却完全背离目标的教学模式，需要教师精心的课前设计。

4. 如何达成"上海之鱼"特色与初中课程标准有效融合

上海之鱼是奉贤区的核心景观湖，是上海市湖面面积第三的人工湖。学生对之比较熟悉，也能够较容易地激发出学生的探究欲望。然而如何有效挖掘其场域资源，找到与初中段地理及生命科学课程标准相匹配的知识点，避免过深、过难的课题探究，或者太具有普适性的课题探究而失去"上海之鱼"特色，都是我们面临的现实难题。

三、策略

《上海之鱼探查课程》从 2019 学年起进行前期的开发，2020 学年落地实施，目前经历了一年半的时间，初步形成以下的经验与思考：

1. 行政团队自主学习研讨，提升课程领导力

顺应时代发展需求，落实中考新政改革，学校需要关注如何拥抱改革，如何让学习最大限度地与真实世界对接，如何既关注知识能力的生长厚度，又关注意志品质和道德修养的成长高度。我们明确，唯有课程改变，学校才能改变，学习才能改变。因此以培养学生学习领导力为导向，打破学科边界，寻求学科融合契机，打造融合课程，是教学模式创新的主要着力点。

学校行政团队认真研读中央及地方的最新文件精神,仔细钻研中考新政改革及《上海市初中地理、生命科学跨学科案例分析终结性评价指南》,明确了跨学科最终指向的核心素养为:信息提取与处理能力、问题分析与质疑能力、结论阐释与创新能力,所指向的都是基于真实问题解决的高阶思维及能力的培养。因此《上海之鱼探查课程》的研发必须以此为最终的课程目标。

我们将地理、生命科学与科学教师组成项目组,定期召开项目小组会议,通过"头脑风暴——专家引领——统整梳理——分组实践"的研究路径,进行前期的筹备。头脑风暴要求项目组成员每人提供一至两条具有生命科学与地理跨学科融合元素的,契合上海之鱼项目特点的探究主题。邀请市、区综合学科专家进行指导,帮助梳理课程大纲。最终确立了水与动物和水与植物两大研究方向,而后项目组再分成两组进行分科知识梳理与整合。

2. 项目教师自主合作学习,提升课程建设力

跨学科课程统整对教师提出了前所未有的挑战,项目组成员不仅是课程的实施者,还是课程的开发与建设者,面对突破学科界限的课程统整,需要教师极高的专业知识素养,必须加强理念的更新与培训。除去学校层面支持的指导与培训外,项目组更多的是自主学习及成员间的合作学习。通过线上线下结合的教研模式,就本周的课程实施情况、课程计划是否需要调整,课程教学中的问题进行研讨并记录,确保后续的课程顺利实施。基于真实问题解决的研讨以及基于自身真实需求的学习,是真正提升教师学习领导力的有效途径。

目前,我们按照"试点——研讨——提炼——推广"的研究路径,以六、七年级学生为主要对象,进行试点班级先行,每周两课时,利用拓展探究连上的形式进行具体实施。项目组成员为主要的师资队伍,每堂课由至少两名教师同时参与教学。在教学方式上,主要由问题导向、情境体验、任务驱动三种学习方式来开展具体的学习活动,让学生亲历知识发生和应用的过程。如目前在进行推进的水与动物板块,学生通过做一些水质对动物生活和行为影响的实验,如显微镜下的世界,探究酒精浓度对水蚤心率的影响等,让学生在实践中探究真理,从而形成分析问题、解决问题的能力。

3. 创设学科知识与跨学科素养之间的有效联结

跨学科项目不仅要跨知识,还要跨方法。但是它的基点是学科,只有梳理出单学科的知识点,才能将具有内在逻辑或价值关联的分科内容整合在一起,进行重构,形成有意义的交叉知识点。如生命科学学科中有动物种群、植物分布的知识点,地理学科中有分布地区的地理位置、环境特点的相关知识点。依托"上海之鱼"场域特点,我们最终确立的交叉知识点联结为:1.水生动物的分布及水资源状况;2.水体环境对水生动物的影响;3.植被分布与地理环境的关系。

例如柳叶马鞭草原产于南美洲(巴西、阿根廷等地),而上海之鱼周围的花海目前种植了波斯菊、百日草、柳叶马鞭草及粉黛乱子草四种花卉。究其原因是由于柳叶马鞭草喜阳光充足环境、怕雨涝、性喜温暖气候、生长适温为 20—30℃、不耐寒、10℃以下生长较迟缓,对土壤条件适应性好、耐旱能力强、需水量中等。而不管是巴西还是阿根廷提其纬度和上海都有一定的相似,所以上海地区的环境与其有类似的地方。通过种植在上海之鱼周边的马鞭草将生命科学以及地理相关的知识联系在了一起,使得学生在学习生命科学知识的同时对于地理的知识进行了巩固。

4. 挖掘"上海之鱼"特色与初中课程标准的有效联结

"上海之鱼"作为人工的景观湖,水体必定是它的一大特色。探究上海之鱼水环境的水蚤生活情况,可让学生对于上海之鱼各个季节的水质是或否良好有一个参考。课程内容主要通过"实验—数据记录—分析总结"展开。

实验一：水蚤在不同水质中生活的情况

实验二：水蚤在不同水质中产卵发育的状况

实验三：酒精对水蚤心率影响的实验

学生首次接触水蚤这类小型活体动物心率的观察和计数,实验中对显微镜使用的熟练程度有较高要求,同时这也是学生第一次开展探究性实验,难度较大。因此教师在实验前先让学生学会观察和计数水蚤心率的方法,进一步熟练显微镜的操作,熟悉实验所需的设备的操作与使用。同时,在进行酒精对水蚤心率影响的实验时,考虑到在一节课内完成整个探究过程较为困难,因此,在前一课让学生先学习不同浓度的酒精溶液如何配置,并且将5%、10%、15%、20%、25%以及对照组清水先准备好,为第二节课实验的顺利展开做好准备。

学生在经历"不同浓度的酒精对水蚤心率的影响"的探究过程中,学会设计科学、可行的实验方案;学会评价他人与反思自身的实验操作;提高分析与比较数据和图表的能力;同时在分析数据结论的基础上,关注到上海之鱼的水体、生物群落和我们的生活息息相关,水体的状况也影响着周围人们的生活,从而让学生树立保护水源,爱护环境的意识。

四、案例反思

目前项目组成员教师在课程统整和跨学课课程教学方面已经有了初步的体验,但是在教学模式上还没有找到更好的方法。但目前学校申请成功上海市第一轮义务教育项目化学习三年行动计划项目实验校,这也为项目组教师开辟了新思路。利用跨学科项目化学习六维度工具,以模拟建造"青溪之鱼"人工湖为驱动性问题,重新架构课程实施方案,将"上海之鱼"学习的知识迁移到"青溪之鱼"人工湖设计中,以真实的任务驱动学生的主动探究,真正帮助学生获得跨学科素养的深度学习。

【此文作者系青溪中学教师徐冲】

论文二　　　　　　　　　　做一个走进孩子内心的老师

摘要：

选择了教师这一行业，就是选择了风雨同舟，无怨无悔。在教育教学岗位上摸爬滚打近十年，我始终牢记要用心来感受学生，用爱来呵护他们成长，在他们成长的道路上学业成绩固然重要，但是培养学生的德行是老师更重要的使命。老师只有懂孩子的心，才能走近他们，教育才能起作用。教育转变学生，需要细心、爱心和耐心。本案例中以班干部小A为例，对教师通过对学生的关注、沟通以及与家长的交流实施家校共育、呵护学生成长进行探索，通过本案例，教师也能真正感悟到教育是细节的积累，是心灵的艺术，是长期的工程。

关键词：心理辅导　师生沟通

一、案例概述

班上有一个女孩小A，原本成绩优异，家境良好，作为班级干部，平时为人处世比较骄傲、优越。她自尊心极强，表面看来开朗阳光，甚至有些大大咧咧，但内心的想法纷繁复杂，看问题十分偏激，常以自我为中心。在遇到问题时，她听不进批评和劝导，还认为自己有个性、有思想，总认为自己是正确的而别人是错误的。

六年级第一学期她的期中考试成绩如滑梯般大幅度退步。面对如此不堪的成绩，小A一时难以接受，其父母也感到奇怪。凭着对小A性格的了解，我知道不能因为成绩退步而批评她，于是我悄悄地找她谈心，温和地问她："成绩退步，你自己找过原因了吗？是因为自己不努力吗？""我也不知道，我已经很晚睡觉了。"她自己说着，就哭了起来。我知道她这句话的言下之意就是她已经很努力了。我拍了拍她的肩膀安慰她："这段时间我觉得你的精神状态很不好，上课要打瞌睡，所以要提高学习效率，晚上一定不能太晚。找到原因，慢慢改进，相信你一定会进步的。有什么困难就找老师，我们一起来解决。"虽然暂时安抚了小A，但我知道成绩飞速退步后面必然有不为人知的原因。可是小A不想对我坦言，焦急的我也只能通过其他途径去了解。

于是，我又和家长进行了沟通。他的父母告诉我有一段时间作业都要做到晚上十一点半，我说这是绝对不可能的事，班里大部分学生都能在九点之前完成，即便她做作业速度慢一点，但十点也肯定能完成了，所以要关注她平时做作业的情况。我建议父母不要让她一个人关着门在房间做作业，可以陪陪她或中间进门看看情况。我继续从侧面寻找原因，发现在期中考试前的一个多月里，她在学校的"贴吧"上十分活跃，居然还把别的"吧主"投诉了，自己申请做上了"吧主"，七点半是做作业的最佳时间，可她居然在网上忙活着，十一点半别人进入了梦乡，她还在用手机上网发着留言，而她的父母根本不知道有这回事——我终于明白她作业做得晚、上课精神不佳和成绩退步的原因了。她的心思都集中到网上、"贴吧"上了,做作业仅仅是为了完成一项任务而已,也无怪乎前段时间每个科任老师都反映她的作业的质量越来越差了。

二、案例分析

了解了这个情况后,我及时与父母作了沟通。父母恍然大悟,说有时在她写作业的过程中去察看一下做作业的情况,总感觉她好像有些紧张和异样,在藏什么东西,但没什么依据又不能搜查。于是我又建议父母:第一,控制上网时间,能禁止就禁止;第二,把手机收掉,晚上做作业时绝对不能放在她身边;第三,采取这些措施时一定要有充分的依据,也不能让她觉得是因为老师"告状",以免与家长和老师产生对立的情绪而影响后期教育。后来父母以"给她交手机费时费用多得吃了一惊"为由顺利收掉了她的手机,并与她达成协议,只可以在双休日上网半小时,她对此也心服口服,没有什么过激情绪。

果然,在这之后她每晚完成作业的时间比原来提前了许多,作业质量也提高了许多,上课的精神也振作了。我再次找她谈心,告诉她这段时间老师们都感觉她精神状态很好,作业质量也不错,鼓励她把这种状态保持下去,继续努力一定会进步。建议她无论在校还是在家都要进一步提高做作业的效率,要求她回家作业必须九点半之前完成。在鼓励之下,小 A 很开心地答应了这些要求。

在后来的月考和期末考中,由于之前落下的功课,她的成绩也一直反反复复,没有回到原来的水平。面对这样的成绩,她原本的优越感和自信心被彻底击垮,她觉得自己已无法"翻身"了。这也给她的心理带来了很大的压力,考坏一次,就会哭得稀里哗啦,甚至有一次放了学很晚了还不愿回家,说不知道怎样面对爸妈。其实,按照她以往的经验,她一直认为只要她一努力就能考出不错的成绩,而现实显然并非如此。面对如此无助和彻底失去信心的她,我安慰鼓励她:"每一次考试都是对自己的一次考验,但千万不能对自己失去信心。进步和成功不是一蹴而就的,要有一个慢慢积累的过程。因为现在是六年级第二学期了,功课的难度与小学相比增加了好几倍,加上之前有一段学得不够扎实牢固,肯定要花更大的力气。再加上中学里人人都很努力了,所以竞争当然会更激烈。现在你重要的是要对自己重新认识和正确定位,这样一点点往上赶,你就会发现自己其实每次都在进步。"她止住了哭,我联系家长到学校来接她,并把这种情况与家长作了进一步沟通,建议家长对孩子也要有正确的认识和定位,把孩子放在中等生而不是优等生的位置,多鼓励,勿施加压力,不要太介意每次的成绩,要重树其信心,激励她一点点进步。最后,孩子情绪平静下来,心情轻松地跟家长回家了。

对自己的定位正确了,心态放调整好了,小 A 的内心轻松了不少,学习起来也少了一些无谓的烦恼和压力。只要有些许进步,尽管没到达她原来的位置,老师和父母都鼓励她,她对自己也越来越有信心了。有时即使考试成绩不怎么理想,她也能正确对待,不再对自己失去信心。这样又经过一学期的努力,在六年级结束时的最后一次月考中,小 A 终于考出了理想的成绩,又到达了她原来的位置。我又找她谈心:"恭喜你进步了。现在开始千万不能大意分心了,你看一旦退步了,赶上来花了整整半学期的时间。再也没有这样的时间了。"她笑得很灿烂,又恢复了原来的活泼开朗:"谢谢老师,谢谢爸妈,谢谢CCTV。"看着她这般可爱的模样,我那颗悬了一年的心也总算放了下来。

三、教育策略探索

由此可见要真正地走近学生的内心,老师一定要细心、有爱心和耐心。

首先,教师一定要学会关注细节,关注学生的细微变化,这就需要细心。当学生的行为有所反常,成绩有所退步,其背后必然隐藏着原因。教师要有一双"火眼金睛",去发现那些细节,并通过多种渠道去了解原因,这样才能将不好的"苗头"及时干预扼制,把握最佳的教育先机。

其次,教育转变学生,需要爱心,要与学生之间建立一座心灵相通的爱心桥梁。我们教育的对象是活生生的人,每个学生都有其自己的个性特点,应找到一把合适的钥匙去开启学生的心灵,使学生愿意走近你,倾听你,这样师生的交流沟通就充满了人情味的心灵交融,老师对学生是平等的对话,是春风化雨的提醒,而不是高高在上的说教。

第三,教育转变学生,不可能立竿见影,教师就要有足够的耐心和信心,老师有信心才能帮学生树立起信心。当学生成绩出现反复时,当学生对自己失去信心时,老师要找准症结所在,解开其心结,不断激励他们,帮助学生重树信心。

第四,教育转变学生,一定要与家长经常沟通,使家校教育目标一致,使家校产生最大的教育合力。也许学生的细微变化家长还没得知,教师就应及时告知家长,并建议家长采取一些适当的措施进行干预,使家庭教育很好地配合学校教育,配合老师各项工作的展开,这样老师的教育才会起到最大的效果。

教育需要智慧。实践出真知,只有我们在实践中不断摸索,才会磨砺出属于自己的教育智慧。

【此文作者系青溪中学教师王芸】

论文三 　　　　　　　　初中文言文作业优化设计策略

摘要

文言文作业是初中文言文教学的重要环节之一,因而在设计文言文作业时,语文教师应从学生的需求出发,摒弃以往陈旧的作业形式,进行大胆的创新设计,多元优化,不断探索文言文作业的新形式,力求实现文言文设计的趣味性、层次性、精选性。作业设计应该注重"按需分配",在切实减轻学生负担的同时又能够培养其文言文学习兴趣,传承中华经典文化,从而全面提高学生的语文素养。

关键字： 文言文教学 文言文作业 优化设计 策略

初中阶段的文言文教学，在整个初中语文教学的内容中占据着重要的地位。文言文作业是文言文教学活动的重要环节，是学生文言文的重要阵地。但从目前研究中学语文文言文课型作业的情况来看，研究成果却很少，这说明文言文课型作业没有得到中学语文教师的足够重视。此外，当前中学语文的文言文作业设计中也存在诸多问题，比如作业设计较随意，知识得不到强化；内容比较固定，以单一的抄写为主，比较死板机械枯燥；作业设计没有"按需分配"……老师很少考虑文言文作业布置的连续性和整体性，而题海色彩和应试色彩倾向比较严重。

针对上述文言文教学过程中出现的问题，笔者结合在实际的文言文教学过程中总结的经验教训，对初中文言文作业设计提出几点建议：

一、按照不同教学时段，布置相应作业

（一）课前作业：了解作家作品，初读课文

课前的作业主要是让学生了解和熟悉课文，比如，上《出师表》时，笔者就先让学生去了解《出师表》的作者以及写作的背景，去搜集有关诸葛亮的故事，对课文有个初步的印象。有的同学在课堂上讲诸葛亮的"借东风、草船借箭、三气周瑜、空城计"等故事，有的收集诸葛亮的"非宁静无以致远，非淡泊无以明志"等名言警句，有的甚至学起了易中天，有模有样地讲起三国时期的天下形势，这样的情境之下，新课的导入成了顺理成章的事情，不仅拉近了学生与文本的距离，也引起了学生的学习兴趣。

文言文的学习不同于其他课型的学习、朗读与背诵。文言文作为传承中华文化的重要载体，蕴含着中华民族优秀的文化，同时也是汉语言美感的集中承载者。首先，汉语言之美在很大程度上体现在音韵和节奏上，很多经典文言文读起来都字正腔圆，琅琅上口，婉转动听；其次，文言文的情感更是强烈地寄寓在文言文的音节之中，文言文的句读划分直接决定着文言文的结构，也能在一定程度上反映出文言文的情感；再次，朗读文言文，特别要注意文言文中的文言虚词，虚词在文言文中经常起着停顿节奏和舒缓语气的作用，特别是放在句子结尾的语气词，更是让文章充满了韵味悠长的深意。

课前的预习作业，主要目的是让学生找出文言文的疑难之处，个别字词的读音，如《出师表》中的"陟罚臧否"；比如个别字词的意思，如《岳阳楼记》中的"春和景明"。发现问题是学生在学习过程中一项重要的能力，只有认真地预习，才能发现自己不会的知识点，教师根据学生的反馈，可以及时设计教学内容以及布置课后作业。

（二）课堂作业：反复诵读，掌握重点词句

在文言文的教学课堂上，传统的讲课方法是教师逐字逐句地翻译，学生老老实实地做

笔记。这样的讲授方法固然有它的好处,学生落实到位,基础知识扎实,但是这种按部就班的教学形式显得越来越僵化。课堂学习是教学环节中最为重要的环节,学生在课堂上有效地完成作业是提高课堂效率的重要途径。具体来讲,笔者认为在文言文教学课堂上应完成以下作业:

1. 反复朗读

俗话说:"三分文章七分读。"同样,要学好文言文,最基本的方法是诵读,最好的方法也是诵读。正如著名语文教学专家朱作仁教授所说的:"讲解只能使人知道,而朗读则使人感受。"诵读是学好文言文的基础和有力保障,它使学生在诵读中感受到文言文的语言特点,体会我国古代文章的精妙之处,丰富他们的文化底蕴。

在课堂的朗读训练中,主要有以下几个朗读要求:第一,读准。朱熹先生在《训学斋规》中说:"读书须要读得字字响亮,不可误一字,不可少一字,不可多一字,不可倒一字,不可牵强暗记。"很显然,把字音读准确,是读好文言文的起码要求。第二,读顺。要读好文言文并非易事,对初中学生来说还是有难度的,在掌握了一定的读音后,学生在读的过程中,往往会出现断句不当、错读、断续、没有韵味等问题。这就需要教师在朗读中教给学生朗读的方法,包括朗读的节奏、语气、语调、语速等。把多种形式的朗读结合起来,学生便很容易把课文读正确、流利,并从中感受到朗读文言文的乐趣。

2. 掌握重点词句

初中阶段的文言文课堂教学,要求让学生掌握一定的文言实词,能理解其在文言文中的意义,进而掌握它在现代语境中的使用方法。初中阶段的文言文,每一篇都有重点字词,如《桃花源记》中的"寻向所志"的"向","率妻子邑人来此绝境"中的"妻子"等。在掌握了一定数量的文言文字词的使用方法之后,教师应要求学生理解文言文中的重点句子,如《醉翁亭记》中的"醉翁之意不在酒,在乎山水之间也。";《岳阳楼记》中的"不以物喜,不以己悲";"先天下之忧而忧,后天下之乐而乐。"……这些句子既是教学的重点,也是考试的重点,文言文的课堂教学应该把掌握这些句子作为重要的课堂作业让学生当堂消化。

(三)课后作业:熟读成诵,及时检测。

对于初中学生来说,文言文的学习进度一般较为缓慢,除了课堂学习之外,在课后也要进行及时地跟踪,进行有效地巩固,主要有以下两种形式:

1. 熟读成诵

读的最高境界是熟读成诵。在学生读懂文言文的字、词、句义,疏通了文言文的主要内容,体会了文章的情感后,留给学生的课后作业就是背诵,让学生熟读成诵。通过反复诵读,学生能初步掌握文言断句、重读的规律,把握文言的语气、语速,形成文言语感;通过反复诵读,学生能加深对文本的理解,获得理性的审美感受。只有引导学生背诵大量的文言文,实现了量的积累,才能使他们得以充分吸取古文的精华,得到古文化的滋润,从而丰富自己的语言。

2. 及时检测

初中阶段的文言文学习，一是为了培养学生对于文言文的兴趣，进一步了解传统汉语言文字的魅力，接受传统文化的熏陶。二是为了让学生掌握一部分文言字词的意义和用法，为将来进一步学习文言文打下坚实的基础。而学生在完成课堂学习之后，对文言文重点字词的掌握，对文言文重点句子的翻译和理解，对文言文思想内容的理解和迁移，都需要通过有效的检测来巩固。教师应根据检测的结果，及时了解学生学习的难点，进行有针对性的辅导，进而在后续的文言文教学中选择更加符合学生学情的教学方法。

二、尊重学生差异，设计分层作业

孔子云："中人以上，可以语上也；中人以下，不可以语上也。"同一个班里的学生，由于学习基础和能力不同，文言文理解和阅读水平也参差不齐。所以，文言文作业设计应该分层设计、因材施教，使每个学生都能获得充分发展。教师设计文言文作业时，可以设计出难度呈阶梯状的"菜单式"作业，允许优秀的学生跳过基础巩固题，鼓励中等的学生尝试理解探究题和拓展拔高题，在自身现有能力的基础上去跳一跳，摘到"果子"。具体可以这样设计：

1. 基础巩固题

简单的知识记忆作业，如重点字和句子翻译，应面向全体，主要关注基础薄弱的学生，保护"后进生"的自信心，让他们易学、乐学。如《出师表》中的重点文言词汇当堂练："①危急存亡之秋也②俱为一体③不宜异同④臣本布衣，躬耕于南阳……教师可通过当堂练的方式进行有效巩固。

2. 理解探究题

在一般基础上进行提高，主要面向中等生，可以采用思考探究、知识迁移等方式加以练习，以培养学生的自主探究能力，提高学生的智力和创造才能为主。如在教学《陈涉世家》时可这样设计作业：①"将尉醉"的"醉"在情节发展中起什么作用？②吴广是个有勇有谋的人，请你说说在杀死两尉的过程中，他的智谋表现在哪里？

3. 拓展拔高题

这一类作业主要针对学有余力的优等生，应设计形式多样的课外作业，内容要新颖，不能拘泥于课本知识，突出能力训练，从而提高学生的语文综合素养。听、说、读、写都可成作业，争取富有创造性、挑战性，让学生保持新鲜感，兴趣盎然，喜学乐做。如《愚公移山》可以进行课本剧改编；又如《陈涉世家》，根据拓展阅读的内容，要求学生展开想象，顺着情节续写陈胜起义的结局。优秀学生对这一作业甚感兴趣，大胆续写，他们通过丰富的联想和内心体验，深化了对课文的理解，同时发展了思维能力、想象力以及表达能力。

又如《桃花源记》，可以设计选做作业——《渔人进访桃花源的那几天》，让同学们写一写，练一练，不仅能深化他们对于文章内容和主旨的理解，而且有助于他们的创作能力、思维能力等，可谓一举多得。

　　因此,通过对不同层次的学生布置不同的量和不同难度的作业,让每个学生在努力之后都能达到相应的进步,要学生跳一跳就能摘到知识的"果实",这样既增强了学生的自信,又激发了学生的学习动力。分层作业的布置让文言文的教学更加灵活多样,让学生感觉枯燥的文言文多了一分灵活与自由。

　　综上所述,对于初中文言文作业的安排,要遵循文言文本身的特点,要充分遵循学生的学习规律和学生的心理特点,进行创新设计作业的形式和内容,多元优化,力求实现文言文设计的趣味性、层次性、高效性,才能让文言文作业不在枯燥乏味,让学生主动学习,真正实现提质增效。

【此文作者系青溪中学教师王萍丽】

论文四　　地域特色下初中创意纸艺融合课程的调查与思考

摘要

　　本文以跨学科融合课程为背景,了解学生在纸艺创作的目标导向教学中能综合运用各学科知识,融会贯通,举一反三地解决遇到的实际问题,尝试探索像美术家一样进行纸艺融合课程的现有创意制作,以单元化探究型学习为任务导向主动获得来自各学科的知识解决纸艺学习过程中的问题。让学生在经历美术创作和解决问题的过程中提高美术素养;通过了解现有的研究性学习,学会自主、合作和探究地学习,分析全面落实育人的目标,尝试探索以创意纸艺的创作精神为引导,把目标导向的融合课程运用到学习生活和今后的社会生活中。

关键词：中小学纸艺课程　　地域文化视阈　　融合课程

　　纸艺这几年来在世界各国可说是大行其道,原因除了纸材料价廉易得之外,纸本身的可塑性也相当高,是极佳的美术创作素材。纸艺 DIY,正让不同年龄和性别的人们像孩子一样如醉如痴。当一些普通的纸,在我们手中变成飞翔的蝴蝶、绽开的花朵、可爱的时装小人时,心情也变得难以想象的精致。在此过程中,一幅图画、一套纸风铃、一捧花朵、就轻易变成家里、班级、学校最跳跃的点缀了。

　　由此,笔者尝试思考剪纸动画的教学,由静至动,剪纸动画的教学自然成为本人继续研究尝试的课程。剪纸动画课程是一种融合课程,它是集合了传统剪纸、电影、数字媒体、摄影、音乐、文学、历史等众多艺术门类于一身的艺术表现形式。动画从跨知识、跨方法到跨观念,从一个环节、一个活动到一个单元、一个课程,处处融合,成为一个新型的创意融合课程。

一、关于中小学纸艺课程开发与实施的相关研究

国内很多中小学美术课中纸艺课程已经形成一些丰富的书籍和论文资料。通过对书籍查阅、以及关于初中纸艺课程关键词的搜索能够找到知网中的 15 篇相关论文。苏海红等人认为,纸艺课程引导学生从身边寻找感兴趣的素材,从学生的生活实际出发,可以切实培养学生的综合实践能力和创作设计能力。搜索初中、地方文化课程、艺术关键词,有 3 篇相关论文,却无一使用纸艺进行地方文化教学。

关于国外的研究,对于纸艺方面,日本大约在公元 1200 年就有开始制作比较复杂的纸模型。在一些婚礼和家居装饰上也出现了纸模。到日本室町幕府时期,折纸开始普及,他们认为折纸能锻炼手脑协调能力,激发孩子的创造力和空间想象能力,折纸课自此成为日本小学教学的必修课之一。英国的儿童节目《art attack》最大的特色就是用废旧报纸在创造,制作出更加有型、更有价值的艺术品,深得孩子喜爱。从国外现状来看,关于纸艺运用的研究很多,但是针对中学美术课程教学的研究却不多,特别是缺少对纸艺进行系统性、针对性的教学。

二、关于地域文化视阈下的课程开发的相关研究

地域文化是一定地域内人们创造和改造出来的物质财富和精神财富的总和。地域文化的地域性、丰富性、亲缘性、稳定性和动态性特征,使其在对基础教育学校课程的定位、对课程的诉求和课程内容等方面产生重要的影响。[①]林淑媛(2007)等人认为,在新一轮基础教育课程改革的新理念、新领域中,"课程资源的开发与利用"[②]被提上重要位置。在实施新课程近三年的过程中,人们越来越深刻地认识到,没有课程资源的合理开发与有效利用,基础教育课程改革的宏伟目标就很难实现。目前,对于大多数的学校和教师而言,课程资源的匮乏,仍是困扰新课程推进的重要障碍。地域文化之所以成为课程资源的重要来源,首先是因为我国历史悠久,幅员辽阔,是一个个独具特色的地域文化共同构成了中华民族的灿烂文化宝库;其次是因为丰富多彩的地域文化使得课程资源呈现出多样性、具体性和差异性的特点,从而大大提高了课程资源对于不同地区、不同学校、不同学生的适应水平。[③]因此,重视课程资源开发问题的理论研究,探索课程资源开发的有效途径,从开发地域文化资源的角度,认识文地域化独特的课程资源价值,并寻求充分利用地域文化资源进行课程建设的策略与方法,必然成为新课程推进过程中的一项重要任务。在具体的开发策略上,可以从以下几个方面入手:一是确立课程资源意识,创造性地利用国家课程的教材;二是用好地方教材,突出课程特色;三是利用地域文化资源,开发校本课程。

方凌雁、俞晓东(2005)认为地域是校本课程开发的一个基本出发点,它不同于学科课程的教材按学科系统结构组织和安排,而是从当代社会面临的复杂的社会性、地域特色和学生实际的课题出发编制地域性课程,充分挖掘地域的教育功能,来开发校本课程,意义

十分巨大。④开发地域课程的教育功能有三个方面：一是丰富人的体验。二是培养学生的社会性。三是促进人性的形成。

三、关于融合课程的相关研究

国外在艺术融合课程方面的研究历史较长且较为成熟。Gail Burnaford 等人在《Arts Integration Frameworks，Research & Practice》⑤中对 1995—2007 年期间国际上艺术融合课程的已有相关研究（包括报告、书、文章和调查报告等）进行了概括，总结了艺术融合课程出现的发展历程、相关定义、理论框架等。美国开设艺术融合课程的时间相对较早，在公立学校，艺术融合教育被长期倡导。艺术融合（Arts Integration）的提出是基于学校课程运动的结构化、概念化和哲学化的理念。在 19 世纪初期，基础教育基本法则要求学校围绕健康、公民教育等主题进行课程组织，而整合课程在此期间被认为可以为年轻一代的未来提供准备。William Heard Kilpatrick，杜威的合作者及同事，总结了设计教学法，成为之后的课程整合方法。

艺术融合课程在 19 世纪 60 和 70 年代愈发得到广泛关注，因为艺术逐渐成为社区组织、公立学校的组成部分。许多表演者、民间艺术家、某种艺术形式的客座教师等为课程整合的进行提供了参考途径。他们和常规课堂中的教师一起，将至少一种艺术形式与非艺术课程融合进行教学。2002 年，联合协会又发布一个文件《Authentic Connections：Interdisciplinary Work in the Arts》（自主联系：艺术中的跨学科工作），强调要帮助和支持教育者的跨学科工作，并进一步阐明了应该如何跨学科将艺术内容融合到非艺术学科、尤其是核心科目课程当中。

肯尼迪中心是美国另一对艺术融合课程进行深入研究和广泛推广的机构，其分部遍及纽约、华盛顿、芝加哥、洛杉矶等各大城市。肯尼迪中心对艺术融合课程的定义、实施背景、实践状况和相关资源等在官网都进行了详细介绍和阐释。⑥目前美国实施的艺术融合课程主要有英语与艺术的融合、社会学习与艺术的融合，科学、数学等与艺术的融合等。艺术形式和内容包括音乐、舞蹈、戏剧和视觉艺术等。

从以上文献的总结分析来看，艺术融合课程在国外受到长期和广泛的重视，尤其是在美国和加拿大，相关研究内容和成果非常丰富，且艺术融合课程的实施面很广，理念和实践研究都比较充分。

目前国内对课程整合的研究主要集中于综合课程。对艺术融合课程的研究，目前国内处于起步阶段，直接关联的研究及文献较少，但近几年越来越受到广大学者和教育者的关注，并取得了一些初步成果。因此，笔者对目前国内部分学者和学校进行的一些相关研究和探索进行了梳理。

还有其他一些相关研究，如于洪《剪纸艺术与语文课堂教学整合初探》中将我国的传统民间艺术剪纸与语文课堂教学融合起来，使语文课堂教学激发活力，有利于学生创新能力、动手能力和写作能力的提高等等。

由上可以看出,我国对艺术融合课程的研究起步较晚,且主要集中于最近十年。虽然国内目前对跨学科艺术融合课程的研究还处于起步发展阶段,只有小部分学校或教师开始尝试实施,并对其理论认识不够,没有形成系统概念,实施方法也比较缺乏。但总体而言已经取得了一些研究成果,且近几年的研究趋势正逐渐上升,研究内容也越来越深入全面。

四、对已有研究的调查思考

从已有的研究来看,国内的美术教育研究者尚未提出将地域文化与纸艺融合开发课程的建议。目前研究主要存在以下不足:

1. 经验层次的探讨多,而理论探讨不足。如,对地域文化、乡土文化、地方文化、民族文化、本土知识等概念缺乏必要的辨析。

2. 各学科的研究者讨论各自学科内部的问题,缺少跨学科的联合,对基础教育整体课程问题的探讨太少。

3. 对研究的方法不重视,特别是对其他学科在地域文化方面的研究进展重视不够。

目前(梳理上海中小学两套教材里面的纸艺内容)教材初中美术、艺术课程中已经有安排了部分剪纸课程,分别在部编教材七年级第二学期的第三单元主题2《小桥流水人家》中有古镇人家的纸造型和纸版画的教学,第五单元主题2《歌剧院建筑》中有歌剧院纸模型建筑的教学。六年级第二学期的《简洁热烈的剪纸》。但是对于当代学生而言,这些传统剪纸课程远远满足不了学生的爱好,学生在了解了古代劳动人民用剪纸表达意愿的同时,也在思考用剪纸表达出当代的特色。在六年级第一学期的《我们喜爱的卡通》这一单元是学生特别喜爱的内容,包括八年级第一学期《漫画与生活》、八年级第二学期《我们的小剧场》都是特别收获学生青睐的内容,那么剪纸与动画结合,也可以满足学生的学习兴趣,特别是剪纸动画这一集传统与现代与一身的艺术表达方式。

信息化时代的到来,让地球变成了一个村,电视、网络、手机占据了我国青少年的闲暇时光,接受到的信息繁复杂乱,受各种时尚思潮的吸引,传统文化艺术受到较大的冲击,离我们的日常生活越来越远。当然,任何事物都具有两面性,网络也不例外。正是因为网络,才使学生学习的空间扩展到课堂以外,甚至突破地域限制,足不出户就能接触到全国优秀的教育资源,利用美术课堂让传统剪纸艺术与动画相结合,形成新的校园创意纸艺表现方式,让学生站在巨人的肩膀上看得更远,从而达到传承传统艺术,培养创新人才的目的。

【此文作者系青溪中学教师卫勤】

论文五　　　　　　　　**初中数学过程性教学的一些思考**

摘要

数学教学作为一种认识活动应当体现人们对客观世界定性把握和定量刻画、逐渐抽象概括、形式方法和理论,并进行广泛应用的过程,数学课本上的数学知识一般来说将其发生发展的过程略去而显得抽象,而教师合理设计教学,使知识的生成、发展与学生的认识规律相结合,则可以更好地开发和利用数学过程性教学的价值,促进学生综合素质的发展。为此,本文结合教学实际,从初中数学过程性教学策略方面进行探讨。

关键词: 情境　操作　应用　过程

一、过程性教学的研究缘由

弗赖登塔尔指出:数学教育应该尊重数学的传统,要按照历史的本来面目,根据数学的发展规律来进行。因此在数学教学中,教师应该树立正确的数学过程观,让学生充分体验知识的生成过程,不仅可以放学生自主发现获取知识,习得经验,理解本质,还可以培养学生的创新精神和创造思维,提高学生的逻辑推理能力。但目前我国在数学教育的过程中多注重形式化的推演,而忽略了其丰富多样的发展过程,主要体现在以下几个方面:①"结论式"教学。当前的中学数学教学仍存在对教材内容选择性讲解,重结论轻过程的现象,教学中只重视向学生传授结论,而忽视引导学生经历结论的生成过程,并极力挤占、压缩揭示数学过程性教学的时间。②"包办式"教学。当前的中学数学过程性教学还存在着以教师教的过程包办了学生思考与学习的过程性、以计算器或多媒体的过程性展示包办了学生的思考过程、以优生的过程性思考掩盖了学困生的过程性思考、以个别反应比较快的学生的过程性代替了大多数学生的过程性的现象。这些现象的产生必然导致学生同等时间内的学习成果收效甚微,要使学生学习过程中收到事半功倍的效果,就必须促使学生经历揭示和建立新旧知识的内在联系,得到新知识的过程,而这个过程与教师指导直接相关,因此,要想学生深刻的理解和掌握,并且在课堂能够积累数学活动的经验,就需要教师更新观念,精心设计与指导教学,真正实施过程性教学。因此笔者认为过程性教学应该有"三部曲",从创设体验知识形成过程的环境到感悟知识的生成过程最后到回味知识的生成过程,让学生充分经历,思维可视化,从而深刻的领悟。

二、精心设计,充分体验知识的形成过程

(一) 情境中体验过程

著名数学教育家华罗庚曾说过:"人们对数学产生枯燥无味,神秘难懂的印象,原因之

一就是脱离实际。"也就是说我们在问题的引入时,要联系现实生活,力争创设合理的情境,引起学生的认知冲突,激发学生的求知欲,在教师的引导下,使学生以愉快的心情,积极主动地参与教学活动,充分体验知识的形成过程。比如在《不等式的性质一》一课引入中:可以对班级学生进行分组,小组合作,大家来货物称重计算引入:小组内拿出货物,通过天平测量,然后进行增减重量,观察出规律,从而归纳出不等式两边同时加上(或减少)相同的重量,不等式仍然成立,从而引导学生用语言描述不等式的性质一,这样的情境促进了观察与理解,学生愿意积极参与,这样不仅可以激发学生思考,充分享受学习的快乐,还可以在动手操作过程中,直观体验不等式的性质的形成过程,在具体情境中体验知识的形成。再比如,在《有理数乘法》一课中,探究有理数乘法法则时,设计动画情境,观察总结出有理数乘法法则:一只蜗牛以平均每分钟 2cm 的速度沿着直线 L 爬行。现在它位于直线 L 的点 O 处。(1)如果它以平均每分钟 2cm 的速度沿着直线 L 向右爬行。那么 3 分钟后它位于点 O 的哪个方向?与点 O 距离多少?(2)如果它以平均每分钟 2cm 的速度沿着直线 L 向左爬行,那么 3 分钟后它位于点 O 的哪个方向?与点 O 距离多少?(3)如果它之前一直以平均每分钟 2cm 的速度沿着直线 L 向右爬行,那么三分钟前它位于点 O 的哪个方向?与点 O 距离多少?(4)如果它之前一直以平均每分钟 2cm 的速度沿着直线 L 向左爬行,那么三分钟前它位于点 O 的哪个方向?与点 O 距离多少?在观察的过程中,尝试列出有理数的乘法算式,之后分析算式中数表示的实际意义,从而为归纳法则作铺垫。挖掘这一系列变式中所蕴藏的知识与联系,弄清有理数乘法法则的意义,夯实思维基点。

(二)操作中体验过程

瑞士的教育心理学家皮亚杰说"知识来源于动作",由此可见学生的思维离不开实践活动。首先动手操作是从实际出发,经过反思,达到数学化的过程,促进认知结构的形成和学习技能的提高。其次动手操作过程,可以重现过程,激活学生的相关生活经验,是他们思维过程的体现,能让学生智力的内部认识活动从形象到表象再到抽象。如《14.1 三角形的有关概念》一课中,理解三角形的概念过程中,让学生运用手中的小棒进行摆拼,从而理解三边为何不能在同一直线上,三边为何要首尾连接,而在探究三边关系的过程中,先给出数据 1cm,2cm,3cm,4cm,6cm,任意选择三边,通过尺规作图来判断可否画出三角形,在操作的过程中进行感受,再进行归纳满足什么条件的三边可与构成三角形。充分经历由数到形、由形到数的过程,有利于深刻的理解和掌握,然后学生自主探究思考,将数学图形以及符号语言翻译成文字语言,从而获得新的数学知识。还可以把计算器(包括图形计算器)及计算机作为研究、解决问题的强有力的工具,这样可以免除学生做大量繁杂、重复的运算和作图,引导学生进行有效的探索活动,这样学生将有足够的时间和空间来体验知识的生成,有效提高教学效率。如:看一个分数能否化成有限小数,可以列举一些列分数,让学生用计算器计算,然后观察能化成有限小数的分数的分子和分母有什么特征,在教师的引导下,即可总结出结论。

（三）"说"中体验过程

让学生在"说"中,学会用数学的语言表达,满足不同学生在数学发展中的不同需要,在交流对话中重视知识的发生、发展过程,有利于培养学生的语言表达并将学生的思维过程显化;有利于发展学生的思维水平,培养其数学学习兴趣和学习效率;有利教师及时掌握学生当前问题,促进教学改进。因此我们可以在课上让学生"说思考"、"说方法"、"说困惑"、"说知识点"、"说联想"等,让他们充分经历过程,让学生的思维可视化。

如:在解决证明题的过程中,我们尝试让学生"说"了以下的内容:

如图,已知,$\angle BEF = \angle CDF = 90°$,BD 交 CE 于点 F。

（1）求证:$AE \cdot AB = AD \cdot AC$（2）联结 AF、BC,求证:$AF \cdot BE = BC \cdot EF$

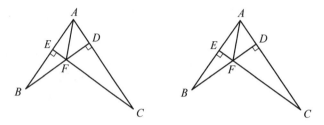

1. 学生先独立思考,尝试解决,之后请他们"说困惑"(有什么条件,要证明什么,遇到了什么困难,已进行了哪些尝试等)。

2. 请同学帮助解决,教师追问如何想到的(学生 A 谈到从已知条件分析,可以得到相似,联想得到结论;学生 B 则谈到已尝试经历了结论出发,将乘积式转化为比例式,第二小问 c 说无论是从已知还是结论出发均遇到了困难,于是就两头凑,因此想到相等比转化进行突破。)

3. 反思解题过程,梳理相似三角形的判定方法。

在这个"说"的过程中,学生更加深刻的体验了证明比例式的思考过程与一般方法,发展了学生的思维水平。

三、渗透思想,感悟知识的生成过程

学生在学习过程中有时候容易像无头苍蝇,究其根源是因为部分学生不具备基本的数学思想方法。而数学思想方法常常在学习,掌握数学知识的同时获得,并可以帮助学生不断领会它们在知识形成中的作用,认识它们的本质特征,使学生更深刻的理解数学,从整体上把握数学过程,最终达到能灵活地应用数学的效果。如:《分数乘法》一课中法则的探究,片段如下:

1. 工人师傅粉刷墙壁,每小时粉刷这面墙壁的 $\frac{2}{5}$,1 小时可以粉刷这面墙壁的几分之几?(很多学生反应过来回答 $\frac{2}{5}$)

教师：$\frac{2}{5}$ 的意义是什么？把这面墙壁看成一个总体，平均分几份？

（生一起回答分成 5 份，取其中 2 份。）

教师：请同学们将工作单上的长方形当作墙壁，粉刷出 1 小时后的墙壁，涂上阴影。

（工作单上的长方形已经分成 5 份，学生只需要将其中 2 份涂上阴影，时间大大缩短。）

2. 工人师傅粉刷墙壁，每小时粉刷墙壁的 $\frac{2}{5}$，$\frac{1}{3}$ 小时可以粉刷这面墙壁的几分之几，如何列式？（生回答比较积极，并能够类比分数乘以整数以及分数乘以整数的意义，得出分数乘以分数的意义。教师在黑板上演示在 $\frac{2}{5}$ 的基础上，如何粉刷 $\frac{2}{5}$ 的 $\frac{1}{3}$。）

教师：请同学们观察图形，猜想 $\frac{2}{5} \times \frac{1}{3}$ 的结果是多少？也就是 $\frac{1}{3}$ 小时可以粉刷这一整面

墙壁的几分之几

生：$\frac{1}{10}$

教师：你是如何得出的？

生：将刚才的 3 等分的线延长。整面墙壁就 15 等分了，阴影部分是其中 2 份。

教师：请同学们在刚才的墙壁上粉刷出 $\frac{2}{3}$ 小时后的墙壁，用不同颜色涂上阴影。

（学生按照分数乘法的意义很快操作完成。）

教师：用自己的话说说看，分数乘以分数怎样计算？

在这个过程中，学生参与度很高，也能根据自己的理解说出分数乘以分数是如何计算的，在动手操作的过程中渗透数学思想，让学生感悟法则的形成过程，促进了学生的理解！

其实数学思想是对数学概念、规律等形成过程的理性认识，我们在探究知识形成的过程中，渗透数学思想方法，正是让学生在对过程的认识上升到理性，这个过程中可以让学生的思维可视化，发展学生的思维。

四、回归应用，回味知识的生成过程

布鲁纳指出："高明的理论不仅是现在用以理解现象的工具，而且也是明天用以回忆那个现象的工具。"因此，在教学过程中，教师要善于利用资源，牢牢抓住课堂精彩的动态生成性资源，引导学生在新知应用中准确定位，合理利用，达到不断地思考，不断地学习，不断的实践的效果，进而不断地回味知识的形成。比如在《分数乘法》一课中，分数乘法法则形成之后，在分数乘法法则的口答 $\frac{3}{4} \times \frac{1}{3}$ 中，引导学生从图形理解 $\frac{3}{4} \times \frac{1}{3}$，首先是整面

墙壁平均分成 4 份,取其中 3 份,接着再 3 等分,从操作中发现此时 3 等分已经存在,此操作不必要,因此只要直接取其中 1 份即可,教师多媒体演示,让学生通过图形进一步理解分数乘法可以先约分再求积,更重要的是学生经历这个图形验证的过程,理解数学结论是怎样获得和应用的,从而感受回味数学知识的生成过程。

总之,数学教学是体现人们对客观世界逐渐抽象概括,并进行广泛应用的过程,只有在数学教学中更多地关注过程,提高数学课堂教学的有效性,才能促进学生数学素养的不断提高。

【此文作者系青溪中学教师李方】

论文六 初中小班化体育课自主运动能力培养策略

摘要

自主运动能力是指在具备一定体育素养的情况下自觉主动参与锻炼或者进行各种运动的能力。小班化教学的实施为教师提供了一个切实可行的平台,能让教师更加游刃有余的对学生进行全面的分析,制定有效的策略来培养学生的自主运动能力,为学生的终身体育思想打下扎实的基础。

关键词:体育素养 自主运动能力

随着城市化进程的加快,我们享受着科技给我们带来的便捷,但是我们也不得不面对它给我们下一代所带来的一个沉重问题,那就是体质健康的持续下降。虽然国家早已出台"三课两操两活动"和"每天一小时"等提高学生体质的政策措施,但是如果只局限于学校的话,那么往往就会出现"三天打鱼两天晒网"的情况,因此对学生自主运动能力的培养尤为重要。本文通过对影响学生运动和锻炼的原因、学生自主运动的现状进行分析,结合小班化教学的优势,从而找寻如何对学生自主运动能力进行有效培养的策略。

一、体育素养的基本内涵

所谓的体育素养是指体育文化水平,是指一个人平时养成的在体育方面的修养。体育素养是在先天遗传素质的基础上,通过后天环境与体育教育影响所产生的,它包括体育知识、体育意识、体育行为、体质水平、体育技能、体育品质、体育个性等要素,综合了体育素质与修养。中学生所要具备的体育素养主要是指在体育意识和体育知识上要有一定的了解和认识,这样在今后的自主运动和锻炼中就会根据自身情况和需要有目的进行选择,不会产生盲从,也不会不知道如何去运动和锻炼了。

二、学生自主运动的现状（青溪中学学生为例）

表一

每周业余运动时间	0	1	2	3	4	5	6	7
学生人数	204	67	33	22	1	0	0	0

中学生身体正处于生长发育期，适度的运动有益于身体的健康成长，因此专家建议每周运动 14 个小时左右。那么除学校内的每天锻炼一小时以外，学生在业余时间内也要进行 9 小时左右必要的身体锻炼或者运动，但是从表一我们可以看出我们现在的学生周业余运动的时间少的可怜，有大多数学生在一周业余时间内锻炼和运动时间为 0，只有 1 位学生周运动时间为 4 小时，这是多么触目惊心的数据，难怪我们学生的体质健康逐年下降，因此对学生自主运动能力的培养迫在眉睫。

三、影响学生缺乏运动和锻炼的原因（青溪中学学生为例）

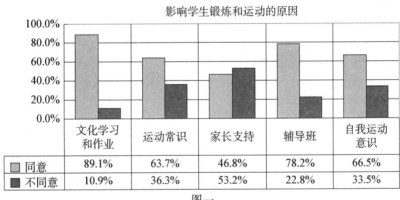

影响学生锻炼和运动的原因

	文化学习和作业	运动常识	家长支持	辅导班	自我运动意识
同意	89.1%	63.7%	46.8%	78.2%	66.5%
不同意	10.9%	36.3%	53.2%	22.8%	33.5%

图一

如图一所示，有 89.2％的学生表示同意是文化学习和作业的原因导致在平时无法进行锻炼和运动，通过走访了解我校初中生平时平均 3—4 小时的作业时间让他们几乎放学回家后就以作业为主，没有时间去进行运动和锻炼。在双休日中则有 78.2％的学生表示各类的辅导班占据了他们的绝大多数时间。在是否缺乏运动常识而导致不去运动和锻炼时，有 63.7％的学生表示赞同，他们多数表示一个人时不知道如何进行运动或者锻炼，在家长支持态度上有 53.2％的学生表示家长还是表示支持他们在课余进行身体锻炼和运动的，可见家长传统学习至上的思想观念在逐步转变。在调查问卷中发现有 66.5％的学生缺乏自我运动的意识。从整个原因调查我们不难发现在除外部环境影响学生锻炼和运动外，学生运动常识和自我运动意识缺乏也是影响他们锻炼和运动的主要原因。

四、小班化体育课堂的优势

(一) 有利于建立师生感情。

众所周知,情感在教育教学中起着巨大的作用。小班人数少,老师可以更快、更好地了解学生。良好的师生关系是师生共同满足教学需要、协同教学活动、实现教学目标的基础和保证。良好的师生关系,激发学生高昂学习情绪,挖掘学生创造潜能的直接因素,它不仅会引起学生对教师的尊重和信任,而且还会使学生把对教师的爱迁移到教师所讲授的学科上来,从而使学生更容易接受教师的建议和意见。

(二) 有利于因材施教

小班化体育教学中丰富了教学形式和教学内容,满足了学生的情趣特点和心理需求,教学中,学生乐观,自觉,主动地参加各项体育活动,为培养学生的终身体育思想提供了一个较好的实践平台。由于小班学生人数少的特点,教师指导学生练习的频率加大,交流的机会增多,根据学生的个性特点、身体状况和运动技能水平的高低,因材施教,为培养学生的自主运动能力提供了不可多得机会。

五、学生自主运动能力培养的策略

(一) 课堂中对学科知识的渗透

体育课既然作为一门学科,那它必定是具有科学性和专业性的。在以往的教学过程中,我们只关注如何教会学生动作或者技巧,这样势必对学生自主学习和自主运动的愿望带来一定的负面影响,所以为了提升学生的学习积极性和一定的学科素养,我们有必要在进行教授动作或技巧时,把一些学科知识用通俗易懂的语言融入教学中去。比如在准备活动中的头部运动,我们经常是做绕环运动,但是根据现在的《运动医学》和《人体解剖》来说这是一个错误动作,因为在绕环的过程中根据颈椎的结构势必会产生一定的骨摩擦,那就会产生损伤。又如在鱼跃前滚翻中,为何要先手撑垫做屈臂缓冲,原来这是因为要把势能转化成动能。如果我们把这些学科常识和知识不断的渗透在课中,使学生了解和掌握一定的体育理论基础后,他们就会从意识上认识到锻炼和运动的重要性。

(二) 课堂教学方法的改进

罗伯特.特拉菲斯说过:"教学是一种独具特色的表演艺术,它区别于其他的表演艺术,这是由于教师与那些观看表演的人的关系所决定的。"因此,教师的教学方法要多元化,要多样化,要灵活运用科学方法来提高学生的学习兴趣,从而培养学生自主运动的能力。

(三) 启发指导式教学方法

教师的教是为了学生的学,只有重视学生的学,教才有针对性。例如:在前滚翻的教学里,我通过让学生观察篮球不同切入点而产生的滚动效果。启发学生他们在滚翻是应该注意什么。这种教学生学法的指导,对学生学会学习,掌握科学的学习方法起着关键的作用。同时也提高了学生自主锻炼的积极性。

(四) 情景设置教学

给学生一个情景,让学生在这个情景中去探究、学习。例如:我给学生玩象棋的一个场景,让学生把自己想象成是一个棋子,然后让学生利用篮球运球进行练习。我把规则、方法讲解给学生,然后让学生分小组讨论,给自己的小组起个队名,我来做裁判。学生们用急停、转身、变向、等方法配合着进行比赛。通过这种教学,发掘学生的潜能,调动学生学习、探究的积极性,充分发挥了学生的主动性。

(五) 体育课作业的有效布置

体育课作业也是培养学生自主运动能力的重要手段。习惯需要一定时间的养成,就现在的初中学生来说自我运动意识较差再加上学业负担过重,如果前期没有较好的督促手段,就无法让他们慢慢养成自主运动的习惯。小班化教学的出现正好为我们解决了以前因为班级人数过多而不能切实有效布置和检查体育作业的问题。如今我们能根据学生个性特点,身体状况设定有针对性的作业让学生回家进行练习。比如针对上肢力量较差的学生可以前期布置每天 20 个俯卧撑,一个星期后进行检测,然后再适当增加作业量,经过一段时间后再根据学生的不足布置其他作业。这样既不和文化学习冲突,也能让学生得要一定的锻炼。

改变传统体育教学的模式,利用小班化的固有优势避免"大锅饭式"乱煮乱炖,让体育课堂成为一门具有活力、思维发展和道德品质提升等多项功能的课才是符合现在社会需求和发展的学科,只有这样才能让学生乐于从中找寻适合自身需求和发展的知识与能力,进而逐步帮助学生形成自主运动能力和终身体育思想。

【此文作者系青溪中学教师徐辉】

论文七　　　浅谈地理课堂上进行探究性学习的三点思考

摘要

探究能力是中学生创新思维发展的基石,在新课程改革的背景下,对初中学生探究能力的培养显得尤为重要,我们有必要将其贯彻到每一个学科的日常教学过程中本文通过课堂实例进行分析,尝试在地理课堂上从教学主题的选择、学习单的设计以及课堂交流三方面组织学生探究性学习,培养初中学生的探究能力来激发创新思维,提高学生解决地理学科问题的能力。

关键词: 探究性学习　地理学科　课堂交流　问题设计

　　探究能力是中学生创新思维发展的基石,在新中考改革的背景下,对初中学生探究能力的培养显得尤为重要,我们有必要将其贯彻到每一个学科的日常教学过程中。地理学科探究式学习在教师的指导下,围绕自然地理科学问题,根据已有知识、技能和经验,运用研究地理学科的方法体验地理问题研究过程,尝试解决地理学科问题的学习活动。

　　在地理教学中,尝试着指导学生进行探究式学习,同时产生了一些思考:

一、探究学习体现在教学主题的选择:

　　原上海市地理教研员裴腋成老师有文:在研究性学习中,"问题"往往被视为研究性学习的"核心",因此也有人把研究性学习看成"问题导向式"的学习。同样,在地理课堂教学中实施研究性学习,首先要选择一个教学主题或教学问题。思维往往是从问题开始的,促使思维产生的最典型的情境是问题情境,可以说,问题是研究性学习的前提。这里裴老师提到的"研究性学习"无异于"探究性学习"。

　　地理课堂教学中探究性学习的问题,一般来自地理课程标准中的教学主题,而许多教学主题下的地理知识内容,由于各种原因,不易于设计成通过探究性学习去获取的活动。部分地理知识的学习,用探究性学习的方式不仅效率太低,而且学习效果不如直接学习,这使得探究性问题的选择有一定的局限性,并促使教师在进行探究式教学前对教学主题或问题进行选择。

　　在六年级执教《印度》这一节内容时,碰到这样一道题:印度人口的增长率很快,到本世纪中叶将超过中国人口。请同学们收集资料,证明这一推断的准确性。一开始几乎每个班的学生都表示无可厚非,印度人口会超越中国人口。因为书本知识、网络资料都呈现出印度人口终有一天超过中国人口的答案。学生对于这样的权威丝毫没有反对意见,更没有辩驳的意思。此时,作为引导课堂的教师,极力促使学生从多方面思考,在不断地启发下,有学生开始质疑,发出了不同的声音。学生这样谈到:第一,上世纪 50 年代开始,印度与中国人口的差距是 2 亿,50 年后的 2000 年,印度的人口还是低于中国 2 亿,即使中国的基本国策——计划生育推行得很到位,而印度的计划生育几乎推行不下去,但我们发现 60 多年过去了,印度人口始终没有赶超我国,因为我国人口基数大。第二,有位女生摸着脑门起来回答:印度人口过多带出了许多问题,其中人越来越多,粮食资源指不定就成问题,到时危机出现,人口自然锐减,就不一定能超过中国人口。这位女生的回答很是大胆,虽然她的想法似乎不按常理出牌,但这的确涉及了食物链的问题,食物链断裂,"金字塔"上层摄食者必然数量下降。第三,有学生从中国人口的角度出发,谈到中国人口基数大,虽然有计划生育政策的实施,但近年来中国呈现老龄化社会问题,像东部沿海城市,尤其是上海,自然出生率小于死亡率,老龄化问题严重。现在中国已全面放开二孩政策甚至三孩政策,中国的人口增长率必然有上浮。因此,印度人口很难超越。学生们说的有条有理,句句在理。这期间虽然可能语言上呈现稚嫩,知识点上存在盲区,但还是看到了学生在探究,学生在积极动脑、辨析、推理,并作出了自己的判断,提出了自己的意见。久而久之,学生的能力就能有所提升,层次分明,能条理清晰地分析,清楚准确,明白有力地说理。除了学生间的辩论,同时对书本、对老师知识的传授也可存在产生正确的质疑与辩驳。这就需要学生在课堂上有探究精神,对知识有主动的接受,有一定的思考辨析能力。教师在确立探究式学习方式之时,选择合适的教学主题至关重要,让学生有探究的空间,有话可言,有题可议。

二、探究学习中学习单设计的重要性

在探究学习的课堂上,教师会放手让学生去研究,不再是传统的传授知识的主角。因此,"学习单"作为引导学生学习的重要辅助而出现,那么在学习单上问题的设计显得尤为重要:

(一) 问题切入口宜小不宜大

由于地理课堂教学时间、空间的有限性,以及学生生活经验、知识背景的局限性,要求我们设计的探究性学习问题切入口宜小不宜大。过"大"的问题,超出了学生能力所及"探究"范围,不符合以"课"为单元的短期探究要求,会使探究性学习迷失方向。探究性学习问题,应该符合"挑战性"原则。即这个问题绝不能是学生一眼就能看到结果的,而是要经过周密的探究才有可能解决。这对学生来说既是一种挑战,也是一种能预感到有成功可能的问题。

(二) 问题设计宜近不宜远

这里所指的"近",是指探究性学习问题的设计应接近学生的生活的经验,反映社会热点。问题本身能潜在地体现与学生原有地理知识和生活经验的联系,能够激活学生贮存的地理知识和积累的生活经验,同时它又蕴含着新的关系和规律。这种问题应该是接近学生"最近发展区"领域的问题,而不是脱离生活经验的问题。探究性学习问题,应使得学生能够主动地从自己的知识经验中,去搜寻、生成并建立与问题之间的联系。

(三) 问题的量宜多不宜少

地理课堂教学中的探究性学习,其教学内容是事先确定的,问题情境依据教学主题而设计。一般情况下,全班按地理教学内容的要求,共同确定一个内涵丰富的探究性学习主题,然后由教师或学生提出在该主题范畴下的探究性问题,将这些问题交全班讨论并作适当调整,合并相近的问题,删减不恰当的问题。[2]

　　六年级上册《台湾省》一节教学,在反复的磨课与试教中,对学习单的设计进行了多次的思考与修改,每一次的修改旨在便于学生小组合作进行探究学习。一开始的学习单以两道大题为主,通过四人小组合作完成以下题目:1.利用相关地图,分析台湾物产丰富的自然因素(可从地形和气候条件进行考虑);2.利用相关地图,分析台湾物产丰富的自然因素,同时找出相应的物产。学习单的格式与内容都中规中矩,实施下来学生间并没有形成小组合作的氛围,是自顾自完成作业的感觉,并且由于题目设计的问题,大部分学生似乎无从下手,学生并没有完成全部学习单。经过反复试教和磨课,对学习单进行修改,为促进学生的积极性,把学生分成两个阵营进行 PK,同时两个阵营中分派不同小组对两大题进行选择性探究,但必须保证自己阵营中两大题都有选择,以便 PK。

　　实施下来,这次利用学习单(见图1、图2)的探究性学习避免了全班同学围绕一个探究性问题展开探究活动的现象,因为在教学主题范围内,设计了尽可能多的问题情境,让不同兴趣爱好、不同个性特长的学生进行选择,让各个学习小组有选择问题的空间。课上学生们在 PK 的过程中体验到被需要,而且能使他们感悟到成功,从而产生跃跃欲试的兴奋,获得成功的快乐。

中国区域(上)1.2《台湾省》学习单 A

宝岛探宝:森林资源(参考课本及相关地图)

美称	对应物产
亚洲天然植物园 绿色殿堂　木材之乡 樟脑王国　兰花王国	

利用相关地图,分析台湾物产丰富的自然因素

任务	内容记录		参阅的地图名称
分析台湾省森林资源丰富的原因	主要树种:		
	主要分布地:		
	地理因素	地形	
		气候	

图1

中国区域(上)1.2《台湾省》学习单B

宝岛探宝：农产品(参考课本及相关地图)

美称	对应物产
水果王画、米的世界 东方甜岛、茶叶之乡 水产王国、东方盐库	

利用相关地图，分析台湾物产丰富的自然因素

任务	内容记录		参阅的地图名称
分析台湾省农产品丰富的原因	主要分布地：		
	地理因素	气候：(气温、降水)	
		地形：	

图2

三、探究性学习需强化课堂交流的环节

课堂交流是探究性学习过程中的重要教学环节，是师生、生生间展示评议、矫正、提升探究成果的教学环节。在这一过程中，教师应注意倾听，抓住关键，适时补充，鼓励争辩。我们不能把课堂交流仅仅当成一种"展示成果"的行为，因为学生在课堂上公布、展示他们的成果、观点或解释，能使别的学生和教师有机会就这些成果、观点或解释提出疑问，审查证据，跳出逻辑错误，指出其中有悖于事实证据的地方，或者就相同的观察提出不同的解释。这种课堂上学生间的相互争论和师生间的相互讨论，能够引发出新的探究性问题，有助于学生将搜集的证据、已有的知识和经验，与他们所提出的观点或解释这三者之间更紧密的联系起来，最终解决彼此的矛盾，巩固自己的论证。

我们不需要把每个知识点都讲得深透，或许给学生的大脑中"留白"，正是激发了他们的想象力与创造力。如《俄罗斯》一节内容，俄罗斯是否还称得上是一个大国或强国，让学生通过自己掌握的知识及标准进行定夺。关键是采用课堂辩论的形式进行交流，让学生在探究的过程中不断探究并修正自己的观点。学生讲得很好，从面积上讲是大国，从跨经度上来讲是大国，从重工业、交通运输业、森林资源等都堪称强国。当然学生也会用辩证地考虑，俄罗斯的经济一直在下滑；东北部因气候严寒一直得不到很好的开发；国内粮食自给不足，只能靠大量进口来维持……这些种种因素告诉学生俄罗斯又不能成为大国强

国。那么此时教师总结只要点出：判断一个国家是否是大国,强国要从多角度多方面考虑。如果学生能从不同角度出发思考问题,不一定要得出唯一正确的答案,那么这节课对他来说也是值得的。因此辩论式的课堂交流是学生探究性学习的一种不可或缺的方法。

四、成效与反思

综上所述,在地理课堂中进行探究性学习：首先,教师对教学主题与问题进行梳理和选择,呈现给学生适合探究学习的教学内容。学生要解决有关的探究性问题,就会激活自己原有的知识和经验,分析当前的问题情境,带着理解去解决问题。在此过程中,学生调整、重构自己原有的知识,并使自己原有的知识和经验更加丰富和充实。其次,在课堂教学中,探究性学习往往选择小组合作的组织形式,对学习单进行共同的探讨并完成任务,这种合作学习形式对不同特点、不同层次的学生来讲,所面临的考验是不一样的,能使更多的学生得到满足与习得的快乐。最后,关键在于探究性学习后的交流,教师可根据情况组织不同的交流方式,让学生更好地展现探究性学习后的成果。因此教师在地理课堂上安排合适的探究性学习是促进学生学习的有利方式。

【此文作者系青溪中学教师顾佳红】

第六章　成效：向家门口的好学校滨近

我国的教育历程一路走来,由教育精英化走向教育大众化,又由教育大众化逐步走向教育普及化。在这一时代背景下,"机会均等"这一词语似乎已经不适用于教育领域,取而代之的是更高一级的"教育公平"。人民要求高质量的教育,需求高公平的教育,渴求高个性的教育——由此可见,有质量的教育公平正是人民群众所关注的,教育质量成为了教育公平的绝对内涵与必然要求。"家门口的好学校"这一概念应运而生。"家门口的好学校",是我国义务教育均衡发展的应然和常态,更是义务教育进一步走向优质均衡的必然要求和重要途径。同时,随着我国城乡一体化进展的逐步推进以及义务教育优质均衡发展势头的不断向好,人民对"家门口的好学校"的呼声与关注日益增高,每所学校都保持着"时不我待,只争朝夕"的气势不断拼搏,蓬勃发展,朝着成为"家门口的好学校"的目标不断靠拢——但这并非易事,首先"家门口"要求了学校平易近人,将自己摆正在"老百姓家门口能够上得起的学校"这一位置上,而"好学校"则是要求学校全面贯彻党的教育方针,改进教育教学管理,切实增强教学质量意识,不忘教育初心,砥砺奋进前行,通过自身能力的整合和发展,形成并优化学校文化,有效增强教师及学校管理能量,实现学生全方位稳定有序发展,成为一所社会满意、百姓认可的"好学校"。

针对"家门口的好学校"这一概念,青溪中学通过探索,总结出了以下几个方面的内涵:

1. 牢牢遵守教育底线。学校必须尊重教育公平,接受学区划分,不选择性地接受生源;学校也应严格控制作业量等,不以题海战术等摧残学生身心的形式来提升教育水平。

2. 严格把住教育质量。《国家中长期教育改革和发展规划纲要》中指出,"把促进人的全面发展、适应社会需要作为衡量教育质量的根本标准。"也就是说,教育质量并不是指普通社会层面上所见到的"学习成绩",而是学生的全面发展水平、适应社会需要的水平。"家门口的好学校"一定是不唯分数的;并且"家门口的好学校"也会追求优质的师资、课程等教育资源,将追求方向转向健康而全面的教育质量,为学生全面发展而努力。

3. 发展优秀校园文化。优质的学校会有着优秀的校园文化,这样的校园文化能够增进学校师生的归属感。同时学校内部应有着良好的同学关系和师生关系;也应尊重个体差异,为学生个性化发展提供广阔空间。

4. 逐步形成学校特色。"家门口的好学校"应具有鲜明办学特点,尤其在校园课程建设、教师教学模式、水平等方面有特色,有吸引力,不甘于平庸,脱俗于平凡。

5. 赢得较多社会认同。"家门口的好学校"应当有较高的社会认同度,无论是家长、学生,都需要对学校的知晓度高、满意度高、忠诚度高。

因此,青溪中学坚持以教育质量为学校工作核心,不断改进教育教学管理与教师的教育教学行为,使教育更有针对性,切实提高教育教学质量。而学校教学质量的提高需要在教学管理中提劲、提速;在思想建设中提神、提能;在队伍培养中提质、提效。学校应清楚地认识到,教育质量离不开教育实施者——教师。因此,青溪中学建立"青溪源"三型教师培养体系,将教师分为"适应型"、"成熟型"、"特色型"三个类别,针对不同阶段教师不同的教学经验、教学水平以及教学手段进行分类培养,为"适应型"教师搭建教学展示平台,通过师徒带教、专家引领等形式为其快速成长铺路搭桥;为"成熟型"教师激活上升内驱潜力,通过科研驱动、集团培养等形式为其跨越平台施以推手;为"特色型"教师构建攀登提升渠道,通过示范辐射、内省外推等形式为其突破自我拓宽空间。在不舍微末、不弃寸功、持之以恒的努力下,青溪中学在上海市学业绿色指标测试中取得了较好成绩:在2015年的学业绿色指标测试中,高层次思维能力指数、学业成绩个体间均衡指数、自信心指数、学习动机指数、对学校的认同指数、师生关系指数以及教师教学方式指数都远高于区域平均水平,这代表着青溪中学在追求学生较好的思维逻辑能力、教师较好的教育教学水平以及师生对校园文化的认同归属感等方面有着较为夯实的基础;但相比上述几个指数,学习压力指数、睡眠指数、作业指数以及校外补课指数的指标较为落后——而在2018年的上海市学业绿色指标测试中,青溪中学在过去落后的指标有了明显提升,远超区域平均水平的同时也保证了其他指标继续维持在较高的位置。这说明,青溪中学正确认识到了"教育质量"的真正意义,成功脱离了只看"学习成绩"的桎梏,将目光真正投向改变教师教育教学模式,全力促进学生全面发展。在近几年的"七彩成长"满意度测评中,青溪中学也都获得了较好的成绩。各项指标都在表明,青溪教师乐业育人,使命在肩,不断提升自身素质,改进教学方法,为培养社会主义建设者和接班人不断努力;青溪学子善学好学,奋勇争先,持续保持勤奋刻苦,领悟学习方式,为建设祖国作出贡献而努力前行。种种成效,累累硕果,都是青溪中学正向"家门口的好学校"这一伟大目标锐意奋进、砥砺前行的踏实脚印。

第一节 教师成效：使命在肩铸师魂，
破题起势坚信念

从《国家中长期教育改革和发展规划纲要（2010—2020年）》、《国务院关于加强教师队伍建设的意见》和《教育部、国家发展改革委员会、财政部关于深化教师教育改革的意见》等文件可以看出，国家各相关部门正在不断提升对于教师专业发展的重视程度，并持续探索有关教师成长道路的成熟理论与体系。而中共中央国务院发布的《中国教育改革和发展纲要》提出，"振兴民族的希望在教育，振兴教育的希望在教师，建设一支具有良好政治业务素质、结构合理、相对稳定的教师队伍是教育改革和发展的根本大计。"也就是说，教师是一所学校发展的基石，学校的发展与教师的发展是相辅相成、互相成就的。"学校的发展格局在理念，学校的发展动力在教师。"这意味着需要从多维度、多角度提升教师的专业素养，从而实现真正意义上的学校内涵发展。真正具有发展内涵的学校需要具备促使教师在专业发展道路上不断前行的能力，才能以教师的发展达成学生的最大发展与学校的最大发展。要不断向"家门口的好学校"滨近，就只有不断加强教师队伍建设，提升教师的教育教学修养、思想道德水平与自身整体素质，才能迎来学校高速高质量的发展。而为了保证进入青溪的每一位教师都能够得到长远的规划以及长足的进步，我们做了以下努力：

1. 充分信任每一位教师的无限潜能。不以"新老"论英雄，而是相信每一位教师的无限潜力、充分努力与长远耐力。信任每一位教师，不仅仅能够在情绪上给予教师充足的支撑，更能够推动教师在专业发展道路上走得更远、飞得更高。在"青溪源"三型教师培养体系中，青溪中学将教师分为"适应型"、"成熟型"、"特色型"，并通过不同的具有针对性的培养方法对三种教师进行深植厚培。而作为一所开办仅8年的年轻学校，青溪中学的教师结构中年轻教师，也就是"适应型"教师的比例非常大。但我们并没有因为"适应型"教师年轻、缺乏经验就将其束缚在"安全区"中，而是给予充分信任与广阔平台，令"适应型"教师快速成长，以年轻的肩膀担当起教学重任。在2018年参加绿色指标测试的九年级任课教师中，有超过80％的教师为第一次担任初三教学的"适应型"教师。但充分信任不代表毫无准备，在"适应型"教师踏进青溪中学校门的第一天起，青溪中学就树立了教师"四年大循环"的原则，遵循教师成长发展规律，让教师沉下心、静下心，引领和陪伴孩子们共同成长、共同进步，不断提升"适应型"教师的教育质量与教学水平。而对于"成熟型"教师，则是充分信任其砥砺奋进、昂扬向上的积极姿态，通过借力集团资源，开展具有指向性的培养，以教育科研为推手，以专业发展为核心，打破"成熟型"教师发展"平原期"壁垒，提供更多的上升空间。对于"特色型"教师，则是在信任其自觉提升自我素养的基础上，助其不断向上进行探索发展空间，为"特色型"教师继续挖掘潜力、持续汲取知识、扎根教育沃土、探寻更高理想固本荣枝。

2. 充分支持每一位教师的专业发展。教师专业发展主要是指教师自身专业素质和能力的提升。在"青溪源"三型教师培养体系中，无论是对于教学经验较为浅薄，专业发展空间较大的"适应型"教师；还是教学经验有一定积累、能够胜任教学工作的"成熟型"教师；亦或是教学经验丰富、对教学工作得心应手的"特色型"教师，青溪中学都能够为每一位教师的专业发展把向掌舵，提供充分支持。

"适应型"教师正处于教师专业成长的起始阶段，这一阶段是教师职业生涯发展过程中最具可塑性的阶段，也是教师专业成长的"内在关键期"。在这一阶段，"适应型"教师的专业成长会深刻地影响其整个职业生涯的专业发展品质。因此，青溪中学为"适应型"教师配备多名导师、开展立足课堂，持续改进的高密度、高强度研训活动。一学期内每位"适应型"教师都能拥有 3 份以上高质量的教学设计，在课堂教学能力及教育理念上有质的提升。

"成熟型"教师已经积累了一定的教学经验，也能够胜任日常的教学工作。但这类教师在这一阶段中会遇到"高原现象"。"高原现象"是教育心理学中的一个概念，指"人类在学习过程中的一种带规律性的现象，即在学习的一定阶段上往往会出现进步的暂时停顿或者下降的现象"。这一时期也可以称为教师职业的"瓶颈期"。在这一时期内的"成熟型"教师往往由于年龄的增加、体力的下降以及对自己已取得的成绩的自满与怠惰，而停止对职业道路、专业发展的追求，止步于"成熟期"。针对这类教师，青溪中学借力集团资源，唤醒教师成长活力，打破"瓶颈期"，通过进行教育教学改革，使"成熟期"教师超越原有的教学水平，实现自我的重大突破。

针对"特色型"教师这一类积累了深厚经验，专业发展高度较高的教师，学校通过鼓励他们持续刻苦钻研、大胆创新，并令其不断总结自己在教学生涯中宝贵的经验，以开设讲座、开展公开课教学、师徒带教等形式，向年轻教师传递自己的教育理念与教学技巧。学校也清晰地意识到，"特色型"教师是学校发展的重要角色，是教育改革与发展道路上的排头兵和领头羊，不仅在日常教学工作开展实践的过程中能够为其他教师提供丰富的实践经验，在教育教学理论的发展中"特色型"教师也能够提供属于自己的一份力量。

3. 充分聚焦每一次教学实践的有效落实。教学实践是教育教学工作的重要组成部分，而在实践中最为重要的就是教学常规。教学常规是教师在日常教育教学工作中所需要遵守的标准，也是学校发展所要求的的最根本的制度。教学常规关系到学校日常教学秩序的正常运行，也对教师教育教学工作的开展进行了监督与制约。教学常规是落实教育改革的必要条件，也是学校不断发展的基础，因此，青溪中学十分重视教学常规的开展——我们认为，把每一个常规做细、做好，就是最大的创新。学校注重"教学五环节"的落实，尤其关注备课与上课环节。在备课环节，学校要求从教五年内教师备详案，要备教材、备学生、备一切可能出现的预设；上课执行备课设计，注重学生的生成性问题的发现和解决，注重对学生思维的培养，要求新授课中开放性问题不少于 2 个，要以问题链的形式引导学生进行有梯度的思考等。我们认为,支持教师专业成长是学校最大的使命。

教师的发展与进步带来了教育质量的稳步提升,学生逐渐由被动学习转为主动学习,也逐渐变得更为"善学"——主要表现在学生能够较好地应用学习策略,变得"会学习"。在 2018 年上海市学业绿色指标的测试中,94.6％的学生表示了解自身不足并进行针对性的复习,89.2％的学生在复习时能对知识进行系统归纳,83.8％的学生表示会尝试用多种方法解决问题,分别比 2015 年提高 23、21、11 个百分点。由此可见,教育质量外显为学生掌握更多学习技巧,不仅"好学"更"会学",而其内部原因则是学校对各个阶段教师的不断培养与支持,使得教育质量不断提升,也使学校向"家门口的好学校"不断靠近。

第二节 学生成效：成风化人扬新帆，
蝶变花开共成长

"三型"教师的培养对于学生成长的影响是直接的、具有针对性的。2015 年和 2018 年两次绿色指标以及近几年"七彩成长"满意度测试结果都显示，我校的学生学习动力足，对学校认同度高，助力着青溪中学向着人民满意的"家门口好学校"不断滨近——这与我们一贯关注的"人文课堂"和"七彩成长"校园生活有紧密关系。

1. 人文的课堂体验。学校对"三型"教师提出了统一的要求：教师课前要进行积极的自我心理调适，带着愉悦的心情走进课堂，通过风趣的语言、绘声绘色的讲述、充满爱意的表达获得学生的喜爱、信赖和敬佩；课中，要及时跟踪学生的心理变化，通过鼓励性、支持性的语言或眼神保护学生的好奇心、好胜心、喜悦感、成就感，体会学习带来的成功与快乐，培养主动参与的意识；课后，要以平等的心态走进学生，与学生一起分享成功的喜悦，营造充满爱意、轻松、温馨的学习环境，形成融洽的师生关系。绿色指标数据显示，97.3% 的学生对学校认同度高，喜欢自己的学校、老师，同学关系和睦；"七彩成长"满意度测试结果显示，98.24% 的学生认为"在校读书学习感到快乐"，并且对老师的工作态度、教学方法以及班风、校风都有着较高的评价。

2. 七彩的校园生活。我们设立了"校园主题节展示课程"及"寻根·放眼活动体验课程"，提升学生德、智、体、美、劳等方面的能力，将学生社会实践活动专题化、序列化、课程化。同时，这些课程是学生感兴趣的，由学生或学生群体发起，以游戏、聚会、活动、竞赛、论坛、考察、旅行等组织开展，从中让学生体验成功和自信，真正契合了新中考对于学生综合素质提升的要求。在 2018 年的绿色指标测试中，94.7% 的学生明确表示愿意参加学校组织的集体活动，96% 的学生表示为自己的学校感到自豪；"七彩成长"满意度测评中，98.67% 的学生认为学校组织的课外活动课、兴趣课、学生社团和各类活动等丰富多彩，愿意积极参加，95.6% 的学生认为学校的春秋游、社会考察等校外实践活动组织有序，这一切说明了学生对于学校的归属感很强，并且对学校日常教育教学活动以及成长课程的开展都十分支持、十分认同。

不仅如此，学校对教师进行培训，引导各个阶段的教师发挥自身特长，探索学生特点，为学生进行分层作业设计，在作业的分层设计上展开实践探索——这一举措也有了明显的成效，通过作业难度分层，作业量分层，严格控制作业时间、让每位学生有收获、作业方式分层，增强作业趣味性等形式，能够夯实学生学习基础，提升学生学习成就感，令学生感受到探索的乐趣。2018 年绿色指标测评结果显示，学生学业负担与压力指数优于全市平均水平，这对学生的成长来说，无疑是事半功倍的。而对于青溪中学的教师们，分层作业的设计虽然相较传统"一刀切"的作业形式来说更为挑战教师对学生的了解程度、本学科知识以及教育教学理论知识的扎实程度,且增加了教师批改作业的工作难度,但分层作业的实施也为教师更好地了解班级内学生水平、进行"因材施教"提供了精准的平台。与此同时,通过分层作业的实施,"适应型"、"成熟型"、"特色型"教师自身也都有着不同程度的成长。

第三节 学校成效：守正开新久为功，行稳致远强发展

新时代背景下，学校正处于一个挑战不断、难题不断的大环境中。这促使了学校要回归教育本原、要坚持绿标引领，持续提升办学水平，提高教育质量。每一所学校都有着独特的发展历程与发展性质，这种独特性决定了学校需要因地制宜地实施变革，取得教育成效。而要因地制宜地实现学校的改革发展，就需要从内部推动学校进行改变——这种内部的力量，就是学校实施教学活动的主体：教师。教师水平的高低能够对学校发展造成直接的影响，教师的教学水平与教育质量能够发展、丰富和完善现行的学校功能，推动学校变革，形成学校发展的品牌效应。青溪中学在不断探索"青溪源"三型教师的培养过程中不仅带来了教师的发展、学生的成长，更带来了学校长远的进步。在强有力的教师队伍的推动下，青溪中学成长为了上海市文明校园、上海市花园单位、上海市新优质项目学校、上海市第一轮三年行动计划项目化学习实验校、上海市教委教研室教研联盟合作学校、上海市依法治校示范校、上海市安全文明校园、上海市优秀教师专业发展校、上海市双新课程平台初中种子课程试点学校、奉贤区信息化示范校、奉贤区教育科研优秀校、奉贤区青溪教育集团理事长单位，并先后获得奉贤区五一劳动奖状等27项区级以上荣誉，连续五年获奉贤区"品质奖"及区课程教学优秀奖。青溪中学也曾代表上海市654所初中在2018绿色指标测试新闻发布会上作交流发言——累累硕果，熠熠发光，这些成果正是学校教师培养持续发力的具象表现。"百年大计，教育为本；教育大计，教师为本。"学校深谙"教师是推动学校课程改革内源发展的行动主体"这一理念，"十三五"期间学校以"青溪源"三型教师培养体系为摇篮，以教学成长、德育引领、科研提升、突破自我为切入点，让师生在教学与科研的良性互动中共同发展，用整体性发展观促进教师的全面发展与和谐成长，努力造就了一支师德高尚、业务精进、理想远大、充满活力的高素质专业化教师队伍。展望"十四五"，学校以各层面的"学习领导力"提升作为学校转型的着力点，使得青溪中学正成为教师安身乐业、铸魂育人的教育沃土，也正成为青溪教师们坚定信念、放飞理想的广阔平台。

主要参考文献

夏雪梅. 项目化学习设计：学习素养视角下的国际与本土实践[M]. 教育科学出版社，2018.

王萍萍. 上海市中小学见习教师规范化培训内容研究[D]. 华东师范大学，2018.

李良. 中小学新手教师适应问题研究[D]. 山东师范大学，2005.

潘敏. 表现的内在驱动力[D]. 中国美术学院，2018.

罗阳佳，沈祖芸. 从合格到胜任，从胜任到优秀 看上海如何成就新教师[J]. 云南教育（视界时政版），2016（08）：39—42.

陈贻坚. 新时代教育背景下体育教师专业成长的有效路径[J]. 辽宁教育，2021（08）：34—37.

张凡. 中小学教师专业成长的有效途径研究[A]. 福建省商贸协会. 华南教育信息化研究经验交流会 2021 论文汇编（五）[C]. 福建省商贸协会，2021：3.

宋广文，都荣胜. 专家型教师的研究及其对教师成长的启示[J]. 教师教育，2003，（1）：26.

李克军. 新手型教师入职期专业化成长的建议[J]. 中国成人教育，2010，（1）：102.

陈向明. 理论在教师专业发展中的作用[J]. 北京大学教育评论，2008，（1）：41—43.

孟宪乐. 新课程改革中教师的角色转换及实现[J]. 教育探索，2004，（1）：90—91.

刘华秀. 适应型教师听课策略[J]. 新课程研究（基础教育），2008（10）：167—186.

洪兹田，王锋. 基于核心素养的"教材单元"整体备课——以"第一单元走进化学世界"为例[J]. 课程教学研究，2021（03）：68—74.

黄华文，张贤金. 指向教师核心素养培育的新教师校本培训实践[J]. 福建教育学院学报，2020，21（12）：98—100.

叶颖. 不同成长阶段教师专业发展的现实困境与对策——基于 TALIS2018 上海数据结果的实证分析[J]. 上海教育科研，2020，09：58—62.

何代国. 以教师职业道德核心理念引领新入职教师成长[J]. 中国教育学刊，2020，S1：144—146.

邵攀. 例谈成长期学校新教师培训项目创设与运作[J]. 教育观察，2020，03：33—35.

史淑霞，徐宝贵. 学案导学法的课堂运用[J]. 当代教育科学，2007（17）

褚林根. 实施"学案导引"策略，提高课堂教学有效性. 教学月刊（中学版），2009，（08）

刘克兰主编. 现代教学论[M]. 西南师范大学出版社

黄桢. 以阅读教学为抓手，提升学生写作能力的方法探究[D]. 华中师范大学，2010.

邵岩. 如何在阅读教学中培养学生的写作能力[D]. 内蒙古师范大学,2012.

莫提默-J. 文德勒,查尔斯·范多伦,如何阅读一本书[D]. 商务印书馆,2004.

夏丏尊,叶圣陶. 文心[M]. 生活·读书·新知三联书店,2005 何良仆. 落实"过程性"与"结构性"原则是实现数学教育价值的根本所在. 西昌学院学报(自然科学版)2010.9. 第三期

田伟芳. 数学过程性教学案例研究——关于如何在高中数学课堂教学中落实"过程性目标"的案例研究

孙敏. 语篇衔接策略在初中英语阅读教学中的应用[D]. 上海师范大学,2019.

王雪莉. 初中英语教学中微课的应用及效果[J]. 中学生英语,2019(32):160.

朱萍. 初中英语阅读教学设计. 上海教育出版社,2013.

钟启泉. 课堂转型,学校改革的核心. 教育之窗,2019.

张艳艳. 浅谈英语教学创新的原则与策略. 中华期刊教育数据库,2016.

高健. 叠加与恒久:"掌握运动技能"若干问题的思考[J]. 体育教学,2019[08]

唐军良. 基于新课标的运动技能教学思考[J]. 青少年体育,2013[04]

单璐. 提高中学运动技能教学有效性的思考和策略分析[J]. 当代体育科技,2019[02]

季浏,胡增荦. 体育教学展望. 华东师范大学出版社,2001.

莱斯利·P·斯特弗等. 教育中的建构主义. 华东师范大学出版社,2002.

高文. 教学模式论. 上海教育出版社,2002.

戴尔·H·中克. 学习理论:教育的视角. 江苏教育出版社,2003.

加里·D·鲍里奇. 有效教学方法. 江苏教育出版社,2002.

佐斌. 师生互动论[M]. 华中师范大学出版社,2020,(1):116—118.

俞国良. 专家-新手型教师教学效能感和教学监控能力的研究[J],2000.

裴腋成. 地理课堂教学中研究性学习的设计与实践. 成裴,腋集. 上海教育出版社,2011.

邓彩霞. 地理教学中小组式合作交流能力的培养. 地理教学,2015,(12):53—54

李文田. 例谈高中地理探究教学的有效切入点. 地理教学,2015,(12):18—21

王月芬. 课程视域下的作业设计研究[D]. 华东师范大学,2015.

张耀方. 初中生物生活化作业的研究与实践[D]. 苏州大学,2014.

赵秀梅. 高中生物课堂作业设计的实践研究[D]. 西北师范大学,2014.

颜丽华. 初中生物自主实践作业的设计、实施与评价方法研究[D]. 湖南师范大学,2019.

谢少园. 优化初中生命科学学科作业设计实践研究[D]. 上海师范大学,2013.

尚建伟. 初中生物有效布置作业初探[J]. 生命世界. 2010(12)

武宇霞. 基于科学思维的高中生物作业设计与评价[J]. 读与写,2020,17(1):210.

郑跃军. 初中生物教学中多元化作业的设计与开发[J]. 人文之友,2019,(23):223.

聂玲. 初中生物课后作业的优化设计与实践[J]. 文理导航,2019,(17):74—74.

David Tripp. 邓妍妍,郑汉文译. 教学中的关键事件:发展专业判断力. 河北人民出版社,2007:90.

李琴.教师如何让课堂更加生动有趣.吉林大学出版社,2010.

陈爱平,周增为.政治课堂教学行为研究及案例.江西教育出版社,2009:17.

习近平主持召开学校思想政治理论课教师座谈会强调用新时代中国特色社会主义思想铸魂育人贯彻党的教育方针落实立德树人根本任务[N].人民日报,2019-3-19.

初中道德与法治学科教学指导意见(试行稿)[Z],2020-01-06.

上海市教育委员会教学研究室.关于本市初中道德与法治、历史学科日常考核的指导意见[Z].2019-08-26.

程晓燕.浅析历史核心素养之时空观念的培养.中学政史地 教学指导版,2019[11]

吴伟.历史学科能力与历史素养.历史教学,2012[11]

刘濯源.聚焦核心素养,发展终身学习力.基础教育论坛,2015[14]

皮连生.知识分类与目标导向教学[M].华东师范大学,1998.

余文森.核心素养导向的课堂教学[M].上海教育出版社,2017.

徐韧刚.目标导向的初中美术单元化探究性学习的教学研究[M].上海教育出版社,2017.

赵传栋.跨学科学习[M].上海远东出版社,2020.

王大根.美术教学论[M].南京师范大学出版社,2013.

柴改改.英国中小学校本课程开发的经验及对我国的启示[J].当代教育与文化,2013(2).

褚宏启.21世纪核心素养及其培育[J].校长传媒,2016

刘美芳.留白,绽放别样的精彩[J].山东教育,2018,(10)

胡艳.课堂教学留白艺术[J].池州学院学报,2017,(4)

库尔特考夫卡.格式塔心理学原理[M].北京大学出版社,2015.

上海市教育委员会教学研究室.上海市初中化学学科教学基本要求(试验本)[M].上海科学技术出版社,2017.

叶佩玉.中学化学教学设计[M].上海教育出版社,2016.

李雪梅.同理心,在师生沟通中的作用[J].班主任,2017(8).

孙安懿.用同理心化育躁动的心[J].课程教学研究,2010(10).

徐玲.谈教师同理心在师生沟通中的作用及运用[J].成功(教育),2008(11).

方贤忠.以劳促德 全面发展——初中劳动教育的实践与认识[J].教学与管理,1993(1):19—21.

史丽芳.劳动教育在初中英语阅读教学中的实践[C].扬州基础教育学校联盟年会论文集——当代教育评论(第九辑).2019.

张洪涛.如何上好初中劳动技术教育课[J].软件:电子版,2016.

刘威德.初级中学劳动技术教育现状分析[J].新课程,2017,000(011):16—16.

徐娟.初中生劳动教育的现实起点与有效策略[J].教育视界,2019(17).

后 记

  青溪中学从 2013 年 9 月创办时 19 名教职工,平均年龄 28 岁,青年教师占比 80％到目前教职工 81 名。这八年中,学校把引领教师专业发展作为学校发展的重要前提和基石。

  我们关注点燃教师专业发展。学校成立"适应型、成熟型、特色型"即三型教师培养项目组,以分层推进式校本培训模式搭建教师成长阶梯。学校通过"青溪最美教师评选""全员导师制""倾听成长的声音""班主任成长共同体"等项目规范每位教师的师德师风师能,形成全员育德能力。同时学校形成分年级、分目标的序列化德育课程体系以及以"三生教育"为主线的生活化德育系列活动,300 余名学生在市级以上的各类活动比赛中获一、二等奖,让更多的青溪学子绽放自己。学校多次代表奉贤区参加市级以上的各类比赛并获得很多奖项。

  学校通过"N 对 N"多维导师支持机制,同伴专业互助学习共同体建设与实施,助力职初教师立足课堂,快速入门;借助委托管理、新优质集群发展等多方资源,聘请各学科市区级专家深入教研组指导,形成适合青溪校情的、需求——证据驱动的研训模式,助推教研组建设;通过骨干教师展示课、专题讲座、课题引领等途径发挥名优骨干教师引领辐射作用,把普通教师培养成骨干教师。八年来,4 名教师参加国家级教学评比获一等奖,1 名教师获首届上海市中青年教师教学技能评比获一等奖,5 名教师获市学科教学评比一等奖;8 名教师的课获教育部和上海市"一师一优课";数学组和英语组分别录制了 11 节和 8 节市级"空中课堂"示范课。学校的"融合课程"成为区优秀品牌项目,学校 2020 年 9 月成为上海市第一批三年行动计划项目化学习实验校。连续六年中考成绩优异;2015、2018 年两次市绿色指标测试结果都远高于市平均,2019 年 12 月代表全市 645 所初中在市绿色指标新闻发布会上作交流。

  学校通过中层干部 AB 角制度和轮岗制度提升中层领导力,通过基层干部跟岗制度和扁平化管理模式进行纵向储备,让基层优秀教师具备中层素质。有 1 名教师获全国模范教师,1 名教师获上海市五一劳动奖章,1 名教师荣获上海市教育楷模,1 名教师获上海市教学能手;办学至今学校培养了 3 名校长、3 名副校长。2019 年学校获上海市优秀教师专业发展校称号。

  学校能在短暂的时间里,打造一支师德高尚、业务精湛的教师队伍,主要得益于《新城教育联盟体新教师成长的研究》市级课题研究及"青溪源三型教师"培养校本研修项目的开展,从开办至今我们一直在探索与实践教师成长的事。因为我们深知,强校需强师,只有先点燃教师才可以点燃学生的理想明灯。

本书由我编著,负责全书的框架设计和文稿的审阅修改指导,并撰写了其中大部分章节;由教学部徐冲老师、办公室马心怡老师协调联络以及文稿的整理与编辑。本书最后由我负责统稿。

我们在设计这本书框架时得到奉贤区教育学院徐莉浩书记、蒋东标院长的帮助,尤其是借鉴学习了教育学院研制的见习期和五年期教师培训的机制和方案,本书中的一些研究成果充分展现了他们的教育思想,在此,向徐莉浩书记和蒋东标院长表示由衷的感谢!

本书的出版,得到了奉贤区教育系统有关领导和教育同行的大力支持,也得到了上海三联书店出版社编辑方舟老师的热心帮助与指导。在编写过程中,除了作者的研究和实践成果外,还参考或借鉴了有关专家、学者和教师的研究成果,在此一并向他们表示由衷感谢!

由于我们水平有限,书中难免存在不足之处,敬请广大读者匡正!

薛晨红

(上海市奉贤区青溪中学校长)

2021 年 6 月